시민과 함께 하는
중국 인문학

이 저서는 2019년 대한민국 교육부와 한국연구재단의 지원을 받아 수행된 연구임
(NRF–2019S1A6A3A02102737).

국민대학교
중국인문사회연구소
지역인문학 총서

시민과 함께 하는
중국 인문학

박영순·서상민·이광수·김주아
최은진·박철현·김민지·이윤경 지음

學古房

반갑습니다.

더불어민주당 최고위원을 맡고 있는 성북(갑) 국회의원 김영배입니다.

많은 교수님들과 성북구민들이 몇 해에 걸쳐 중국인문학강좌에 쏟은 열기가 그대로 담겨있는 『시민과 함께 하는 중국 인문학』 출간을 진심으로 축하드립니다.

중국인문학강좌는 성북구청장을 하면서 구민들의 폭넓은 인문학 지식습득 기회를 제공하고자 국민대학교 중국인문사회연구소와 함께 마련했던 시민아카데미입니다.

중국인문학강좌의 귀중한 강의 자료들이 이렇게 총서로 출간될 수 있었던 배경에는 무엇보다 박영순 국민대 지역인문학센터장님을 비롯한 담당 교수님들, 모든 관계자 여러분의 열정과 노고가 있었습니다. 깊은 감사와 격려의 인사를 전합니다.

또한 우수한 교수진을 활용한 높은 수준의 강좌가 오랫동안 이어질 수 있도록 늘 함께 해주신 구민 여러분께도 아낌없는 박수를 보냅니다.

성북구청장 시절 우리 성북구는 아카데미 천국이라 불릴 정도로 다양한 시민 아카데미를 만들고 활성화시킬 수 있었습니다. 중국인문학강좌는 그중 가장 대표적인 모범 사례 중의 하나입니다.

이러한 주민 교육의 장을 통해 많은 시민 리더들이 나왔고, 함께 사는 성북 지역사회를 이끌어왔습니다. 동행하는 구민들이 시민성을 발휘하게 된 모습은 지금까지도 제가 가장 뿌듯하게 생각하는 일입니다.

시민교육의 장은 우리가 나아가야 할 정치공동체의 가장 기초적인 토대입니다. 하나의 아이디어를 현실화시킬 때도, 우리 공동체를 발전시킬 때도 깨어있는 시민들의 지혜를 모으는 것만큼 좋은 것은 없습니다.

함께 살아가는 공동체의 회복과 대전환이 간절한 이 때,『시민과 함께 하는 중국 인문학』출간은 우리 모두에게 민주시민 교육문화의 확산에 있어 그 어느 때보다 커다란 울림을 줄 것으로 기대합니다.

중국인문학강좌의 발자취를 한 눈에 볼 수 있게 되어 벅찬 마음 가득합니다.

『시민과 함께 하는 중국 인문학』출간을 다시 한 번 축하드리며, 애쓰신 모든 분들의 건강과 평안을 기원합니다. 감사합니다.

2021년 9월

국회의원(성북갑), 전 성북구청장_김영배

『시민과 함께 하는 중국 인문학』 발간을 축하드리며

다양한 역사와 문화의 큰 흐름을 현시대에 맞게 재조명하고 인문적 해석을 재정립하여 시민들과 함께 그 가치를 실현하는 기초자료로서, 이번 국민대학교 중국인문사회연구소『시민과 함께 하는 중국 인문학』발간을 진심으로 축하합니다. 국민대학교는 2011년부터 우리 성북구와 인연을 맺어 10여 년 동안 16회, 약 90여 개의 중국 인문학 강좌 운영을 통해 주민 누구나 쉽고 재미있는 유의미한 인문적 성찰을 이끌어 내는데 큰 나침반이 되었습니다. 중국 인문학이라는 넓고 방대한 고전을 '삶 속의 인문학'으로 인문학의 대중화를 이끌어 낼 수 있게 해주신 데 대해 깊은 감사를 드립니다.

우리 성북구는 보다 더 성숙된 시민성을 갖춘 글로벌 성북으로 나아가기 위해 각 부서 주체 간 협력과 선의의 경쟁을 바탕으로 지속적인 구민 포용 정책, 소통하는 통합 행정이 될 수 있도록 최선을 다해 오고 있습니다. 2005년 평생학습도시로 지정된 이래 지역의 유수한 학습 자원 발굴과 연계로 단순한 지식 전달을 뛰어넘어 역사, 인문, 과학, 문화예술 등 구민 누구나, 언제 어디서나 접할 수 있는 평생학습 프로그램을 운영해 오고 있습니다. 특히 인문학적 소양을 통해 선현의 시대를 비추어 현재 삶에 반추하며 성찰할 수 있는 기회를 통해 전인적이고 유연한 사고를 함양시킬 수 있다는 것은 현시대를 살아가는 우리에게 큰 행운이 아닐 수 없습니다.

현재 우리나라뿐만 아니라 전 세계적으로 '코로나19'라는 예상치 못한 상황에 직면해 있고 전 분야에서 새로운 국면을 맞이하는 시기에 놓여 있습니다. 점차 복잡하고 다차원적인 변화 속에서도 올바른 방향의 지침이 되고 지혜롭게 극복할 수 있는 방법들이 절실해집니다. 그러한 면에서 보다 인간적인 주체성과 인성적 가치를 추구하는 인문학의 가치를 재조명해 봅니다.

구민의 삶의 질 증진과 미래를 위한 행복 성북을 위해 인문학적 소양의 기반을 쌓을 수 있도록 주민과 함께 호흡하며 최선을 다해주신 국민대학교 중국인문사회연구소 여러분께 깊은 감사와 경의를 표하는 바입니다. 앞으로도 국민대학교 중국인문사회연구소의 『시민과 함께 하는 중국 인문학』의 발간과 함께 시대를 읽는 명견만리 혜안의 인문콘텐츠로 참된 가치를 쌓아가길 기대합니다.

2021년 9월
성북구청장_이승로

인문人文이란 '인간의 무늬文=紋'를 의미한다. 사람이 남긴 무늬는 시대의 변화와 요구에 따라 다양한 방식으로 표현되어왔고, 그것을 탐색하는 영역이 인문학일 것이다. 그러므로 인문학의 중심은 무엇보다 사람에 대한 관심이다. 하지만 사람이 경험하고 행위하고 창출해낸 것들이 인문학 고유 영역에만 속하는 것은 아니다. 인간을 중심으로 한 지식생산물은 예술, 사회과학, 자연과학 등에서도 무수히 많이 생산된다. 따라서 광의적으로 볼 때, 인간에게서 나온 모든 학문은 인문학과의 연결이 가능하다. 인문학은 태생적으로 융합 학문일 수밖에 없다. 인문학과 사회과학·예술·기술 등의 결합 속에서 사람의 상상력과 행위는 무한히 자유롭다. 인문학의 외연 확대가 필요한 까닭이다.

그러므로 인문학은 대학 안에서 연구, 교육되는 것으로 그쳐서는 안 된다. 인문학의 장점 중의 하나는 유연한 소통이 가능한 매개체라는 점이다. 대학과 사회, 대학과 지역이 상호 소통할 수 있으며, 특히 성과와 경쟁에 휩쓸려 피해자이자 가해자로 살아가는 '피로사회'의 현대인들에게 인문학의 역할은 더욱 필요하다. 대학 내의 연구 성과를 대학 바깥에서 살아가는 시민들과 공유하는 지식의 사회

환원이 필요한 이유이다. 한 인간뿐만 아니라 타인과 함께 공생하는 성숙한 시민을 양성하는 가교역할을 할 수 있기 때문이다.

이러한 배경 위에서, 국민대학교 중국인문사회연구소는 한국연구재단이 후원하는 2009년 인문한국HK사업에 선정된 후부터 지식의 사회확산사업에 주력해왔다. 이 과정에서 얻은 경험과 성과를 바탕으로 2019년 HK+사업에 진입한 후, 인문학의 대중화와 지식의 사회환원이라는 취지에서 지역인문학센터를 별도로 설립하여, 학술 지식의 공유와 시민인문학 강좌를 운영하고 있다.

그동안, 교육부와 한국연구재단의 후원으로 네이버와 공동 기획하여 네이버 지식백과에 "중국 현대를 읽는 키워드 100"이라는 주제로 중국 관련한 다양한 콘텐츠를 제공하였다. 또한 프레시안 "차이나 프리즘", 인민일보 한국판 "오피니언", 교수신문 "글로컬 오디세이" 등을 통해, 중국 지역의 주요 이슈 및 동향을 소개하는 학술 지식의 사회확산사업을 펼쳐왔다.

학술 지식의 공유뿐만 아니라 일반 시민의 인문학적 소양을 증진하기 위해 2011년부터 시민인문학 강좌를 개설하여, 인류의 보편적 가치를 실현하는 인문학 지식을 확산하고 있다. 시민인문학 강좌는 본 지역인문학센터의 "중국 지식의 인문교육: 지知·행幸" 프로그램으로 운영되고 있다. 중국 및 동서양의 인문 지식을 통한 '공감'과 '동행同幸'을 모터로 하여, 중장·노년층, 청소년 등을 대상으로 소통·공감·동행同幸을 열어가고 있다.

"지知·행幸 프로그램"은 지역 협력 기관과의 협력 체제를 구축하여 지역민을 위한 다양한 인문학 주제와 내용으로 진행된다. 대표적으로 성북구, 노원구 평생교육학습관과는 중장·노년층을 대상으로 중국 및 동서양의 시민인문학 강좌를 운영하고, 성북구 청소년지원센터 꿈드림센터와는 학교 밖 청소년들에게 중국문화체험 및 지역의 역사문화체험을 위한 탐방학습프로그램을 진행하고 있다. 이처럼 관·학의 협력하에 지역민의 공감과 소통을 끌어내어 행복한 지역사회를 이루는 데 일조하기 위해 다양한 프로그램을 개설·운영하고 있다.

시민인문학 강좌는 2011년 2월 성북구청과 처음 협약을 체결한 후부터 지금까지 총 16회, 90여 개의 강좌를 개설했다. 10여 년 동안 여러 전문가들과 지역 협력 기관의 협조 하에 의미 있는 성과를 거두었다. 이제 시민인문학의 지평을 넓혀가고자 그간의 일부 성과물을 모아『시민과 함께 하는 중국 인문학』이라는 책을 출판하게 되었다. 모두 세 부분으로 나누고 24개 주제로 구성하였다. 고대에서 현대에 이르기까지 중국의 인문학과 사회과학 영역의 다양한 주제로 엮었다. 제1부에서는 사상과 인문 고전을 통해 중국인의 앎과 지혜를 살펴보았고, 제2부에서는 책과 인물을 통한 역사 속의 중국과 중국인에 대해 소개하였고, 제3부에서는 지역과 공간을 통해 도시의 변화와 인문환경을 살펴보았다.

이 책을 통해 동아시아와 세계 속에서 부상하고 있는 중국의 정치·사회 변화의 현상, 전통과 현대를 넘나드는 인문·철학의 특징 및 지역과 도시 공간의 인문환경 등을 파악할 수 있을 것이다. 아울러 역사와 사회를 바라보는 시각과 인문학적 성찰을 제공할 것이다.

이 책에 실린 내용은 대부분 기존의 시민인문학 강좌 등 지식의 사회확산 사업의 일환으로 제공했던 내용 및 관련 논문 등을 재수정하여 실은 것이다. 딱딱한 학술서가 아닌 대중적인 교양서적으로서의 면모를 갖추기 위해, 책 속에 일일이 주석이나 인용 서적을 부기하지 않았다. 본문 관련한 내용은 참고문헌에 제시한 서지사항으로 대신하고자 한다.

끝으로, 이 책이 나오기까지 많은 분들의 관심과 노고가 있었다. 성북구청장 재임 당시 시민 아카데미에 많은 관심을 보이면서 본 연구소의 시민인문학 강좌의 첫 물꼬를 틔워주신 김영배 국회의원(더불어민주당 최고위원), 현재 다양한 시민인문학 강좌가 계속 이어질 수 있도록 적극적인 지지를 보여주신 이승로 성북구청장, 학교 밖 청소년을 위한 프로그램이 잘 진행될 수 있도록 적극 협조해주신 이은선 성북구청소년지원센터 꿈드림센터장 등 여러 관계자 분들께 깊은 감사를 드린다. 또한 이 사업이 실질적으로 실행될 수 있도록 적극 지원을 아끼지 않으신 중국인문사회연구소 윤경우 소장님과 이 책의 출판기획과 지역인문학센터 운영을 담당해주신 서상민 선생님, 오랜 시간 시민인문학 강좌를 맡아주시고 집필해주신 연구교수님들 그리고 원고를 꼼꼼하게 수정해준 김주아 선생님과 김민지 박사 등 모든 분들께 각별한 고마움을 전한다.

본 지역인문학센터는 대중과 소통함으로써 인문학의 사회적 가치와 인문 담론을 생산하는 주요 매개체로서의 역할을 다할 것이며, 시민과 함께 '공감'하고 '동행同幸'하는 길을 계속 걸어갈 것이다.

2021년 8월
필자를 대표하여 박영순 씀

목차

제1부
중국인의 앎과 지혜

고사성어와 생각의 힘

　교수신문은 2001년부터 매년 세밑마다 한 해를 대표하는 '올해의 사자성어'를 제시하고 있다. 사자성어를 통해 당해 연도 한국 사회의 문제점과 민심의 향방을 읽어낸다. 현재까지 20개의 사자성어가 나왔다. 2001년에는 '오리무중五里霧中', 2002년에는 '이합집산離合集散', 2003년에는 '우왕좌왕右往左往' 2004년에는 '당동벌이黨同伐異(같은 무리와는 당을 만들고 다른 자는 공격한다)'가 각각 선정되었다. 2000년대 초반 한국 사회는 정치적으로는 '정쟁政爭'이 심화되고 지역주의의 편승도 조장되고 민의는 흩어지는 등 사회 전반이 제자리를 찾지 못하는 갈팡질팡하는 모습을 보여주었음을 말한다. 최근 2016년에는 '군주민수君舟民水(임금은 배이고 백성은 물이다. 물은 배를 띄우지만 뒤엎기도 한다)', 2018년에는 '임중도원任重道遠(맡겨진 일은 무겁고 갈 길은 멀다)', 2020년에는 '아시타비我是他非(나는 옳고 상대는 그르다)'가 각각 선정되었다. 몇 해 전 우리는 배를 뒤엎는 물의 속성도 경험했고 촛불의 힘도 체감했다. 하지만 아직도 갈 길이 먼 불확실한 현실 앞에서 갈등과 다툼이 만연한 세태를 꼬집고 있다. 이처럼 사자성어를 통해 사회현실을 돌아보는 성찰의 기회를 갖는다.

고사성어는 '고사故事'와 '성어成語'의 합성어다. 옛이야기를 바탕으로 구성된 관용적인 뜻으로 쓰이는 한자어다. 특히 4개의 한자로 이루어진 사자성어는 대부분 중국의 역사와 고전, 시가 등 옛이야기에서 유래하였다. 이런 까닭에 한자만 알고 그 배경과 스토리를 모르면 지식은 습득해도 지혜는 건질 수 없다. 예를 들면, 일반적으로 새옹지마塞翁之馬의 뜻이 '인생의 길흉화복은 예측할 수 없다'라고 알고 있다. 그러나 새옹지마의 자의字意는 '변방 늙은이의 말'이다. 그렇다면 변방 늙은이의 말이 인생의 길흉화복은 예측할 수 없다는 뜻과 무슨 관계가 있는가? 한자의 뜻만으로는 고사성어의 함의를 제대로 파악할 수 없다는 것이다. 역사적 사실과 이야기를 담고 있는 한자 관용어인 고사성어를 통해, 지식의 습득을 넘어 삶의 지혜와 생각의 힘을 기를 수 있을 것이다.

🏛 목표보다는 루틴routine

"먼 훗날 어디선가 나는 한숨을 지으며 이야기할 것입니다. 숲속에 두 갈래 길이 나 있었다고, 나는 사람이 적게 간 길을 택했고, 그리고 그것이 모든 것을 바꾸어 놓았다고." 미국 시인 로버트 프로스트Robert Frost(1874-1963)의 「가지 않은 길」의 한 부분이다.

우리는 걸어온 길 위에서 무언가를 이루고자 한다. 무언가를 이루기 위해서는 선택과 도전이 필요하며, 그 과정은 사다리와 계단을 오르는 것과도 같다. 고지 위의 깃발은 한 걸음 한 땀방울이 이어져 꽂은 것이다. '모든 것을 바꾸어 놓았다'는 새로운 나를 발견하고자 한다면, 무엇보다 먼저 바탕을 세우고 그 길을 꾸준하게 걸어가는 것이 답일지도 모른다.

어느 날 공자(BC 551-BC 479)의 제자 자하子夏가 공자에게 물었다. "'고운 미소에 파인 보조개, 아름다운 눈에 또렷한 눈동자여, 흰 바탕에 여러 가지 채색을 했구나'라는 말이 있는데, 무엇을 말하는 것입니까?" 공자가 말했다. "그림 그리는 일은 흰 바탕이 있은 후이다" 자하가 말했다. "예禮가 나중입니까?" 공자가 말했다. "나를 일깨우는 자는 그대로다. 비로소 함께 시詩를 말할 수 있겠구나."(『논어·팔일八佾』) 여기서 나온 사자성어가 "그림을 그리는 일은 흰 바탕이 있고 난 뒤에야 채색을 한다"는 뜻의 "회사후소繪事後素"이다. 공자의 말에 따르면, 기본 바탕이 없으면 그림을 그릴 수 없는 것과 마찬가지로 선한 마음의 바탕을 먼저 갖추는 것이 필요하다는 것이다. 이에 자하는 밖으로 드러난 형식적인 예禮보다는 예의 본질인 인仁한 마음이 중요하므로, 형식으로서의 예는 본질이 있은 후에야 의미가 있는 것임을 깨달았던 것이다.

회사후소(출처: 네이버)

먼저 기본 바탕을 마련한 후에 원하는 바를 이루어가는 과정은 마치 집을 짓는 과정과도 유사하다. 우리는 집을 그릴 때 먼저 지붕을 그리는 것에 익숙하지만, 실제로는 주춧돌을 먼저 그리고 지붕은 맨 마지막에 그려 넣는다.

전국시대 조趙나라의 수도 한단邯鄲 사람들의 걷는 모습이 특별히 멋있었다고 한다. 연燕나라의 수릉壽陵이라는 곳에 살고 있던 한 청년은 한단 사람들의 걷는 모습이 멋있다는 얘기를 듣고 배우기 위해 직접 한단에 갔다. 매일 거리에서 한단 사람들의 걷는 모습을 보면서 따라 했지만, 잘 되기는커녕 자신의 원래 걷는 법도 잊어버렸고, 엉금엉금 기다시피 하며 돌아왔다고 한다.(『장자·추수秋水』) "한단의 걸음걸이를 배우다"는 뜻으로, 무조건 남을 흉내 내다가 제 것마저 잃게 되는 경우의 사자성어를 "한단학보邯鄲學步"라고 한다. 자신이 선택한 길을 자신의 호흡과 보폭으로 걸어갈 때 나만의 길이 생긴다.

첫술에 배부를 수 없다. 성급히 이루려고 하면 일을 그르치기 쉬상이다. 자하가 거보莒父라는 고을의 지방관이 되어 공자를 찾아와 정치하는 방법에 대해 묻자, 공자가 대답했다. "급히 서둘지 말고 작은 이익을 돌아보지 마라. 급히 서두르면 일이 잘 이루어지지 않고, 작은 이익을 돌아보면 큰일이 이루어지지 않는다."(『논어·자로子路』) 서두르면 도리어 목적에 도달하지 못한다는 "욕속부달欲速不達"을 강조하고 있다. 급하게 성과를 올리려고 조급한 마음을 먹지 말라는 것이다. 그러나 우리는 이익 앞에서 흔들려 조급해진다. 작은 이익에 급급하여 조바심을 내면 큰일을 이루지 못하는 소탐대실小貪大失의 우를 범한다. 속도보다는 중심을 바로 잡는 것이 우선이다.

어느 날 맹자(BC 372-BC 289)의 제자 서자徐子가 맹자에게 공자께서는 물에 대해 자주 말씀하셨는데, 물의 어떤 점을 높이 사서 그러는 겁니까 라고 물었다. 그러자 맹자가 대답했다. "근원이 있는 샘물은 콸콸 솟아 넘쳐서 밤낮으로 쉬지 않고 흘러 웅덩이를 채운 후에야 사해四海에 이른다. 근본이 있는 것이 이와 같으니, 이 때문에 취하신 것이다."(『맹자·이루離婁 하』) 여기서 나온 사자성어가 "영과후진盈科後進"이다. "웅덩이를 채운 후에 나아간다"는 뜻이다. 물은 흐르면서 작은 웅덩이만 있어도 그곳을 다 채운 뒤에야 앞으로 나아간다. 배우는 사람은 근본에 힘쓰고 단계에 따라 차근차근 밟아나가야 한다는 말이다. 하지만 웅덩이에 고인 물은 햇빛이 한번 나면 금세 말라버린다. 이런 까닭에 밤낮으로 쉬지 않고 흐르는 "불사주야不舍晝夜"의 물의 성질을 배워야 한다는 말이다.

시작이 반이라 한다. 하지만 이 말은 시작했다는 데 의미가 있는 것이지, 실제로 완성의 여부와는 아무런 관계가 없다. 바탕을 세우고 나만의 보폭으로 충실하게 걸어가야 한다. 중국을 대표하는 현대 문학가이자 사상가인 루쉰魯迅(1881-1936)은 『고향故鄉』의 에필로그에서 이렇게 말했다. "나는 생각했다. 희망이란 것은 있다고도 할 수 없고, 없다고도 할 수 없다. 그것은 마치 땅 위의 길이나 마찬가지다. 원래 땅 위에는 길이란 게 없었다. 걸어가는 사람이 많아지면 그게 곧 길이 되는 것이다." 애당초 나만을 위한 길은 없다. 뚜벅이처럼 묵묵히 길을 걷다 보면 그것이 나의 길이 되기도 하고, 그 길 위에서 새로운 꿈을 만나기도 한다. 그러기 위해서는 긴 호흡이 필요하다.

공자가 말했다. "비유하자면 산을 만들 때 마지막 한 삼태기를 붓지 않아서 그만두는 것도 내가 그만두는 것이며, 땅을 평평히 하기 위해 한 삼태기를 붓고 나아가는 것도 내가 나아가는 것이다."(『논어·자한子罕』) 여기서 나온 사자성어가 "미성일궤未成一簣"이다. "한 삼태기의 흙이 부족하여 이루지 못하다"는 뜻으로 중도이폐中道而廢와 같은 말이다. 산을 만든다고 가정하였을 때, 거의 다 완성되었을 무렵 마지막 한 삼태기의 흙을 쏟아붓지 못하고 중지하는 것도 내가 중지하는 것이며, 평지에다 흙 한 삼태기를 처음 쏟아 부어가며 나아가는 것도 내가 나아가는 것이다. 이 상반된 두 형태는 모두 자신이 판단하고 행동한 것이다. 작은 것을 쌓다 보면 큰 것이 이루어지듯이, 중도에 그침이 없는 자신에 대한 정성을 강조한다.

부단한 축적의 결과로 인해 힘이 생기며 그 힘은 곧 능력이 된다. 능력은 마치 주머니 속의 송곳인 "낭중지추囊中之錐"처럼 자연히 드러나게 되며, 당당하게 스스로 자신을 어필할 수 있는 용기를 준다. 전국시대 각 제후국에서는 지혜와 술수를 갖춘 빈객들을 수천 명씩 거느렸다. 조趙나라 평원군平原君, 제齊나라 맹상군孟嘗君, 위魏나라 신릉군信陵君, 초楚나라 춘신군春申君을 "전국사공자戰國四公子"라 부른다. 한번은 진秦나라가 조나라의 수도 한단을 포위하자, 조나라 효왕孝王은 공자 평원군을 초나라에 보내 도움을 청하고자 했다. 평원군은 식객 중에서 함께 수행할 사람 20명을 뽑고자 했는데, 마지막으로 한 사람을 채우지 못했다. 이때 모수毛遂라는 사람이 그 한 명을 자신으로 추천한다고 나섰다. 그러자 평원군이 물었다. "그대는 나의 식객으로 있은 지 얼마나 되었소?" "3년이 되었습니다." 평원군이 말했다. "대체로 유능한 선비가 세상에 있는 것은 비유하자면 주머니 안의 송곳과 같아서 그 끝이 금방 드러나 보이게 되는 법이오. 그런데 그대는 내 집에서 3년이나 있었는데, 나는 주위 사람들이 당신의 재주를 칭찬하는 말을 듣지는 못했소. 이는 그대가 이렇다 할 재주가 없다는 뜻이니, 그대는 남아있으시오." 그러자 모수가 말했다. "저는 오늘에서야 당신의 주머니 속에 넣어달라고 부탁

드리는 것입니다. 만일 저를 좀 더 일찍이 주머니 속에 있게 했더라면 송곳 자루까지 밖으로 나왔을 것입니다. 겨우 그 끝만 드러내 보이지는 않았을 것입니다." …… 평원군이 말했다. "모수의 세 치 혀는 군사 백만 명보다도 강했다."(『사기·평원군우경열전平原君虞卿列傳』)

모수는 자신을 알아주지 않는 주인에게 자기 스스로를 추천한 조나라 평원군의 식객이었다. 여기서 나온 사자성어가 "모수자천毛遂自薦"과 "낭중지추囊中之錐"이다.

내공이 쌓여야 당당해지고 그래야 자신을 스스로 추천할 수 있다. 당당함은 작은 이익에 흔들리지 않고 기본 바탕을 세운 후 묵묵히 걸어온 대가이자 자신감이다. 모든 일을 할 때는 정해진 목표가 있다. 하지만 그것을 완성하는 것은 목표가 아니라 루틴routine이다.

🏛 마음의 경쟁력 쌓기

개인의 욕구는 개별적이고도 특수하다. 그 개별적이고도 특수한 개인의 욕구는 타인으로부터 인정받길 원하며, 인정을 통해 자신의 능력을 가늠하고 존재감을 확인한다. 타인으로부터의 인정은 긍정적인 에너지가 되어 삶의 동기를 부여한다. 하지만 부정적인 측면도 있다. 욕구는 내면에서 나왔고 인정은 외부에서 받는 것이다. 외부로부터의 인정 욕구는 타인의 의식으로부터 자유롭지 못하며, 상대적 우월성을 획득하기 위해 지나친 경쟁에 몰입하게 되어, 결국엔 평가 대상으로서의 자신만 덩그러니 남는다. 사회적 인간으로서 가치를 인정받고자 하는 심리는 당연하다. 하지만 지나친 인정 욕구는 자기 부재 또는 상대적 결핍에 대한 일종의 보상심리이자 세상적

힘의 가치에 경도된 욕망의 면류관 같은 것이기도 하다. 그 욕구의 달콤함은 금세 사라지는 사이다의 '탄산'과도 같은 것이다. 무엇보다 스스로를 인정하는 내부로부터의 자존감을 세워나갈 필요가 있다. 외부로부터의 인정에서 조금은 거리를 두고 스스로 내면의 힘을 가꿀 필요가 있다.

보이지 않는 내면의 힘은 무엇으로부터 시작할까. 『중용中庸』에 이런 말이 있다. "숨겨진 것보다 더 잘 드러나는 것은 없고, 은미한 것보다 더 잘 나타나는 것은 없나니, 군자는 홀로 있을 때에도 삼가는 것이다." '홀로 있을 때에도 삼간다'는 "신독慎獨"은 혼자만의 시간 속에서 나를 관찰하고 스스로에게 솔직해지는 시간이다. 우리는 남이 보지 않는 곳에서 가장 무방비하게 자유롭다. '홀로'의 의미는 단순히 혼자라는 의미에 중점이 있는 게 아니라, 혼자여서 허용되고 심지어 자기기만까지 이를 수 있는 환경을 의미한다. 그런 곳이 바로 자신을 가꾸어가는 가장 기본적인 출발점임을 강조하는 것이다.

솔직하게 나를 들여다보면 가려지고 숨겨진 사이로 부끄러움도 보이고 염치도 발견한다. 신독을 단지 심오한 철학적 명제에 따라 어그러짐 없는 몸가짐을 요구하는 엄격한 수양이라고 생각하기 이전에, 내면을 단단하게 함으로써 스스로 마음의 경쟁력을 갖추고, 나만의 삶의 질서를 돌아보는 시간이라고 생각해도 될 것이다. 그래서 신독은 '타인에게 인정받기 위한 공부'(위인지학爲人之學)가 아니라, 스스로에게 진실하기 위한 학습(위기지학爲己之學)의 시간이다. 조선시대에도 신독을 내면의 수신을 위한 가장 중요한 덕목으로 여겼다. 남이 보든 안 보든 자신의 양심과 신념을 지키고 그에 따른 행동이 동반되는 '신독'의 정신이 오늘의 현실에도 필요할 것이다.

신독의 거울 앞에서 민낯 보기를 거듭하며 자신을 가꾸어가다 보

면 그릇도 커지고 품도 깊어질 것이다. 그 넉넉해진 공간을 타인의
자리로 남겨두면 그들이 저절로 다가와 소통의 길도 생겨난다. "숲
에 나무가 무성해야 도끼가 이르고, 나무에 그늘이 있어야 모든 새
가 쉰다. 나뭇가지에 잔가지도 없어 햇빛을 가릴 만한 공간이 없다
면, 누가 그 아래에서 살 수 있겠는가?"(『순자·권학荀子·勸學』) 그러
므로 "나쁜 나무는 그늘을 드리우지 못하는 법이다."(『관자管子』)
"악목불음惡木不蔭"의 '악목'은 재목으로 쓰기에 적당하지 않은 나
무나 쓸모없는 나무, 혹은 가지가 없어 그늘을 드리우지 못하는 나
무를 말한다. 쌓인 덕이 없어 그늘을 제공할 수 없는 사람을 비유한
다. 큰 나무 아래에 그늘이 생기고 큰 저자에 사람들이 모여들듯이,
"복숭아나무와 자두나무는 말을 하지 않아도, 그 밑에 절로 길이
생기며(도리불언, 하자성혜桃李不言, 下自成蹊. 『사기·이장군열전李將軍列傳』),
포용의 덕이 있으면 외롭지 않
으니, 이웃이 함께 하기 때문이
다.(덕불고, 필유린德不孤, 必有隣.
『논어·이인里仁』)

　복숭아꽃, 오얏꽃은 말을 하
지 않지만, 그 아래로 사람들이
늘 다녀서 저절로 오솔길이 생
긴다. 선한 영향력을 주는 덕을
지닌 사람은 스미듯이 남을 감
복시키니, 덕은 상호 신뢰와 포
용의 기초가 된다. 감복과 감화
는 내면에 응축된 선한 에너지
가 작동한 효험이다.

도리불언, 하자성혜(출처: 바이두百度)

🏛 걸림돌은 나 자신

삶은 어떤 바라는 조건이 갖춰져야 살 수 있는 것처럼 보이지만, 실로 그 조건은 끝이 없다. 공자가 가장 아꼈던 제자 중의 한 명인 노魯나라 사람 안회顏回(BC 521-BC 481)는 "한 통의 대그릇의 밥과 한 표주박의 마실 거리(단사표음簞食瓢飲)"를 가지고 "안빈낙도安貧樂道"의 삶을 살았다. 가난한데 어찌 즐겁겠는가? 이 역설의 의미는 무엇인가. '안빈'의 초점은 '가난함'에 있는 게 아니라 '편안함'에 있다. '가난함'은 주어진 것이지만 '편안함' 내가 만들어 내는 것이다. 상황이 자신을 삼켜버리지 않게 자신을 지켜나가는 수신修身의 내공에서 오는 안정된 편안함이다. 또한 안회의 내공은 흔들리지 않는 '편안함'에서 더 나아가 '즐거움'의 경지까지 이르렀다는 점이다. 공자가 안회를 높이 산 점은 곤궁한 처지와 상황 앞에서 흔들리지 않은 "안분安分(자신의 처지·분수를 자기의 정도에 맞추어 이루어가는 편안함)"의 경지와 욕망을 제어하는 "자족自足"의 경지였다. 이것이 안빈낙도의 '도'의 의미이다. 불편하지 않은 가난은 없지만 견딜만한 지족知足은 있다. 외부 상황에 의해 자신의 뜻을 빼앗기지 않는 안회의 독실함은 그의 시선이 늘 안을 향해 있었기 때문이다.

한비자韓非子(BC 280-BC 233)는 "아는 것의 어려움은 남을 보는 데 있는 것이 아니라, 자신을 보는 데 있다."고 했다. '지기知己'를 방해하는 커다란 요인 중의 하나는 스스로에게 가려진 '지혜'의 부재이다. 어느 날 초나라 장왕莊王이 월越나라를 정벌하려고 했다. 두자杜子가 왜 월나라를 정벌하려고 하느냐고 묻자, 장왕은 월나라는 정치가 어지럽고 병력이 약하기 때문이라고 했다. 그러자 두자가 이렇게 말했다. "신은 지혜가 눈과 같은 것이 될까 두렵습니다. 지혜는 눈과 같아서 백 보 밖은 볼 수 있지만, 자신의 눈썹은 볼 수 없습니다. 왕의 병사는 진秦나라와 진晉나라에 패배하여 이미 수백 리의 영토를 잃었습니다. 이는 병력이 약해진 것입니다. 하지만 장교莊蹻가 나라 안에서 도적질을 하고 있는데도 누구도 이를 금하지 못하고 있습니다. 이는 정치가 어지러운 탓입니다. 지금 왕의 병력이 약해지고 정치가 어지러운 것은 월나라보다 더한데도 월나라를 정벌하려고 하니, 이는 지혜가 눈과 같은 형국입니다."(『한비자·유로喩老』) 후에 이 말을 들은 장왕은 월나라를 공격할 계획을 접었다.

　여기서 나온 사자성어가 "목불견첩目不見睫(눈은 눈썹을 보지 못한다. 남의 허물은 보아도 자신은 제대로 보지 못함을 비유)"이다. 한비자는 이런 상황을 "아는 것의 어려움은 남을 보는 데 있는 것이 아니라, 자신을 보는 데 있다."고 비유하였다. '지피知彼'해야 '지기知己'하는 게 아니라 '지기'해야 '지피'하는 것이다. 눈의 밝음은 남을 보는 데 있는 게 아니라 자신을 보는 데 있다. 자신의 눈으로 자신의 눈썹을 볼 수 없으니, 자신을 살피는 것보다 남의 사정을 살피는 일이 훨씬 쉽다. 하지만 자신을 알아야 비로소 남이 보인다. 무언가에 경도되고 가려진 눈은 나 밖에 못 본다. 그런 시선은 왜곡되고 굴절되기 쉽다.

　초나라 장왕이 진晉나라를 치려고 하면서 좌우 신하들에게 포고했다. "감히 이 일에 대해 간언하는 자가 있으면 죽일 것이다." 그런데 손숙오孫叔敖(BC 630-BC 593)는 "부월斧鉞(임금이 장수나 제후에게 생살권을 부여한다는 뜻에서 주던 도끼 모양의 의장)의 형벌이 두려워 감히 군주에게 간언하지 못하는 자는 충신이 아니라고 들었다."라고 하면서 나아가 이렇게 아뢰었다. "정원에 나무가 있는데, 그 위에 매미 한 마리가 있습니다. 매미는 높은 곳에서 울어대며 맑은 이슬을 먹

당랑재후(출처: 네이버)

으려고 하는데, 사마귀가 그 뒤에서 목을 굽혀 잡아먹으려고 하는 것을 모릅니다. 그 사마귀는 매미를 먹으려고 하면서 참새가 뒤에서 목을 빼고서 쪼아 먹으려고 하는 것을 모릅니다. 참새는 사마귀를 먹으려고 하면서 그 아래에서 포수가 탄환을 장전하여 쏘려고 하는 줄을 모릅니다. 이 세 가지는 모두 눈앞의 이익에 급급하여 뒤에 있는 환난을 돌아볼 줄 모르는 것입니다. …… 이는 유독 곤충에만 해당되는 것이 아닙니다. 사람도 그러합니다."(『설원·정간說苑·正諫』) 여기서 나온 사자성어가 "당랑재후螳螂在後(사마귀가 뒤에 있다. 눈앞에 보이는 이익을 탐하여 자기 처지를 돌아보지 못하는 것을 비유)"이다. 목전의 이득에 어두워 일을 그르친 경우를 말한다.

눈앞의 이익에 가려진 시선은 마음의 눈을 멀게 하고 행동을 그르치게 한다. 송宋나라의 한 농부가 볏모를 심었으나 잘 자라지 않는다고 생각했다. 어느 날 농부는 심은 곡식의 싹이 자라지 않는 것을 안타깝게 여겨, 그 싹들을 조금씩 위로 뽑아 올려놓고, 집으로 돌아와 식구들에게 이렇게 말했다. "휴! 오늘 너무 피곤하구나. 오늘 볏모가 잘 자라도록 도와주고 왔다." 이 말을 들은 가족들은 다음날

논에 가보았다. 볏모는 모두 말라 죽고 말았다.(『맹자·공손추 상公孫丑上』) 맹자는 이렇게 결론을 맺는다. "천하에는 볏모가 자라도록 돕지 않는 자가 적다. 유익함이 없다 해서 버려두는 자는 볏모를 김매지 않는 자이고, 억지로 조장하는 자는 볏모를 뽑아 놓는 자이다. 이는 모두 유익함이 없을 뿐만 아니라 또한 해치는 것이다." 여기서 나온 사자성어가 "알묘조장揠苗助長(싹을 위로 뽑아 자라도록 돕다. 쓸데없는 일을 해서 일을 망쳐버림을 비유)"이다.

더러는 한 템포 늦춰 절로 무르익기를 기다리는 연습도 필요하다. 땅도 때가 되어야 싹을 틔우고 열매도 맺는다. 속도보다는 기다림을 배워야 한다. 빨리 성과를 이루려는 마음에 가려져서 나도 못 보고 상황도 파악하지 못하면, 이는 자신이 자신의 발목을 잡는 형국이다.

🏯 어리석음과 닫힌 사고

"아주 지혜로운 사람과 아주 어리석은 사람은 바뀌지 않는다"고 한다.(『논어·양화陽貨』) "하우불이下愚不移(아주 어리석은 사람은 바뀌지 않는다)"에서 아주 어리석은 사람이란 머리가 나쁜 사람이 아니라 지레 스스로 변화를 포기한 자포자기의 사람을 말한다. 자기만의 아집과 관성에 갇혀 변화를 모르는 것이 어리석은 것이다.

송나라 양공襄公이 초나라와 홍양泓陽을 사이에 두고 진을 치고 있었다. 이때 재상 목이目夷가 송 양공에게 적들은 수가 많고 우리는 적으니, 저들이 모두 건너기 전에 치자고 했다. 그러나 양공은 듣지 않았다. 그러자 초나라 군대가 모두 물을 건너고 아직 진용을 가다듬기 전에 적을 치자고 건의했으나 양공은 여전히 듣지 않았다. 초나라 군사가 진용을 다 정비한 뒤에야 공격했다. 결국 송나라 군대는 크게 패했다. 양공은 다리를 다쳤고 사상자도 많았다. 사람들이 모두 양공을 탓했다. 그러자 양공은 이렇게 말했다. "군자는 상처 입은 자들을 다시 상하게 하지 않으며, 머리가 희끗희끗한 자를 사로잡지 않는다. 옛날 싸움에서는 험난한 지세를 이용해서 승리를 구하려 하지 않았다. 과인이 비록 망한 나라(송나라는 상商나라의 후손)의 후예이지만, 진용도 갖추지 않았는데 적을 치려고 북을 울리지는 않는다."(『춘추좌전·희공僖公 22년』)

주변의 여러 차례 제안에도 불구하고 송 양공의 태도는 일관되었다. 자신의 쓸데없는 배려로 인해 결국 송나라는 초나라에 패하고 말았고, 자신도 전투에서 입은 상처로 죽고 말았다. 세상 사람들은 이를 비웃어 "송양지인宋襄之仁(송나라 양공의 어짊. 자신에게 무익한 쓸데없는 동정이나 배려 또는 관용을 뜻함)"이라고 했다. 상대를 배려했다고도 볼 수 있지만, 자신의 기존 관념에 사로잡힌 완고한 어리석음을 드러낸 꼴이다.

춘추시대 노魯나라에 미생尾生이라는 남자가 살았다. 그는 신의가 두터운 사람으로 약속한 것은 반드시 지키는 사람이었다. 어느 날 여인과 다리 밑에서 만나기로 약속했다. 그는 약속 시간에 다리 밑으로 갔지만 여인은 약속 시간이 훨씬 지나도 나타나지 않았다. 미생은 조금만 기다리면 오겠지라고 생각하며 계속 기다렸다. 그런데 갑자기 장대비가 쏟아지더니 개울물이 불어나기 시작했다. 물살은 갈수록 거세졌지만 미생은 그 자리를 떠나지 않았다. 그는 다리 기둥을 붙들고 물살에 휩쓸려가지 않으려고 발버둥을 쳤지만, 결국 거센 물살에 휩쓸려 떠내려가 죽고 말았다. 이를 "미생지신尾生之信(미생의 믿음. 약속을 굳게 지키는 사람. 고지식하고 융통성이 없는 어리석은 믿음이나 사람을 뜻함)"이라고 한다.

미생의 이런 태도에 대해 평가가 엇갈린다. '송양지인'과 '미생지신'에는 유가에서 강조하는 5가지 덕목인 오상五常 '인·의·예·지·신' 가운데 '인', '신'이 포함되어 있다. 그래서 장자莊子(BC 369-BC 286)는 미생지신을 어리석은 명분에 사로잡혀 목숨까지 버리는 유가의 명분과 허명을 비판했고(『장자·도척盜跖』), 반대로 사마천司馬遷(BC 145?-BC 86?)은 '신의 있는 자'(『사기·소진열전蘇秦列傳』)라고 평가했다.

결과적으로 목숨까지 잃은 송 양공과 미생의 행동은 분명 어리석었다. '하우불이'의 입장에서 볼 때, 이들의 행동은 어리석은 게 문제가 아니라, 틀에 갇힌 고정 관념과 고지식한 명분과 집착이 문제였다. 하지만 달리 보면, 이들의 마음의 작동은 배려와 믿음에서 출발했다. 상대에 대한 신의와 배려, 약속에 대한 소중함을 지키려 한 것이다. 더러는 이런 어리석은 배려와 고지식한 믿음조차 아쉽게 느껴지는 것은 불신에 가려진 피로한 현실 때문인지도 모른다.

변화에 대한 추구는 시대를 읽는 데서 비롯된다. 사리와 시세에 어두워도 변화를 모르지만, 자신만의 사고와 인식 체계에 머물러 있어도 변화를 거부한다. 전국시대 초나라에 어떤 사람이 매우 아끼는 칼 한 자루를 가슴에 차고 강을 건너려고 배에 올랐다. 강의 중간 정도에 이르렀을 때, 실수로 그만 칼을 강물에 빠뜨리고 말았다. 얼른 손을 뻗어 건지려고 했지만 칼은 이미 물속으로 잠기고 말았다. 그는 얼른 허리춤에 있던 다른 칼을 꺼내어 배 위에다 칼을 빠뜨린 곳이라는 자국을 표시했다. 조금 후에 배가 목적지에 이르자 표시해 두었던 부근의 물속에서 칼을 찾았다. 하지만 배는 칼을 빠뜨린 곳을 이미 지나왔으므로 칼을 찾기란 불가능했다.(『여씨춘추·찰금呂氏春秋·察今』) '배에 새긴 표시만을 믿고 물에 빠뜨린 칼을 찾는' 어리석

각주구검(출처: 바이두)

은 행동을 "각주구검刻舟求劍"이라 한다.

　빠뜨린 칼은 오히려 세찬 물결에 따라 흘러갈 수도 있겠지만, 닫
힌 사고와 고정된 인식은 자기 안에 머물고 만다. 어리석은 게 문제
가 아니라 그것을 문제로 인식하지 못하고, 또는 인식을 해도 바꾸
려하지 않는 게 더 문제이다. 그것이 낡은 사고이고 보수이다.

_박영순

참고문헌

　김원중, 『고사성어사전』, 휴머니스트, 2020.
　펑여우란馮友蘭 저, 정인재 역, 『중국철학사』, 형설출판사, 2007.
　교수신문, 「올해의 사자성어」

고대 중국의 민심을 얻는 지혜
순자와 맹자 사상

고대 중국정치사상의 근본

    인간은 자신의 공동체와 자기 자신 이외의 또 다른 인간에 대하여, 그리고 그것들과 맺고 있는 관계에 대하여 의식적이든 무의식적이든 또는 단편적으로든 체계적으로든 일정한 감상과 사고를 가지고 있다. 이러한 자신을 둘러싼 객관적 상황에 대한 감상과 사고는 고금동서를 막론하고 보편적인 현상이라고 할 수 있다. 이렇게 볼 때, 한 시대를 풍미한 사상이라는 것은 몇몇 탁월하거나 독특한 사상가들만의 개인적인 사고의 체계라고 할 수 없다. 사상은 인간이 사회를 구성하고 그 사회 속에서 생활해야만 하는 불가피한 상황하에서 형성되고 소멸되어지는 의식과 사고의 흐름이며, 자신이 호흡하고 느끼는 자연과 사회에 대한 사고의 단편적 또는 체계적 구조라고 할 수 있을 것이다.

    그렇기 때문에 역사상 존재했던 개별사상에 관한 고찰은 반드시 그 사상의 형성조건이라고 할 수 있는 객관적인 사회적, 정치적 상황에 대한 파악을 토대로 하여, 그 사상가가 어떤 사상적 흐름 속에서 출현하고 발전해 왔는가에 대한 이해가 필요하다. 그러한 인간의식의 외부적 조건의 양태와 특성에 대한 이해에 기초하여야만 그 사상의 역사성이 확보되는 것이며, 현재의 '나'에게 주는 맥락적 의미가 제대로 드러나 텍스트의 현재성을 획득할 수 있는 것이다.

특히 특정 시대, 특정 공간에서 활동했던 개별 사상가의 사상에 대한 비교연구라는 것은 시·공간적으로 매우 상이한 사상과 사상가가 그 대상이 되기 때문에 그들이 생활하고 사유했던 맥락을 완벽하게 이해하는 것은 불가능하다. 따라서 그들의 이해는 언제나 현재의 '나'의 인식과 '나'의 사유체계를 전제로 하면서 시작되는 것이다. 역사적으로 비슷한 시기로 범주화가 불가능하다고 할지라도 또는 공간적으로 비슷한 특성을 갖는 민족성을 갖지 않았다고 할지라도 그들의 생각과 사고의 체계에 대한 인식은 가능하다.

일찍이 맹자孟子(BC 372-BC 289)는 "아무개의 시를 읊고 글을 읽으면서 그 사람을 알지 못한다면 말이 되겠느냐? 따라서 그가 살았던 시대를 논하는 것이다"라고 하였다. 또한 펑여우란馮友蘭은 『중국철학사』에서 "철학자가 문제해결을 위한 근거로써 인용한 내용 자체도 그의 문제해결에 관련이 있기 때문에, 한 사람의 철학에 대해서 역사적 연구를 행할 때에는 그 시대의 정세와 각 방면의 사상적 배경에 대해서도 주의해야 한다"고 말하고 있다. 그렇기 때문에 사상에 대한 비교연구는 그 연구의 대상이 되는 사상에 대한 직접적인 접근 이전에 그 사상과 사상가가 몸담고 있었던 사회의 인간관계의 구조와 특정한 공동체의 보편성과 구체성에 대한 예비적 정보가 전제되어야 하며, 이러한 정보는 관찰자인 '나'의 생활과 조건 속에서 비교의 대상들과 내가 논리적으로 조우하게 되고 그 논리 속에서 비교 검토가 가능해지는 것이다.

"위대한 사상과 사상가는 자신의 공동체가 혼란과 붕괴의 위기에 놓여있을 때 출현한다"는 역설이 있다. 극도로 혼란된 상황하에 놓여있는 인간은 자신을 둘러싼 공동체와 그러한 상황하에서 갈등을 일으키는 인간에 대한 근본적인 질문을 통하여, 객관적 상황을 변화시키거나 대안을 모색하게 된다는 극히 자연적이며 보편적 특징을 반영하고 있기 때문이다. 중국정치사상의 근본적인 문제의식은 '치란지법治亂之法'이다. 이는 정치를 현실적인 것으로 바라보지 않으면 출현하기 어려운 현실주의적 정치관의 소산이라고 할 수 있다. 이들은 각기 다른 역사적, 정신적 기반 하에 자신들의 사고체계를 구성하였지만, 공히 극히 혼란스럽고 혼탁한 사회와 정치를 현실적인 관점에서 관찰하고, 그런 상황을 해결하기 위한 방법을 찾아가려는 노력의 결과로 자신의 사상체계를 형성하게 되었을 것이다.

🏛 유가 형성의 시대적 배경

극심한 사회적, 정치적 혼란은 인간에 대한 근본적인 질문을 하게 한다. "인간의 천성은 선한가 아니면 악한가?" 물론 선악을 나누는 기준 자체가 시대적 상황에 종속되어 표현되는 것이긴 하지만, 인간은 사회가 불안하고 위협적인 상황에서는 인간사회의 통합적이고 집단적인 측면보다는 분열적이고 개인적인 측면에 더욱 관심을 보인다. 우리의 관심 대상이 되고 있는 두 명의 사상은 각자의 사상적 맥락은 다르지만 비슷한 인간의 모습을 묘사하고 있다. 그렇다면 이

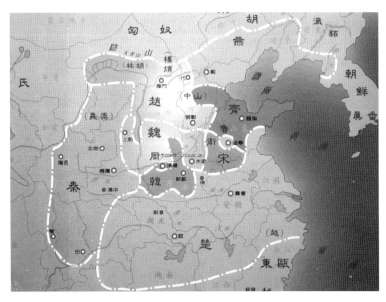

전국시대 지도戰國地圖(출처: 바이두)

두 명의 사상가가 처한 현실은 어떠했는가?

먼저 순자荀子(BC 328-BC 235)는 수백 년의 통일국가를 유지해 왔던 주周 왕조의 쇠퇴와 패자覇者들의 무력에 의한 영토합병과 합종연횡이 극에 달했던 전국시대의 끄트머리에 살았다. 춘추전국시대는 중국역사상 전무후무한 혼란의 시대였다. 순자가 살았던 전국시대의 말기는 봉건사회에서 중앙집권적 전제체제로의 전환이 이루어지는 과도기였다. 과거 주 왕조를 중심으로 하는 신분사회는 종법에 따른 질서가 잡혀있었던 사회였다. 왕과 제후 그리고 서민에 이르기까지 자신의 직분에 맡은 역할을 충실히 수행했던 시대였다. 하지만 시간이 지나면서 제후들의 권능은 확대되는 반면 주 왕실의 권위와 세력은 쇠퇴하게 되었고, 급기야 제후의 힘을 빌리지 않으면 왕이 될 수 없는 상황에 처하게 되었다. 제후들은 자신이 세운 왕의 권위에 의

탁하여 '천하'를 병탐하려 하거나 왕실의 권위를 무시하고 독립된 영토를 소유한 소국을 형성하기에 이른다. 이러한 상황에서 기존의 신분사회는 급격하게 해체되고, 그러한 사회를 유지해 왔던 종법과 정전이 무너지면서 봉건질서는 해체의 일로를 걷게 된다. 사회를 유지해 왔던 의례와 풍속은 그 본래의 기능을 잃게 되었으며, 인간과 인간사이의 관계는 홉스Hobbes의 표현대로 "만인의 만인에 대한 투쟁"이 폭력적으로 나타난 시기였다.

순자는 조趙나라 사람으로 이름은 황况이며, 자는 경卿이다. 조나라에서 태어나 제齊나라와 초楚나라 등에서 유학과 정치를 하였다. 특히 말년의 10년은 초나라에 머물면서 춘신군春信君의 식객으로 정치적 자문을 했다. 이 시기는 진나라에 의한 통일을 불과 10-20년 남겨둔 시기였다. 이 시기에 『순자荀子』가 집필되었다

순자(출처: 淸宮殿藏畫本)

고 한다. 사마천司馬遷의 『사기·맹자순경열전史記·孟子荀卿列傳』에 의하면, 『순자』의 집필 배경에 대해 첫째, 대국에 의한 소국의 침략과 겸병에 대한 비판과 성인이 주장하는 대도의 실현, 둘째, 난세에 널리 퍼진 주술적인 풍조의 타파, 셋째, 비유鄙儒에 대한 비판과 장자 등의 제자로 인한 풍속문란에 대한 비판 등을 목적으로 저술하였다고 한다. 이렇듯 순자는 극도로 분열된 중국이 통일국가로 전환되는 바로 그 시기에 인간과 천天, 예禮 그리고 정치에 대한 질문과 대안을 제시했던 것이다.

🏛 맹자의 덕치와 순자의 법치의 주요 내용

맹자(출처: 國立故宮博物院藏)

선진유학에서 인성론은 천론天論과 밀접한 연관을 갖는다. 『논어·공야장論語·公冶長』에서 인성과 천론을 함께 묻고 있는 대목이 그러하다. 공자(BC 551-BC 479)의 제자 자공子貢(BC 520-BC 456)이 "선생님께서 성性과 천도에 대해서 말씀하시는 것을 들을 수 없었다."라고 말한 대목에서 그 시대 공자의 제자들에게 있어서 성론과 천론은 사고체계에서 분리가 불가능한 것이 아니었나 생각된다. 이것은 맹자와 순자 시대에 이르면 공자 시대보다는 훨씬 더 정교한 형태로 인성론과 천론을 거론하고 있다. 맹자는 성nature을 선하다고 주장하여 인정을 통한 통치를 강조한 반면, 순자는 성은 악하다고 생각하여 예치를 중시하였다. 따라서 인간의 성을 어떻게 보는가에 따라서 사회문제에 대한 해결방안이 달라질 수 있다는 것이다. 특히 맹자와 순자가 살았던 시대는 사회가 급격하게 변하고, 기존의 문화와 사상이 전면적인 위기를 맞았던 시기였다. 이 시기는 천인天人, 예법禮法, 명실名實, 왕패王霸, 의리義理, 지행知行, 선악善惡 등과 같은 새로운 사회문제와 사상이 끊임없이 제기되었으며, 이에 대한 해결에 모든 사상가들이 전념했던 난국이요 사상의 르네상스 시기였다. 이러한 상황 속에서 직하稷下학파에 함께 속해 있었던 순자는 맹자의 인성론과 천론에 대해 잘 파악하고 있었다. 따라서 순자에게 있어서 인간의 성에 대한 성악적 인식은 맹자의 성선의 관념을 바탕으로 구성된 것이며, 맹자에 대한 전면적인 비판 속에서 형성된 것이라고 할 수 있다.

맹자는 기본적으로 천을 의지가 있고 덕이 있는 주재적 존재로 보고 있다. 그에 따르면, "하지 않아도 저절로 되는 것이 천天이요, 불러들이지 않아도 저절로 이르는 것이 명命이다"(『맹자·만장 상孟子·萬章上』)라고 하면서 인간의 능력으로 할 수 없는 일이지만 이루어 지는 것은 하늘의 뜻에 의한 것이며, 사람이 불러들이지 않았지만 그 결과가 이루어지는 것은 명에 의한 것이라고 주장한다. 따라서 맹자에게서의 성性은 인간의 욕망과 감각과는 별개의 것이다. 이를 테면, 성은 측은惻隱·수오羞惡·사양辭讓·시비是非의 인의예지仁義禮智인 사단四端, four beginnings일 뿐이다. 사단은 "하늘이 나에게 부여하는 바天之所與我者"인 마음心의 발현이며, 이는 심의 작용으로 인해 끊임없이 살아나는 것을 의미하는 것이다. 따라서 맹자에게 있어서 성은 언제나 하늘로부터 내려 받는 것이기에 선하다고 말할 수 있는 것이다. 인간이 태어나면서 갖게 되는 본심인 이 사단은 선 천적으로 갖추어진 즉 하늘로부터 부여된 품성을 초월하는 특성이 며, 천부적 도덕이라고 할 수 있다. 결국 맹자에게 있어서 인성이라 는 것은 인간의 사회성과 도덕성을 의미하는 것이다.

그러나 순자에게 있어서 성은 맹자와 그 성격이 다르다. 먼저 순 자는 성nature과 위僞, aquired training를 구분한다. 그리고 정情, emo-tion과 성을 혼용한다. 그에 따르면 인간의 본성은 인간이 태어나면 서 갖게 되는 자연적인 본성이며, 자연이 인간에게 부여한 생물학 적 본성으로서 본래적인 것이므로 성이라고 하며, 후천적으로 형성 된 인간의 갖가지 성격은 사회생활과 교육의 결과로서 모두 인위적 인 것이므로 위라고 주장한다. 따라서 『순자·정명正名』 편에 따르면, 성이라고 하는 것은 "나면서부터 가지고 있는 것生而有"이며, "어떤 것을 가하지 않은 그러한 것無待而然"으로, "하늘이 정해 놓은 것天之就也"이라고 말하고 있다. 맹자가 명命이라 정의한 인간의 욕망과 감각체계 그리고 성인이 되거나 도척이 되는 것까지를 포함하는 성의 개념을 이야기하고 있다. 이러한 성론에 근거하여 "인간의 본성은 악하다. 그것이 선한 것은 인위에 의해서이다"(『순자·성악性惡』)라고 하면서 성악의 문제를 논한다. 그는 맹자가 주장하고 있는 선이라는 것은 사회적 교화의 결과라고 하면서, 인간의 본성을 사회적으로 적응시키지 않고 본성을 스스로 발전하도록 내버려 두면 인간사회는 혼란에 빠진다는 것이다. 따라서 순자는 "사람들의 본성이 악하기 때문에 반드시 성인의 덕을 지닌 왕이 다스리고 예의를 통해 교화시킨 후에야 모두 다스려지고 선하게 된다."(『순자·성악』)라고 하면서 위僞의 형태로서 통치와 교화를 들고 있다. 이는 순자의 사상적 결론인 예치의 전제인 것이다.

결과적으로 맹자의 성론은 인간의 생물학적인 측면을 성이라고 하지 않고 사회적이며 도덕적인 측면만을 성으로 규정하고 있는 반면, 순자는 성과 위僞를 구분하여 사용함으로써 맹자의 견해를 한 차원 높이는 논의를 전개하고 있다. 순자는 맹자의 성선설에 대하여 「성악」에서 다음과 같이 비판하고 있는 것이다. 본성이 선하다면 성인의 덕을 지닌 왕도 필요없고 예의도 필요없다. 본성이 악하기 때문에 성인의 덕을 지닌 왕을 세우고 예의를 귀하게 여기는 것이다.

🏛 민심을 얻는 법: 순자와 맹자

순자의 정치사상의 출발은 인성론이다. '인간의 성은 악하다'에서 출발한 순자는 이를 교화하기 위한 위僞의 방법으로써 예禮를 들고 있다. 순자는 공자와 마찬가지로 예를 바르게 함으로써 사회적 혼란을 다스리려고 하였다治亂. 즉 순자에게 있어서 '성왕의 정치'란 "강력한 군주의 위세를 확립하여 백성들에게 군림하고, 예의를 밝혀서 교화하며, 올바른 법을 만들어 다스리며, 형벌을 무겁게 하여 금지시켜서 온 세상이 다스려지고 올바르게 만드는"(『순자·성악』) 것이며, 이를 위해서는 강한 군주의 필요성이 대두된다고 보았다. 동시에 군중에게 절대적인 권한을 부여하여 사회는 절대군주를 따라야 하고 백성들은 그를 쫓아야 한다고 보았다.

> 군주는 백성의 표준이요 백성은 그 그림자이므로, 그 표준이 바르면 그림자도 따라서 바르게 된다. 비유하면 임금이 대야이면 백성은 물과 같은 것으로 대야가 둥글면 물도 따라서 둥글게 되는 것과 같다. (『순자·군도君道』)

이와 같이 순자는 공자나 맹자와 마찬가지로 유능한 자, 즉 군자를 통한 통치를 주장했다. 맹자가 사회문제를 근본적으로 통치자인 군자의 도덕성이나 비도덕성의 문제로 환원시킨 반면, 순자는 이미 현존하고 있는, 즉 사회적 갈등이 발생하고 있는 사회상태에 대한 분석에서부터 출발하려고 한다. 즉 순자는 사회적 분쟁과 의의 조화 속에서 안정된 사회가 이루어지며 이러한 사회는 예에 의해 지배되는 사회라고 보았다. 순자는 순수한 도덕성에 의한 통치보다는 예에 의한 통치를 더욱 안정된 것으로 간주하고, 이를 보완해줄 수 있는 것으로써 법法을 이야기한다.

그러면 순자에게 있어서 예와 법은 무엇인가. 선진시대의 예에는 두 가지 의미가 결합되어 있다. 하나는 제사를 비롯한 인간의 의식Rites을 의미하며, 다른 하나는 법도Rules를 의미한다. 이러한 두 가지의 예의 구성요소는 서로 분리가 불가능한 통합적인 의미를 지니고 있다. 순자가 말하는 '예'는 "위로 하늘을 섬기고, 아래로는 땅을 섬기고, 또 선조를 존중하고, 임금을 받드는 것"(『순자·예론禮論』)을 의미하며, 이러한 예를 법을 만드는 대원칙으로 삼는다. "나라에 예가 없으면 바르지 못하다. 예는 국가를 바로잡는 것이다"(『순자·왕패王霸』)라고 했으며, 예가 있고 법이 제정되는 것이다라고 한다. 부연하면 예와 법은 '분업을 명확히 하는 가장 큰 단서'이다. 특히 "예는 법의 커다란 구분이며 다양한 법률조례의 기준이다. …… 도덕의 극치이다."(『순자·근학勤學』) 그러므로 예가 없으면 법도 없다(『순자·수신修身』)는 것이다.

류웨이화劉蔚華와 먀오룬톈苗潤田에 따르면, 순자에게 있어서 예는 각 신분의 권리를 정하는 것이고 법은 인간의 행위준칙과 제재방식을 규정하는 것이다라고 하면서, 순자의 예와 법은 불가분의 성격을 갖는 것으로 파악하고 있다. 이러한 예치와 법치의 결합은 통치자로 하여금 '도덕적 권위'와 엄격한 위세를 갖게 하여 "예를 존중하고 법을 엄격하게 하여 나라의 기강을 세울 수 있게 하였다"(『순자·군도』)는 것이다. 이는 국가가 가장 잘 다스려질 수 있는 중요한 정치적 수단이라고 할 수 있다. 즉 농부가 농사를 짓는 것으로부터 삼공三公이 나랏일을 총괄하는 것에 이르기까지 모두가 정치제도로서, 순자는 이것을 예라고 칭하였다. 재정방면에서의 절약과 군사력 또한 예이다. 따라서 나라를 다스리는 각종 규범은 모두 예에 속하므로 예는 국가를 바르게 하는 도구이다. 국가의 치란은 정치적 조치의 합리성 여부에 의해 결정된다. 그러므로 예란 차이를 구분해서 직분을 정하는 최고의 법칙이라고 할 수 있는 것이다.

순자는 용인用人의 방법을 중시했다. 순자에 따르면 군자는 모름지기 권력을 독점해야 하지만 혼자서는 다스릴 수 없다고 판단하여 그의 좌우에 완전히 신임하는 측근을 두어야 한다고 보았다. 즉 "먼 곳의 소식을 듣고 많은 정보를 수집할 수 있는 통로와 창문", "먼 곳에 가서 의사를 통하고 문제를 해결하기에 적합한 인물"(『순자·군도』)이 있으면 군주는 힘들이지 않고 다스릴 수 있다는 것이다. 마키아벨리가 "군주로서의 능력을 측정하는 좋은 기준은 측근에서 어떤 사람을 고르느냐"라고 한 말과 일맥상통한다.

하지만 측근을 쓰는 데에도 원칙이 존재한다. 순자는 그 주요한 원칙으로 군주의 사사로운 욕심을 제거하는 것이라고 주장한다. 즉 공적 제도를 세워서 이러한 사적인 욕심을 막아야 한다고 한다. "총명한 군주는 자기 마음대로 사사로이 금석주옥과 같은 보물을 주기는 해도, 사사로이 관직이나 사업을 주지 않는다. 이것은 무슨 까닭인가? 그것은 사사롭게 하는 것이 본래 누구에게도 불리하기 때문이다."(『순자·군도』) 따라서 사람 위에 있는 자는 측근을 선택할 때 심사숙고해야 한다. 그렇지 않을 때에는 힘들어진다.

순자는 군주가 가져야할 통치의 방편으로서 법과 용인을 강조하였지만, 완전히 법가와 같은 것은 아니다. 법가는 법에 의한 통치治法를 강조하였지만 순자는 치법과 치인을 동시에 강조했다. 즉 유가의 전통과 법가의 원리가 결합되어 있는 것이다. 유가에서 군주는 신성하고 덕으로 공적을 성취하지만, 법가에서의 군주는 술수로 공적을 이룬다고 하였다. 즉 술수로 공적을 이룬 군주는 음험하고 인의예지가 없으며 다만 은밀할 뿐이라는 것이다. 법가가 법가인 것은 법을 사용하기 때문인 것이 아니라 법을 사용하는 근거와 법을 사용하는 군주의 술수에 의한 공적을 성취하는데 있는 것이다.

법가는 인간의 본성을 악한 것으로 본다는 점에서 순자와 괘를 같이 하지만, 백성을 물질적인 것으로 파악하고 있다는 점에서는 순자와 극히 다른 점을 보여 주고 있다. 『순자·왕제王制』에서 군주의 세 가지 핵심에 대하여 논하고 있다. 먼저 정치를 공평하게 하고 백성을 사랑하는 것平政愛民, 예를 숭상하고 선비를 존경하는 것隆禮敬士, 현자를 받들고 유능한 인사를 임용하는 것尙賢事能 등이다. 이러한 세 가지 원칙을 지키기 위해서 군주는 반드시 '명확히 밝히고, 정직하고 성실하며, 공정해야'한다는 점을 강조한다. 만약 군주가 '주도면밀하게 감추고 음흉하며, 한쪽에 치우쳐 있다면' 어떻게 천하를 다스려 백성을 보호하고 사랑할 수 있겠으며, 어떻게 예의를 높이고 선비를 존경할 수 있겠으며, 어떻게 현자를 높이고 인재를 임용할 수 있겠는가라고 하면서 "군주의 도가 분명하지 않으면, 천하는 그를 떠난다"라고 강조한다. _서상민

참고문헌

維基百科, https://zh.wikipedia.org/wiki
百度百科, https://baike.baidu.com
펑여우란馮友蘭 저, 박성규 역, 『중국철학사』, 서울: 까치, 1999.
사마천司馬遷 저, 김원중 역, 『사기열전』, 서울: 민음사, 2015.
서상민, 「순자와 마키아벨리의 현실주의 정치사상」, 『국가와 정치』 제24집, 2018.
차이런허우蔡仁厚 저, 천병돈 역, 『순자의 철학』, 서울: 예문서원, 2000.
이혜경, 『맹자』, 서울: 서울대학교 철학사상연구소, 2004.

용인用人과 처세處世의 지혜

수많은 인간이 루비콘강을 건너온 역사는 시공을 초월하여 끊임 없이 소환되어, 현재와 미래에 대한 삶의 열쇠를 제공한다. 우리는 과거와 현재 사이의 부단한 대화를 통해 역사의 순환성을 읽어냄과 동시에 지혜의 생명력을 공급받는다. 중국 고대 치세의 역사 속에서 용인用人과 치인治人의 지혜, 처세와 운명의 지혜 등을 살펴봄으로 써 지나온 길 위에서 앞으로 나아갈 길을 찾아본다.

▥ 용인과 치인의 지혜

당나라 문인 한유韓愈(768-824)는 "세상에는 백락伯樂(춘추시대 말 을 잘 알아보는 상마가相馬家)이 있은 후에야 천리마가 있다. 천리마는 항상 있지만 백락은 늘 있는 것은 아니다."라고 했다.(「잡설雜說」) 인 재는 있지만 인재를 제대로 알아보는 눈을 가진 이가 드물다는 말 이다.

노魯나라 애공哀公이 "어떻게 하면 백성을 따르게 할 수 있는가?"라고 공자에게 묻자, 공자는 "곧은 자를 들어 굽은 자 위에 놓으면, 백성이 따를 것입니다."(『논어·위정爲政』)라고 대답했다. 치세에서든 난세에서는 국가의 안위는 언제나 '사람'이 답이다. 공자가 이상적인 인물로 제시한 주공周公 역시 인재를 구하기 위해서라면 "머리를 감다가도 머리를 움켜쥐며 중단하고, 밥을 먹다가도 삼키지 않고 뱉어내기를(악발토포握髮吐哺)" 마다하지 않았다.

　군주는 인재를 등용할 때 무엇을 귀담아들어야 하는가? 맹자는 반드시 백성들의 목소리에 귀를 기울이고, 그러고도 신중에 신중을 거듭해야 한다고 강조한다. "좌우 신하들이 모두 현자라고 말해도 아직 안 되며, 여러 대부가 모두 현자라고 말해도 아직 안 되며, 백성들이 모두 현자라고 말하면, 그 후에 가서 정말 현자인지를 잘 살핀 후에 등용해야 합니다. 좌우 신하들이 모두 안 된다고 말해도 듣지 말고, 여러 대부가 모두 안 된다고 말해도 듣지 말며, 백성들이 모두 안 된다고 말하면, 그 후에 잘 살핀 후 정말 안 되는지를 본 후에 물러나게 해야 합니다."(『맹자·양혜왕梁惠王 하』) 왜냐하면 저 하늘은 아득한 가운데 있으면서도 "백성의 눈을 통하여 보고 백성들의 귀를 통하여 듣고서, 천명天命을 내려주기도 하고 천명을 거두기도 하기 때문이다."(『서경·태서書經·泰誓』)

　그래서 일찍이 한비자韓非子(BC 280-BC 233)는 군주를 세 가지 등급으로 나누어 "하군下君은 자신의 능력을 사용하고, 중군中君은 남의 힘을 사용하며, 상군上君은 남의 능력을 사용한다."(『한비자·팔경八經』)라고 했다. 아랫사람의 지혜와 능력을 잘 활용하여 최상의 군주가 되려면 먼저 인재 등용에 신중해야 한다. 그렇지 못할 경우, 그 폐해는 고스란히 백성의 몫으로 돌아간다.

그 백성의 고충과 민심이 중국 고대에서는 음악을 통해 드러난다고 보았다. 음악을 정치의 득실과 인재 등용의 성패를 가늠하는 척도로 보았다. 그 음악을 들으면 정치를 안다는 "문악지정聞樂知政", 음악과 정치는 통한다는 "악여정통樂與政通"이란 말처럼 정치와 음악의 상관성은 치세를 가늠하는 척도였다. 예를 들어, 오吳나라 계찰季札은 오나라 왕위를 마다하고 왕의 사신이 되어 노魯나라를 방문했다. 노나라에서 음악을 듣고 품평하는 장면을 "계찰관악季札觀樂"이라 한다. 그는 『시경詩經』에 실린 다양한 지역의 음악인 국풍國風(여러 나라의 민요로서 15개 국풍이 실렸음)을 듣고 그 지역의 민풍을 그대로 읽어냈다. 먼저 주남周南(국풍의 첫 편명)과 소남召南(국풍의 두 번째 편명)을 들려주자 "아름답습니다. 기초를 다지기 시작했으니 아직 높은 경지에 이르지는 못했지만, 백성들은 근면하고 누구를 원망하지 않는 목소리가 드러나고 있습니다."라고 말했고, 정풍鄭風을 들은 후에는 "정서가 매우 쇠약하게 들리니 백성의 힘겨운 삶이 느껴집니다. 아마도 가장 먼저 망하는 나라일겁니다."라고 했고, 패풍邶風·용풍鄘風·위풍衛風의 음악을 들려주자 "아름답습니다. 음조가 깊어서 우수가 느껴지지만 곤궁하지는 않은 듯합니다."라고 품평했다.(『춘추좌전·양공襄公 29년』)

한 사회의 현재와 미래를 예측할 수 있는 것은 음악에 그 시대를 대표하는 감성과 시대정신이 담겨 있기 때문이다. "이런 까닭에 잘 다스려진 시대의 음악은 편안하고도 즐거우니, 그 정치가 화평하기 때문이다. 어지러운 시대의 음악은 원망과 분노에 차 있으니, 그 정치가 도리에서 어긋났기 때문이다. 망국의 음악은 슬프고 애달프니, 그 백성이 곤궁하기 때문이다. 음악의 도는 정치와 통하는 것이다."(『예기禮記·악기樂記』)라고 했다.

음악이란 본디 사람의 마음으로부터 나오며, 개인의 정서와 시대적 상황에 따라 다양한 음악이 나온다. 한 시대의 정치와 사회 변화는 인간의 심리와 정서에 영향을 준다고 보아, 치세의 음악·난세의 음악·망국의 음악으로 나누어 정치의 득실과 민심을 파악한 것이다. 슬픈 리듬(가사)의 음악을 망국의 음악으로, 원망과 분노의 리듬을 난세의 음악으로, 편안하고 화락한 리듬을 치세의 음악으로 정의하였다. 이러한 음악은 그대로 백성들의 정서와 지역의 풍습에서 드러났으며, 정치 득실과 인재 등용의 결과라고 인식하였다. 정치와 음악은 언뜻 보기에 관계가 없는 것처럼 생각되지만, 중국 고대인들은 음악이 곧 정치이고 정치가 곧 음악이라고 생각해왔다.

"재능 있는 자가 가려진 채로 있게 해서는 안 되지만", "이름이 높다는 것만으로 임용해서도 안 된다."(『한비자·유도有度』) 위정자는 '치세의 음악'을 만들 수 있는 중요한 키를 잡고 있다. 권력욕에 지배되지 않는 지도자와 권력에 아부하지 않는 인재가 한 나라의 치세를 이루어 갈 때, 우리의 정서와 음악은 화평할 수 있을 것이다. 그것이 진정한 '천리마와 백락'의 효과일 것이고, 그러한 지도자만이 음악(백성의 목소리)을 제대로 판별할 수 있을 것이다.

유향 초상과 『설원』(출처: 바이두)

한漢나라 유학자 유향劉向(BC 77-BC 6)이 쓴 『설원說苑·신술臣術』에 보면, 한 나라의 중책을 맡은 신하가 가져야 할 도리와 치인의 중요성에 따라 신하의 종류를 "육정六正(바른 신하)"과 "육사六邪(사특한 신하)"로 나누었다. "남의 신하된 자의 행동에는 육정과 육사가 있으니, 육정을 바르게 실천하면 영화를 볼 것이요, 육사를 범하면 욕을 입게 될 것이다. 무릇 영욕이란 화복의 문이다."라고 하였다.

'육정'이란 첫째, 어떤 일이 태동하기 전에 형태나 조짐을 미리 알고 대처하여 임금이 초연하게 제 자리를 지킬 수 있게 해주는 신하가 '성신聖臣'이다. 둘째, 마음을 비우고 뜻을 깨끗이 하여 선으로 나아가서 임금을 깨우쳐주고 장구한 계책을 세우도록 도와주는 신하가 '양신良臣'이다. 셋째, 몸을 낮추고 겸손히 하며 자신의 능력과 마음을 남김없이 발휘하여 사직을 편안하게 해주는 신하가 '충신忠臣'이다. 넷째, 성패를 빨리 파악하여 화의 근원을 근절시켜서 임금의 근심을 없애주는 신하가 '지신智臣'이다. 다섯째, 법을 잘 지키고 자기의 직분을 충실히 하며 뇌물을 받지 않는 신하가 '정신貞臣'이다. 여섯째, 국가가 혼란하고 임금의 정치가 도에 어긋났을 때 죽음을 불사하면서 임금의 과실을 지적하는 신하가 '직신直臣'이다.

이와 반대로 '육사'란 관직에는 안일하고 녹만 탐하며 머릿수나 차지하고 있는 '구신具臣', 임금의 말에 무조건 옳다고 하면서 비위를 맞추고 뜻에 영합하는 '유신諛臣', 겉으로는 근엄한 척하면서 속과 겉이 다르며 남의 단점을 들추어내고 장점을 감추는 '간신姦臣', 지혜와 언변이 뛰어나 이간질을 잘하여 혼란을 초래하는 '참신讒臣', 권세를 전횡하며 국가의 대사를 무시하고 자신의 사리사욕을 중히 여기는 '적신賊臣', 사악한 도리로 아첨하고 작당하여 임금의 명철함을 가로막아서 나라를 혼란스럽게 만드는 '망국지신亡國之臣'이다. '육정·육사'는 나라의 녹을 먹는 남의 신하된 자가 육정의 도를 지켜 국가를 편안하게 해야 한다는 덕목을 강조하고 있다.

사마천이 쓴 『사기·위세가魏世家』에는 훌륭한 재상의 덕목을 알아보는 방법에 대해 "평소에 그가 어떤 사람과 친하게 지내는지 살펴보고, 가난할 때 그가 어떤 것을 취하지 않는지 살펴보며, 처지가 궁할 때 그가 어떤 일을 하지 않는지 살펴보고, 현달顯達(지위와 이름이 높게 드러남)했을 때 그가 어떤 사람을 추천하는지 살펴보며, 부유할 때 그가 얼마나 남에게 베푸는지 살펴보는 것이 실로 사람을 감별하는 대원칙이다."라고 했다. 부정한 것을 취하지 않고 나쁜 유혹에도 빠지지 않으며 처지가 어려워도 불의를 저지르지 않을 때, 일국의 재상으로서 자격이 있다는 것이다. 이러한 덕목으로 선별하는 것도 부족하여, 하늘에게까지 물어 점을 친 후 재상을 뽑았다고 하여 '복상卜相'이라는 말이 생겨났다.

율곡栗谷 이이李珥(1536-1584) 선생은 선조宣祖에게 올린 상소에서 "상지上智는 난이 일어나기 전에 기미를 잘 파악하여 미리 다스리고, 중지中智는 난이 일어난 뒤에 깨닫지만 수습을 잘하여 안정을 도모하며, 하지下智는 난이 닥쳤는데도 미련하게 방도를 강구하지 않는다."(『율곡선생전서栗谷先生全書』)라고 하였다. 이처럼 아직 일어나지 않은 조짐을 미리 알고 대처하는 상지上智의 '성신聖臣' 정도는 아닐지라도, 위기가 발생한 뒤에도 수습하지 못하는 '하지下智'나 녹봉만을 유지하면서 자리를 차지하고 있는 '구신具臣'들로 채워져서는 안 된다. 이것이 용인과 치인의 방법이다.

용인과 치세는 분리되지 않는다. 아랫사람의 지혜와 능력을 잘 활용하여 최상의 군주가 되려면 먼저 용인에 신중해야 한다. 그래야 백성들에게 화평한 치세의 음악을 들려줄 수 있을 것이다.

🏛 처세와 운명의 지혜

전국시대 초나라의 굴원屈原(BC 340-BC 278)은 학식과 정견이 뛰어나 초 회왕懷王의 좌도左徒의 중책을 맡아 내정·외교에서 활약하였다. 그러나 상관대부上官大夫 근상斬尙과 정견이 달라 충돌하여 결국 모략으로 인해 국왕에게서 멀어졌다. 굴원의 「이소離騷」는 당시 자신의 울분을 노래한 것이다. 굴원은 제齊나라 등 6국과 동맹하여 강국인 진秦나라에 대항해야 한다는 합종파合縱派였고, 진나라의 연횡파連衡派인 장의張儀(?-BC 309) 세력과 갈등이 생겼다. 당시 진나라 소양왕昭襄王은 초 회왕을 무관武關으로 불러내어 맹약을 맺자고 했다. 당시 굴원은 반대했으나 초 회왕은 받아들이지 않았다. 그 후 진나라는 초 회왕을 인질로 잡아놓고 연횡책을 강요하던 중, 초 회왕은 탈출을 시도하여 조나라로 갔지만 조나라 역시 진나라의 보복이 두려워 다시 진나라로 돌려보냈다. 그

후 진나라에서 객사했다. 초 회왕이 죽은 후 장남 경양왕頃襄王이 즉위하고 서자 자란子蘭이 영윤令尹(재상)이 되었다. 굴원은 초 경양왕에게 자란과 근상이 결국 초 회왕을 죽였다고 간언하다가 조정에서 퇴출되었다. 이때 양쯔강 이남을 방랑하면서 「어부사漁父辭」를 남긴 후, 멱라강汨羅江에 몸을 던져 생을 마감했다.

맨 처음 초 회왕에게 쫓겨나 유배되었을 때 장편 서정시 「이소離騷」를 써서 자신의 결백을 주장했다. '이'는 '만나다'는 뜻이고

굴원 초상(출처: 바이두)

'소'는 '근심'이라는 뜻이다. '이소'란 곧 '근심을 만나다'라는 뜻이다. 세상에 대한 굴원의 처세와 의지가 잘 드러난 「어부사」를 보자.

굴원은 쫓겨나 강과 연못을 노닐고 거닐다가 시를 읊조렸다. 안색은 초췌하고 모습은 초라했다. 어부가 그를 보고 물었다. "당신은 삼려대부三閭大夫가 아니시오? 어떻게 이곳까지 오셨소?" 굴원이 대답했다. "온 세상이 모두 탁한데 나만 홀로 맑고, 뭇 사람이 다 취했는데 나만 홀로 깨어있으니, 그런 연유로 추방을 당했소." 어부가 말했다. "성인은 만물에 얽매이거나 막히지 않고 세상을 따라 옮겨 가는 것인데, 세상 사람들이 다 혼탁하면 왜 그 진흙을 휘저어 물결을 일으키지 않으며, 뭇사람이 다 취했으면 왜 그 술지게미를 먹고 남은 탁주를 같이 마시지 않고서, 어찌 깊은 생각과 고매한 행동으로 스스로 추방을 당하셨소?" 굴원이 말했다. "새로 머리를 감은 사람은 반드시 갓의 먼지를 털어서 쓰고, 새로 목욕을 한 사람은 반드시 옷의 먼지를 털어 입는다고 들었소, 내 어찌 깨끗한 몸을 외물로 더럽힐 수 있겠소? 차라리 상강湘江에 뛰어들어 물고기의 뱃속에서 장사를 치를지언정, 어찌 그 순백으로 세속의 먼지를 뒤집어쓴단 말이오?" 어부는 빙그레 웃으며 노를 저으면서 "창랑滄浪의 물이 맑으면 내 갓끈을 씻으리, 창랑의 물이 흐리면 내 발을 씻으리"라고 노래 부르고 떠나갔다. 다시는 그와 얘기할 수 없었다.

굴원은 참소를 당해 멀리 후난湖南성에 있는 상수湘水가로 추방을 당했다. 우수에 잠겨 헤매고 있을 때 어부를 만났다. 어부(은사 또는 굴원 자신)는 굴원에게 세상에 순응하며 살아갈 것을 권했지만, 굴원은 더러운 세상과 타협하며 살아가느니 차라리 강물에 빠져 물고기의 먹이가 되는 게 낫다며 단호한 의지를 표명했다. 그러자 어부는 "물이 맑으면 갓끈을 씻고, 물이 흐리면 발이나 씻으리"라는 "창랑가"를 전하고 사라졌다. 타협을 거부하며 멱라수에 몸을 던진 굴원의 강직한 성품과 처세는 세상의 흐름에 따라 살아가는 어부의 삶의 방식과는 대조를 이룬다.

이러한 굴원의 태도에 대한 찬반의 평가가 있다. 고려 고종 때 문인이자 재상을 지낸 이규보李奎報(1168-1241)는 "굴원은 죽지 말았어야 함"이라는 「굴원불의사론屈原不宜死論」을 써서 굴원이 멱라수에 몸을 던져 죽은 일에 대해 비판했다. 이규보는 자신을 죽여서 인仁을 이룬 사람으로 비간比干을, 절의를 이룬 사람으로 백이伯夷·숙제叔齊를 든 뒤, 굴원은 이들의 경우와 다르다고 했다.

> 초나라 굴원의 경우는 죽을 데 죽지 못했고 그 임금의 악한 것만 드러냈을 뿐이다. 대개 참소하는 말이 임금의 총명을 가리고, 간사하게 아첨하는 것이 올바른 사람을 해치는 것은 예로부터 그래왔던 것이요, 초나라의 군신 간에만 그런 것은 아니다. 굴원이 반듯하고 곧은 뜻을 가지고 임금의 총애를 받아 국정을 오로지 도맡았으니, 동료들의 질시를 받는 것은 당연한 일이다. 그래서 상관대부의 참소를 입어 임금에게 소외를 당했으니, 이는 예사로 있을 수 있는 일이요, 한스럽게 여길 일이 못 된다. 굴원은 이때 마땅히 임금이 깨우치지 못할 것을 알아차리고 멀리 종적을 감추고 숨어서 시간이 흐름에 따라 임금의 잘못이 점차 사라지게 했어야 한다. 그런데 굴원은 그렇게 하지 않고 다시 경양왕에게 등용되려고 하다가 자란에게 참소를 당해 상강으로 추방되었다. …… 그는 초췌한 얼굴로 강가를 배회하면서 「이소」를 지었는데, 거기에는 원망하고 풍자하는 말들이 많다.

굴원의 처세는 이미 임금의 잘못을 충분히 드러내었는데도 다시 강물에 몸을 던져 죽음으로써 임금의 잘못을 만세에 더욱 드러나게 한 것이니, 상강의 물은 마를지라도 임금의 악행은 사라지지 않게 되었다고 힐난했다.

이와는 달리, 사마천은 자신과 유사한 경험을 한 굴원의 아픔을 이해하면서 그의 인품을 높이 칭송하였다.

> 굴원은 왕이 한쪽 말만 듣고 총기가 흐려지고 아첨으로 인해 밝음이 막히고, 사악하고 비뚤어진 무리가 공명정대함을 해치고 정직한 사람이 받아들여지지 않는 것을 애통하게 생각하여, 우수와 근심으로 인해 「이소」를 지었다. '이소'는 근심을 만났음을 의미한다. …… 굴원은 올바른 도리를 곧게 실천하여 충성을 바치고 지혜를 다하여 임금을 섬기었는데, 아첨하는 자들이 그 사이를 이간질하여 궁지에 처하게 된 것이다. 신의를 지켰으나 의심을 받았고 충성을 바쳤으나 비방을 당했으니, 어찌 원망스럽지 않겠는가? 굴원이 지은 「이소」는 본디 이런 원망으로부터 나온 것이다. …… 진흙 구덩이에 빠져 더럽혀질지라도 매미가 허물을 벗듯이, 세속의 외부로 헤쳐 나와 세속의 쌓인 때를 덮어쓰지 않고, 결백하게 진흙 속에 있으면서도 물들지 않았다.(『사기·굴원열전屈原列傳』)

굴원과 사마천의 공통점은 모함을 받아서 가슴 속에 울분과 모멸, 분노를 안고 있고, 각기 자신들의 가슴속에 맺힌 울분을 글로 풀어낸 사람들이다. 굴원은 추방당하여 「이소」를 남겼고, 사마천은 궁형을 받은 모멸감을 저술로 승화해 『사기』를 완성했다.

상商나라 때 고죽국孤竹國이라는 나라가 있었다. 고죽군에게는 세 아들이 있었다. 큰아들은 백이伯夷이고 둘째 아들의 이름은 확인할 수 없으며 셋째는 숙제叔齊이다. 고죽군이 죽은 후 큰아들과 셋째 아들이 서로 군주 자리를 양보하며 오르지 않으려 하여 결국 둘째 아들이 올랐다. 그리고 백이와 숙제는 주周나라 문왕文王이 어질고 노인을 잘 대우한다는 소문을 듣고 그를 찾아갔다. 하지만 만나보기도 전에 문왕이 세상을 뜨고 말았다. 당시 문왕의 아들 무왕武王이은殷나라 주왕紂王을 정벌하려고 하자, 백이와 숙제는 무왕의 말고삐를 잡으면서 "부친이 돌아가셨는데 상을 치르지 않는 것은 불효이며, 또한 신하로서 임금을 시해하는 것은 불인不仁한 행동"이라고 간언을 올렸다. 이를 "고마이간叩馬而諫"이라 한다. 그러나 받아들여지지 않자 주나라의 곡식을 먹을 수 없다면서 수양산首陽山으로 도망가 고사리를 캐어 먹고 살다가 생을 마감했다.

그들은 죽음을 앞두고 「채미가采薇歌」를 지어 "저 서산에 올라 고사리를 캐자. 폭력으로 폭력을 제압하는 것이 나쁜 것을 모르도다. 신농씨神農氏와 요순堯舜시대는 이미 다 가버렸으니, 우리는 어디로 돌아가 귀의할까! 떠나자! 쇠한 운명이여!"라고 읊었다.(『사기·백이열전』)

수양산의 백이·숙제(출처: 바이두)

사마천은 이러한 굴원과 백이·숙제의 억울하고 고결한 행동을 통해 과연 천명天命은 존재하며 공평한 것인가. 착한 사람은 고생을 하고 악한 사람은 제 수명을 다 누리는 것을 보고, 하늘은 과연 선한 자의 편인가라는 의문을 제기한다.

혹자는 말하기를 "천도는 공평무사해서 항상 착한 사람을 돕는다." 라고 했다. 백이·숙제와 같은 사람은 착한 사람이라고 말할 수 있지 않은가? 그러나 그처럼 인덕을 쌓고 행실을 깨끗하게 했음에도 그들은 굶어 죽었다. 어디 그뿐이랴! 공자는 70 제자 중에서 오직 안연顏淵만이 학문을 좋아하는 제자라고 했다. 그러나 안연도 항상 가난해서 지게미 같은 거친 음식도 배불리 먹지 못하고 끝내 요절하고 말았다. 하늘이 착한 사람에게 보상해준다고 한다면, 어찌 이럴 수 있는가? 도척盜拓은 날마다 죄 없는 사람을 죽이고 사람의 살을 회쳐서 먹으며 포악무도한 짓을 함부로 하며 수천 명의 도당을 모아 천하를 횡행했지만 끝내 천수를 다 누리고 죽었다. 이것은 그의 어떠한 덕행에 의한 것이란 말인가? …… 나는 이에 대해서 매우 의혹스러움을 느낀다. 만약에 이런 것이 이른바 천도라고 한다면, 그 천도는 과연 맞는 것인가? 틀린 것인가?

루쉰魯迅(1881-1936)은 『고사신편故事新編』에서 백이·숙제의 지조와 절개에 대해 이와 다른 평가를 하지만, 사마천은 굴원과 백이·숙제는 죽음으로 생을 마감하면서까지 자신의 청렴결백을 지키고 불의와 타협하지 않은 바른 성정과 의지를 보여주었다고 평가한다.

세상의 흐름에 따라 더불어 묻어 살 것인가, 생채기를 내면서까지 자신의 의지를 굽히지 않을 것인가라는 양 끝단의 질문 앞에서, 과연 삶 속에서 '현실과 이상의 조화'가 가능할까 라는 생각을 먼저 해본다. 우리는 늘 현실과 이상의 갈등 구조 속에서 산다. 창랑의 물의 '청탁'에 따라 '갓끈'을 씻을 것인가 '발'을 씻을 것인가라는 선택은 어찌 보면 동전의 양면과도 같다. 현실과 이상은 모순과 갈등을 빚지만, 모순과 갈등의 구조는 사실 하나의 뿌리에 두 가지 양태이기도 하다. 현실은 인식 속에서 부단히 이상화되고, 이상은 실천 속에서 끊임없이 현실화되어간다. 현실과 이상의 괴리를 단지 대립적인 구도로 인식하기에 앞서, 현실이 현실로서만 존재할 순 없고 이상이 이상으로만 존재할 수 없으니, 유연한 사고와 균형 잡힌 시각이 필요하다. 울분과 분노는 마음에 품고 있는 산酸과 같다.

_박영순

참고문헌

박영순, 「정치, 인재 그리고 음악의 상관성」, 프레시안 [차이나프리즘], 2015.
사마천司馬遷 저, 김원중 역, 『사기열전』, 민음사, 2020.
유향劉向 저, 김영식 역, 『설원說苑』, 지만지, 2020.

장자莊子, 난세를 극복하는 지혜

🏛 물질의 풍요와 정신의 빈곤

오늘날 기술 문명은 인간에게 물질적 혜택을 이전보다 더 많이, 더 빨리 제공하고 있다. 그러나 물질적 풍요로움과 편리함이 증대될수록 인간의 정신은 피폐해져 가고 있다. 이제 근심과 불안, 그리고 우울은 현대인의 고질병이라 부를 수 있을 것이다. 이 고질병의 극복이 오늘날의 주요한 화두가 되고 있다.

장자가 살았던 전국시대(BC 770-BC 221) 역시 불안이 만성적인 시대였다. 끊이지 않는 전쟁으로 인해 위태로워진 생존과 더불어 기성의 가치가 전복되는 상황은 수많은 혼란을 야기했다. 그리하여 이를 극복하기 위해 많은 학자와 학파는 험난한 세상에서 살아남기 위한 철학적 방법을 제시한 백가쟁명의 시대를 열어갔다. 그 중 장자는 진정한 자유에 대해 질문을 던지고 정신적으로 자유롭게 소요할 것을 주창하여 고통의 질곡에 얽매인 인간을 해방하고자 한 인물이다.

오늘의 왕조가 내일이 되면 무너지는 현실 속에서 전국시대의 사람들이 앞날에 대한 불확실성에서 오는 불안에 떨었던 것처럼 오늘날의 우리들도 숨 가쁜 속도 경쟁으로 인해 앞날에 대한 불확실성에 떨고 있다. 개인이 느끼는 삶의 질로 본다면 지금의 현실이 장자가 살았던 시대와 별 차이가 없다고 할 수 있다. 불안한 시대를 겪었던 장자는 무엇보다도 정신의 풍요가 중요하다고 생각했으며 특히 우언寓言을 지어 자신의 사상을 알리고자 했다. 따라서 장자의 우언 3편을 읽어 오늘날의 고통과 불안을 해소하기 위해 장자와 같은 삶의 방식을 잠시나마 닮아보고자 한다.

🏛 장자

장자는 성은 장莊이고 이름은 주周이다. 유가와 더불어 중국 사상의 큰 축을 담당하는 도가의 상징적 인물이다. 그의 생졸에 대하여 정설은 없으나 기원전 369년부터 기원전 286년까지 살다 간 것으로 추정된다. 장자가 살았던 전국시대는 약육강식의 난세였다. 강하고 약함에 따라 생존이 갈리는 시대에서 장자는 강함과 약함이라는 판단과 그에 따른 가치 있음과 없음의 분별이 상대적이라고 인식했다. 인간, 특히 인간의 감각과 지각 등은 시공간의 제한을 받기에 절대적인 존재가 아니며, 인간이 내린 판단과 분별은 절대성을 가질 수 없다고 지적하였다. 그런데도 상대적 가치를 절대적 가치로 여김으로써 근심과 불안, 그리고

장자(출처: 바이두)

우울이 생겨난다고 진단했다. 장자는 이러한 문제를 해결하기 위해서 인간의 가치판단에 의지하는 인간중심의 관점을 버리고 삼라만상을 어우르는 자연의 관점으로 세상을 바라볼 것을 주장했다.

박종혁의 「『장자』 우언을 통해 본 자연적 사유」에 따르면 장자가 말하는 자연은 요컨대 '저절로 그러함'이다. 저절로 그러하기에 어떤 것에 의하여 움직이거나 규정되지 않는 주재성主宰性을 가지고 있으며, 자연에 의해 존재하는 만물 각각의 다양성을 긍정한다. 따라서 자연의 관점으로 세상을 바라보려 했던 장자의 사상은 획일을 부정하고 한계를 부정하는 특징이 있다.

🏛 『장자』

『장자』는 중국의 대표적인 고전 가운데 하나이다. 오랜 세월 꾸준히 읽혀오며 인간의 정신세계를 풍요롭게 만들어준 『장자』에는 인간중심의 인위적 사고를 부정하는 자연적 사고에 대한 투철하고 치열한 사유의 결과가 담겨 있다. 주목할 만한 점은 심오한 철리성과 더불어 뛰어난 문학성도 지니고 있다는 것이다. 『장자』는 환상적 소재, 풍부한 어휘, 재기 넘치는 표현수법을 운용하여 문학의 걸작이라 평가받으며 중국문학의 발전에 넓고도 깊은 영향을 끼쳤다.

그중에서도 우언寓言은 다양한 소재와 고사를 사용한 재밌고 읽기 쉬운 이야기 속에 철학적 담론을 교묘하게 담아내고 있어, 내용을 재차 음미시키고 다양한 해석의 여지를 남기는 매력을 갖추고 있다. 『장자』가 편찬된 이래로 지금까지 끊임없이 나오는 번역과 해석이 증명하듯 장자의 우언은 말 그대로 살아 움직이는 생명력을 가진 이야기라고 할 수 있다. 이 글에서는 『장자우언선주』에 나오는 우언 세 가지를 소개하고 진정한 자유를 구가하고자 했던 장자의 사유방식을 엿보고자 한다.

🏯 쑥처럼 꽉 막힌 마음: 졸어용대拙於用大

혜자惠子가 장자에게 말했다. "위魏나라 양혜왕梁惠王이 내게 준 큰 박씨를 심었네. 심은 것이 자라더니 다섯 가마를 담을 정도가 되었지. 그것을 가지고 물과 장을 채웠더니 혼자서는 들 수가 없는 정도였네. 그래서 쪼개어 바가지를 만들고 보니 박이 납작하여 쓸모가 없더군. 그저 크게 텅 비어있을 뿐이니 나는 쓸모없다고 여겨 때려 부수었다네."

장자가 말했다. "그대는 확실히 큰 물건을 사용하는 데 서툴 따름이지…… 지금 그대는 다섯 가마를 담을 수 있는 박을 가졌음에도 그것을 큰 동이처럼 여겨 강과 호수에서 떠다니지 않고, 어찌 그 박이 납작하여 쓸모없음을 근심하는가. 그렇다면 그대는 여전히 쑥처럼 꽉 막힌 마음을 가진 것이지!"(「소요유逍遙遊」)

호수를 노니는 사람들(출처: pixabay.com)

혜자가 키워낸 다섯 가마를 담을 수 있을 정도의 큰 박에 대해 장자는 의견을 달리한다. 혜자는 박을 물과 장 등을 담는 그릇의 용도로 쓰이던 관습적인 기준으로, 즉 절대주의 관점으로 박을 판단했다. 그 결과 박은 무용지물이 되었다. 그러나 혜자의 박은 단지 그릇으로서의 가치가 없는 것일 뿐이다. 장자는 박이 그릇으로 쓰여야 한다는 절대적인 관념의 틀에서 벗어나서 생각을 바꾸어 혜자가 키운 박의 개성이 크고 넓다는 것을 고려했다. 그 결과 박은 강과 호수를 유유자적 소요하기 위한 탈 것으로서의 가치를 가지게 되었다. 똑같은 사물임에도 인식에 따라 쓸모있음과 없음이 나뉘게 된 것이다. 이처럼 혜자의 고정적인 틀에 갇힌 사고에 대해 장자는 "쑥처럼 꽉 막힌 마음有蓬之心"이라 일컬으며 일침을 가하고 있다.

이 '쑥처럼 꽉 막힌 마음'은 단편적인 부분에 집중하여 틀에 갇힌 융통성 없는 사고와 편견에 대한 비유적인 표현이다. 마치 잡초처럼 마구 자라 서로 엉킨 쑥이 도로를 꽉 메우는 것과 같다. 이 얽매인 사고를 풀어내기 위해서는 전면적이고 유연한 사유가 필요하다. 위의 우언은 혜자가 쓸모없다고 여겼던 박을 장자는 가치 있게 여겼던 것처럼 인식의 전환을 통해 '쓸모없음의 쓸모있음無用之用'을 깨닫고 편협한 생각을 걷어낼 것을 일깨우고 있다.

한편으로 아무리 능력 있는 인재일지라도 권력자의 재량이 부족하다면 그저 쓸모없이 여겨져 등용조차 되지 못하는 한탄스러운 당대 현실에 대한 비판으로 해석할 수도 있다. 혜자는 자신이 키운 박을 단순히 그릇으로 쓸 수 없다고 여기고 필요 없다고 판단하여 심지어는 쪼개어 버렸다. 그 박은 탈 것이라는 한 차원 더 높은 쓰임새로 사용될 수 있었음에도 그것을 다루는 사람의 부족함에 의하여 파괴되고 만 것이다. 나라의 흥망을 다투며 무엇보다도 인재 초빙에

혈안이었던 당대 권력자들의 실상을 교묘하고 재치있게 비유하고
있는 듯하다.

📖 진흙 속에서 끄는 꼬리: 니도예미泥塗曳尾

　　장자가 복수濮水라는 지역에서 낚시를 하고 있는데 초楚나라 위왕威
王(BC 339-BC 329 재위)이 대부 두 명을 사신으로 보내어 말했다. "청컨
대, 나라의 일을 맡아주십시오." 장자는 낚싯대를 들고 돌아보지 않은
채 말했다. "듣자 하니 초나라에는 신령스러운 거북이가 있다는데 죽
은 지 이미 삼 천 년입니다만 왕께서는 거북이를 비단으로 싸서 대바
구니에 담아두고 종묘의 명당에 간직하고 있다고 합니다. 그런데 이
거북이가 죽어서 유골로 귀하게 여겨지기를 바랐을까요? 아니면 차라
리 살아서 진흙 속에 꼬리를 끌고 다니기를 바랐을까요?" 두 명의 대
부가 말했다. "차라리 살아서 진흙 속에 꼬리를 끌고 다니기를 바랐을
것입니다." 장자가 말했다. "가십시오! 나도 진흙 속에서 꼬리를 끌고
다니렵니다."(「추수秋水」)

　　장자가 초나라 위왕에게 재상으로 초빙 받았으나 고개 한 번 뒤돌
아보지 않고 거절한 유명한 일화이다. 초나라는 당시 강대국 중의

신령스러운 거북이 상(출처: 바이두)

진흙을 거니는 거북이(출처: pixabay.com)

하나였기에 초나라의 재상이 된다는 것은 막대한 부와 명예를 거머 쥘 수 있다는 것을 의미했다. 사람들은 재상의 자리를 앞 다투어 쟁취하려고 했고 심지어는 목숨까지 내놓기도 했다. 그러나 장자는 세상에서 그토록 가치 있고 귀하게 여겨지는 재상이라는 자리를 더없이 가치 없다고 여긴 듯하다.

장자는 재상의 자리를 거절한 이유를 거북이를 빌어 전개한다. 초나라의 거북이가 신령스러운 거북이로 종묘 명당에 받들어 모셔지는 것은 평범한 사람들은 가질 수 없는 고귀한 삶이다. 이는 재상이 누릴 수 있는 부와 명예로운 삶에 대한 비유이다. 반면 진흙밭을 거니는 것은 세간에서 이야기하는 가난하고 미천한 삶의 비유이다.

본문에서 장자는 신귀神龜로 모셔질 수 있음에도 진흙밭을 거니는 거북이가 되고자 한다고 밝혔다. 아무도 탐내지 않는 그 진흙밭에서 살아가겠다는 장자의 거절은 부와 명예와 같은 부차적인 가치가 아닌 본질적인 가치인 자신의 생명, 즉 본성을 지켜나가며 자유를 구가하겠다는 강렬한 의지의 표명이다. 장자는 「선성繕性」에서 말했다. "외물에 자신을 잃고, 세속에 본성을 상실하는 자를 거꾸로 목을 매단 사람이라 부른다.喪己於物, 失性於俗者, 謂之倒置之民." 장자의 관점에서 신령스러운 거북이는 재상이라는 허울에 얽매여 부와 명예에 속박당하고 인생의 자유를 빼앗긴 딱한 존재나 다름없을 따름이다. 장자가 거북이의 사례를 빌어 이야기하고자 한 것은 단순히 세간의 가치를 거절하고 세상과 단절하여 숨어지내자는 주장이 아니다. 외적인 가치에 집중되어있는 시선을 내적인 가치, 자신의 본질적 가치로 돌리려 함에 그 좌표가 있다.

한편으로는 자신의 본성이 진흙밭, 즉 외물로는 더럽혀지지 않는다는 표현이라고 해석할 수 있다. 진흙밭은 일반적으로 질척하고 더러운 곳으로 발 들이고 싶어 하지 않는 장소로 여겨진다. 그러나 이는 절대적인 관념이다. 자신의 의지와 소양을 키워내고자 한다면 일종의 장애물이 때에 따라선 필요하기도 하기 때문이다. 그렇다면 장자에게 진흙밭은 자신의 본성을 닦아낼 수 있는, 외물에 더럽혀지지 않기 위한 수양의 성지라고도 할 수 있다. 이런 관점에서 진흙밭은 「소요유」편 첫머리에 등장하는 곤鯤이 향하고자 하는 북명北冥이나 다름없는 것이다.

노나라 임금이 기른 새: 노후양조魯侯養鳥

옛날에 바닷새가 노나라 근교로 날아와 앉았다. 노나라 임금이 그 새를 맞이하여 종묘에서 주연을 베풀었다. 구소九韶를 연주하여 음악으로 삼고, 태뢰太牢를 준비해 음식으로 삼았으나 새는 오히려 흐린 눈으로 근심하며 슬퍼했다. 고기 한 점을 먹지 못했고 물 한 모금 마시지 못하여 사흘이 지나 죽어버렸다. 이것은 사람을 기르는 것으로 새를 기른 것이지 새를 기르는 것으로 새를 기른 것이 아니다.

노나라 임금의 의도는 자신의 능력을 최대한 발휘하여 바닷새를 잘 기르는 것에 있었다. 그러나 바닷새는 노나라 임금의 방식대로 길러져 마침내는 죽고 말았다. 여기서 '구소'는 중국에서 이상적인 국가로 자주 언급되는 요순시절 중 순임금 때의 음악이며, '태뢰'는 소·양·돼지를 모두 사용한 제사 음식이다. 노나라 임금의 입장에서는 최상의 음악과 최고의 음식을 바닷새에게 제공한 것이라 할 수 있다. 바닷새는 자신을 위해 베풀어진 주연에서 훈련을 받을 필요도, 새장에 갇힐 필요도 없이 즐겁게 지낼 일만 있었음에도 사흘이

새와 새장(출처: pixabay.com)

채 되지 않은 짧은 시간에 죽고 말았
다. 이 같은 결과는 마지막 문단이 명
시하는 바와 같이 "인간을 기르는 것
으로 새를 기른" 까닭이다.

아무리 좋은 음악과 음식이라도 새
의 본성에 맞지 않는다면 새가 즐길
수 없고 먹을 수 없다. 꾀꼬리에게 가
장 유행하는 대중가요를 들려준들 꾀
꼬리에게는 즐거움이 없을 것이고, 돼
지의 비만을 걱정하여 풀만 먹인들 돼
지에게는 이로움이 없을 것이다. 세상 만물은 타고난 본성이 다르
다. 만약 이를 고려하지 않는 획일적 사고로 행동한다면 선행을 의
도했을지라도 결과는 폭력이 될 수 있다. 바닷새에게 구소는 맞지
않는 음악이었고 태뢰는 먹을 수 없는 음식이기에 노나라 임금의
최고의 대접을 받고도 죽음에 이르는 비극을 맞이한 것이다.

장자의 말을 빌리자면 만물은 각각의 모든 것이 자신이 그 자신되
는 데 있어서 없어선 안 될 특성을 타고난다. 그렇기에 살아감에 있
어 자신의 타고난 본성에 따라 삶을 길러야 한다는 것이다.

🏯 자연스럽게 살아가기

우리는 어제까지 가치 있다고 여겨졌던 것들이 오늘 눈뜨면 가치
없게 여겨지는 현대사회에서 살아가고 있다. 오늘날의 인간은 숨 쉴
새 없이 새로운 가치의 기준이 무엇인지 좇고 배우려고 한다. 그러

나 사방에서 쏟아져 나오는 정보의 홍수 속에서 진정 가치 있는 무엇인가를 결정하기는 쉽지 않다. 이러한 혼란 속에서 내일이 되면 자신의 자리를 기계가 대체할 수 있다는 초조함이 일어나기 시작한다. 기계의 속도를 따라잡을 수 없는 인간은 자신의 가치에 의문을 던지며 근심과 불안, 그리고 우울을 술 한 잔으로 위로하고 어지럼증을 토로하기도 한다. 일반적으로 어지러워 살기 힘든 세상을 난세라고 한다. 이러한 의미에서 오늘날 역시 난세라고 부를 수 있을 것이다.

지금으로부터 이천여 년 전 장자가 생활했던 시대는 오늘날보다 더 어지러운 난세였다. 기준을 확정할 수 없는 어지러운 세상 속에서 장자는 가치 있음과 없음의 판단에서 오는 속박에서 벗어나 절대적인 자유를 만끽할 수 있기를 바랐다. 무엇보다도 자연의 관점으로 세상을 바라볼 것을 주장했다. 자연自然은 저절로 그러함이다. 만물은 저절로 그러하여 각각 타고난 본성을 지니고 '자연스럽게' 존재한다. 따라서 장자는 만물 중 하나인 인간 역시 자연으로써 삶을 경영할 때라야 진정으로 자유롭고 행복할 수 있다고 진단했다. 또 오직 인간중심의 관점에서 내려진 판단, 구분과 구별은 폐쇄적일 뿐이며 그 편협한 관점으로 세상을 바라보았을 때 초래될 수 있는 폐단을 경고했다. 상기 3편의 우언에서처럼 인간중심의 관점으로 박, 거북이, 새를 보았을 때 초래된 비극을 통해 우리를 일깨우고자 한 것이다. 박은 박으로, 거북이는 거북이로, 새는 새로 바라보아야 한다.

이처럼 장자는 세상에는 절대적인 가치가 없으며, 만물은 획일화될 수 없기에 우리가 인식하고 있는 모든 가치가 상대적임을 깨달을 것을 주장했다. 우리가 어떤 상황에 도달하든 개방적이고 유연한 사고를 통해 막힘없이 소요할 수 있는 절대적인 정신의 자유로움을

만끽하여 우울과 불안에서 벗어나 행복에 이르는 길을 제시해주고
자 하는 것이다.   _이윤경

참고문헌

두리杜力 저, 박종혁 역, 『장자우언선주』, 학고방, 2010.
박종혁, 「『장자』 우언을 통해 본 자연적 사유」, 『중국학논총』 제21권, 2005.

사상과 생각을 옮기다
중국인의 번역이야기

    인간의 지적 활동은 사유를 통해서 이루어지는 비가시적인 행위지만, 언어라는 가시적인 활동을 통해 표현된다. 이처럼 언어는 사고의 매개체이자 문화의 담체이다. 지구상에는 다양한 문화와 함께 수많은 언어가 존재하며, 이異 문화의 지식을 이해하기 위해서는 자국어로의 해석 과정이 필요하다. 이에 대해, 이어령 교수는 "번역은 인류 문명사에서 문명과 문명을 연결하는 인터페이스 문화를 창출해 가고 있다."라고 정의했다.

    중국의 지식수용과정을 번역사의 관점에서 보면 크게 4가지로 구분할 수 있다. 첫째, 불교의 유입, 둘째, 서학西學의 수용, 셋째, 서학의 도입, 넷째, 동학東學의 도입이다. 첫 번째와 두 번째는 근대이전 즉, '자국 문명론'이 강한 시기로 수동적인 지식수용의 형태를 띠고 있다. 세 번째와 네 번째는 근대 이후, 비교적 적극적인 자세로 외부의 지식을 받아들인 단계이다.

고대중국의 지식수용과 번역문화

불교의 유입(4-7세기)

인도 고승 구마라습Kumārajīva의 불경번역(출처: 바이두)

중국의 역사는 광활한 영토를 차지하기 위한 일종의 투쟁 과정이며, 중국인들은 여러 민족을 흡수한 승리의 경험을 통해, 기저에 자국 중심의 문명론이 깔려있었다. 흔히, 세계사적으로 중국을 황하문명이라 지칭하듯, 중국은 문자와 사상, 제도, 기술 등의 선진 문명을 이룩하면서 문명국으로서의 자부심을 품게 되었고 주변국들을 오랑캐로 취급하였다. 이처럼, 자국 문명론의 의식이 강했던 중국은 적극적으로 주변 문화를 배우고자 애쓰지 않았으며, 주변국들과의 교류도 주변국에서 중국을 배우기 위해 찾아오는 교류가 대부분이었다. 이러한 상황에 처음으로 중국에 유입된 외부지식이 바로 불교이다. 불교는 인도를 통해 들어왔으며, 승려들을 중심으로 불교 경전이 중국어로 번역되었다. 중국 역사학계와 불교학계에서는 기원전 67년 천축승天竺僧과 섭마등攝摩騰이 번역한 『사십이장경四十二章經』이 중국어 번역의 기원이라고 공인하고 있다.

서학의 소극적 수용(16-18세기)

서양의 선교사들이 중국에 천주교를 전파하면서, 또 한 번의 종교에 의한 외부지식의 유입이 있었다. 하지만 중국 정부가 서양의 선교행위를 제한하자 선교사는 과학기술을 전달하는 것으로 중국 정부의 환심을 사고자 했다. 따라서 당시의 번역은 대부분 실학 번역(자연과학)이었으며, 이는 중국이 서양의 선진화된 기술 문명을 접할 기회가 되었을 뿐만 아니라, 기존의 중국 중심의 세계관에서 또 다른 문명의 존재에 대해 인식하는 계기가 되었다. 앞서 불교 유입과 마찬가지로 이 시대 번역의 특징은 외국인이 '종교'라는 사상을 중국에 전파하고자 했으며, 번역 방법은 주로 외국인이 구술한 내용을 중국인이 필기하여 윤색하는 방식이었다.

한편, 명말청초明末清初시기에 서광계徐光啟를 대표로 하는 지식인들이 서양의 과학기술 서적을 중국에 소개하면서 과학번역의 새로운 전성기를 맞이하게 된다. 하지만, '과학'을 명목으로 '선교'를 하고자 했던 선교사들의 속내가 드러나자, 1724년 중국은 천주교 전파 금지령을 선포하고 선교사들을 추방하였다. 이후, 쇄국정책을 펼치면서 번역사업도 내리막길을 걸었다.

서광계徐光啟와 마테오리치(출처: 바이두)

근대중국의 지식수용과 번역문화

서학西學의 적극적 도입(19세기, 아편전쟁 이후)

1차 아편전쟁(출처: 네이버)

1840년 아편전쟁 이후 민족의 위기감을 느낀 중국은 반강제적으로 눈을 뜨고 현실을 직시해야 했다. 1차 아편전쟁에서 난징조약이라는 굴욕에 이어 2차 아편전쟁까지 겪었던 중국은 1860년대부터 당대 지식인을 중심으로 서학을 도입하였다. 당시 지식수용의 가장 큰 변화는 지식 비교모형의 전환이다. 즉, 과거에는 통시적通時的 비교를 중시했다면, 이때부터는 공시적共時的 비교 방법으로 전환했다. 또한, 비교기준도 전통적으로 이어져 왔던 '선대先代'에서 '서방西方'으로 바뀌게 되었다. 서방과 비교해 자국의 낙후성을 인지한 중국은 지식구조를 전환하고, 지식인이 중심이 되어 봉건주의에서 대외개방으로 선회하였다. 이때부터 서방을 더는 '이夷'가 아닌 '양洋'으로 지칭하기 시작했다.

아편전쟁 이후 반식민 봉건사회에 진입한 중국에는 많은 외국인이 내주하고 있었다. 따라서 1840년부터 1919년 5·4운동이 일어나기 전까지, 중국에서 번역에 종사하던 사람 중 상당수는 외국인이었다. 물론 과학자, 사상가, 문학가와 같은 지식계층의 중국인도 번역 작업에 참여했으며, 번역을 업으로 삼는 사람도 생겨났다.

동학東學의 도입(1894, 청일전쟁 이후)

위해위威海衛 전투에서 항복하는 청군 사절을 그린 일본의 그림(출처: 전쟁사)

청일전쟁 이후, 중국인들은 기술지식이 부족하고 낙후되었음을 통감했으며, 그 비난의 화살을 낡은 지식과 사회정치제도에 돌렸다. 번역출판업은 지식의 흐름을 가장 먼저 반영하는 곳으로, 시대적 요구에 따라 번역서의 내용도 구조적 조정이 가해졌다. 서양의 철학과 사회과학 분야를 가장 중요하게 여겼으며, 자연과학과 기술지식은 그다음 순위로 밀려났다. 양무파와 유신파 인사들도 번역을 다시금 중시하기 시작했고, 역관譯官을 설치하여 서양을 배울 것을 주장하였다.

앞서 아편전쟁 이후 중국에서도 서방 서적의 번역 작업이 시작되었지만, 그 숫자는 일본의 번역서에 훨씬 못 미치는 수준이었다. 청일전쟁 이후 중국은 드디어 전면적인 현대화 작업에 착수하게 된다.

그리하여 일본에 유학생을 파견하기 시작했는데, 청일전쟁 전후로 일본 유학길에 오른 사람으로는 저우언라이周恩來와 리다자오李大釗, 루쉰魯迅처럼 후에 사회 각 분야에서 중국의 발전을 이끈 인물들로 구성됐다. 이들 지식인은 일본에서 배운 신新문물을 중국에 소개했다. 아울러, 근대화와 과학발전이 시급했던 중국은 일본식으로 해석된 '개념어'를 빠르게 유입하였다. 당시 이러한 시대적 추세를 '동학東學'이라고 불렀는데, 이는 일본이 내재화시킨 서방 문명을 중국이 배우고 실천했다고 하여 붙여진 명칭이다.

🏛 중국의 지식수용과 주요 인물

시대별로 중국의 지식인들은 번역과 저작을 통해 외부에서 배운 지식을 담아내고, 나라의 발전과 민중의 계몽을 위해 애써왔다. 지식과 정보가 시·공간의 제한을 받던 과거에는 이러한 지식인들의 역할이 그 어느 때보다 중요했다. 중국 역사의 '터닝 포인트'는 모두 번역 활동과 밀접한 관련이 있다. 따라서 번역을 수행한 인물(번역가)에 관한 연구는 근대 이후 중국의 '사상과 의식의 변혁'과 '문학 유파의 탄생', '과학기술의 혁명', '신생 학문의 태동'과 같은 시대의 흐름을 읽을 수 있는 배경지식을 제공한다. 하지만, 여기에서는 '근대 번역어'의 생성과 전파 과정에서 가장 중요한 역할을 했던 대표적인 인물을 두 명만 살펴보도록 하겠다.

옌푸嚴復

영국에서 유학한 경험이 있는 옌푸(1854-1921)는 주로 철학과 사회

옌푸와 『천연론』(출처: 네이버)

과학 서적을 번역해 중국에 소개한 것으로 유명하다. 그는 체계적으로 서방의 사상과 문화, 제도를 소개한 첫 지식인으로 근대 중국의 번역 대가이다. 그는 전통적인 봉건 서적은 물론 영문과 수학, 물리, 화학 등의 과목도 익혔으며, 무술변법에서 신해혁명에 이르기까지 13년 동안 번역국의 책임자로 재직하면서, 동시에 왕성한 번역 작업도 수행하였다. 그는 서방의 개념을 중국어로 번역하기 위해 끊임없이 노력하며, 중국의 근대화를 추진하고 민중을 계몽하고자 했던 대표적인 인물이다.

그가 번역한 『천연론天演論』, 『원부原富』, 『군학이언群學肄言』, 『군기권계론群己權界論』, 『사회통전社會通詮』, 『법의法意』, 『명학천설名學淺說』, 『목륵명학穆勒名學』 등은 20세기 중국의 주요 계몽 서적으로 상당한 영향력을 발휘했다.

특히, 그의 대표적인 번역작인 『천연론』은 토머스 헉슬리의 『진화와 윤리Evolution and Ethics』에 대해 본인의 해설을 덧붙인 책으로 중국 사회에 처음으로 '진화進化'의 개념을 소개하면서 중국적 번역을 시도한 책이라고 할 수 있다.

량치차오梁啓超

량치차오와『시무보時務報』(출처: 바이두)

　쇄국정책을 고수하던 청 정부는 갈수록 부패하여 '문화수출국'의 지위를 점차 상실하고, 내우외환에 시달리게 된다. 무술변법도 끝내 실패로 막을 내리면서 량치차오(1873-1929)는 일본으로 망명을 하게 되었다. 망명 생활 14년 동안 메이지유신 시기 일본의 사회문화와 정치제도를 체험하게 된 그는 일본이 수용한 서양의 문명을 열독熱讀하게 되었고, 이후 일본의 신조어와 개념어를 중국으로 도입하였다. 특히, 당시 상당한 영향력이 있었던『신민총보新民總報』등 간행물을 통해 '일본식 번역어和制漢語'가 중국으로 빠르게 흡수되었는데, 당대 영향력 있는 지식인이었던 량치차오는 일본식 한자어를 매개어로 서방의 앞선 사상과 이론을 연구할 것을 주장하였다. 그리하여 그는『화문한독법和文漢讀法』을 편찬하고, 번역국과 신문사를 창설하여 서방의 사상을 하루빨리 중국에 정착시키고자 했다.

🏯 '일본식 번역어和制漢語'의 전파와 영향

　　근대 일본은 '문명어文明語'로서의 근대 한자어를 대량으로 창출하는 것을 통해, '외래外來'의 낙인이 찍힌 한자를 다시 영유해 나갔고, 한자어의 재영유再領有를 통해 문명화를 이룩해갔다. 이같이 서양 학문을 일본어로 번역하면서 양산된 신조어는 다른 한자문화권에서 서양문화를 전파하는 중요한 창구기능을 하였다.(子安宣邦, 2007)

일본식 번역어의 중국 유입 배경

　　근대 중국의 많은 개념어는 19세기 말에서 20세기 초 일부 중국 지식인들에 의해 서방과 일본 사회과학 분야의 저작을 번역하여 차용했다는 것이 중국사 연구자들의 공통된 인식이다. 특히, 일본에서 많이 유입되었는데, 그 계기는 청일전쟁에서 패한 청 정부가 선진문물을 배우기 위해 일본에 유학생을 파견하면서 촉발되었다. 1896년 13명으로 시작한 유학생은 1906년에는 8,000명으로 늘어난다. 이후, 중일전쟁(1937)에 이르기까지 42년 동안 중국의 일본행 유학은 계속되었고, 이들 유학생을 중심으로 일본식 번역어가 중국에 역수입되었다. 이때, 중국에 도입된 일본식 번역어는 당대 중국 지식인의 사상을 반영한 것이기도 하다. 이렇게 유입된 신조어는 근대 중국 민중의 사상을 계몽시키는 역할을 했으며, 사회의 변혁과 발전을 가져왔다. 량치차오는 당시 『시무보時務報』의 주필을 담당하면서 일본과 관계를 맺게 된다. 그는 일본어와 중국어는 '동문동종同文同種'으로 영민한 사람들은 몇 개월이면 그 문자를 익힐 수 있으니, 가능한 그들의 책을 많이 번역해야 한다고 했다. 그는 일본어를 매개로 서양의 선진사상과 이론을 연구할 것을 주장하였다. 당시 량치차오는 이미 사상 해방운동의 최전선에 있는 영향력 있는 인물이었다. 특히, 신해혁명 전후로 중국에서도 사회변혁의 바람이 불어오면서, 정치·사회적인 개념어들이 대량으로 중국에 유입되었는데, 이 당시 '서학'은 대부분 일본에서 소개된 것을 중국에 그대로 가져오는 식이었다.

일본식 번역어의 중국 유입과정

물론 중국도 처음부터 무조건 일본식 번역어를 도입한 것은 아니다. 중국은 일본식 번역어로부터의 오염을 막고, 자국어의 순수성을 수호하기 위해 중국 고어古語를 이용하거나 신조어를 개발해 서방개념을 중국어로 번역하고자 시도했으나 결국 실패하고 만다. 대표적인 인물이 바로 앞서 소개한 옌푸이다. 그는 'evolution'을 '천연天演'으로 번역했지만, 그 의미가 너무 심오해 오히려 쉽게 보급되지 않았고, 결국에는 일본식 번역어인 '진화'로 대체되었다. 청대에는 한때 'democracy', 'science'를 발음 그대로 '더모커라시德莫克拉西', '싸이인쓰塞因斯'로 음역했고, 이는 중국의 지식인들에 의해 'Mr, 더'와 'Mr, 싸이'와 같은 축약어로 사용되기도 했다. 하지만, 이러한 직역도 의미전달력이 떨어져 결국에는 의역으로 번역된 일본의 '민주民主'와 '과학科學'으로 대체되었다. 이처럼, 번역어의 수용에 있어서 과도기 상태에 있던 중국은 일본식 번역어 수용에 적극적이었던 량치차오와 같은 지식인을 통해 선별의 과정을 거쳐 중국으로 도입되었다. 량치차오는 일본식 번역어를 인용할 때 주석을 통해 해석을 덧붙여 중국식 번역어와 일본식 번역어를 대조함으로써 독자들의 이해를 도왔다. 이렇게 근대 일본을 통해 중국에 유입된 번역어는 1903년 『신이아新爾雅』라는 사전으로 출간되었다.

일본식 번역어가 중국에 미친 영향

『현대한어사전』(출처: 바이두)

1978년 출판된 『현대한어사전現代漢語詞典』에 수록된 외래어 가운데 일본식 번역어는 768개, 구미 각국의 음역 단어는 721개이다. 『한어외래어사전漢語外來語詞典』에 수록된 일본식 번역어는 모두 889개로 다양한 분야를 포함하고 있다. 분야별로는 과학기술(158), 사회생활(125), 사상철학(121), 정치(104)가 약 63%로 가장 많았다. 가장 낮은 비중을 차지한 분야는 종교용어(8)로 모두 기독교와 관련된 어휘이다. 메이지유신 이전의 번역어는 장합場合, 무대舞臺, 불경기不景氣 등 모두 102개다. 메이지유신 전후의 번역어는 사회과학과 자연과학 분야의 전문용어가 대부분이고, 미술美術, 물질物質, 구락부俱樂部 등 모두 299개다. 중국 고서에서 언급된 적이 있지만, 일본이 새로운 의미를 부여한 단어는 모두 68개로 문학文學, 경제經濟, 노동勞動 등이 있다. 중국에 유입된 번역어는 초기에는 신조어로 유입되었지만, 일정 기간의 적응을 거쳐 대부분 중국어의 기본어휘로 자리를 잡았다. 통계에 의하면 844개의 단어 가운데 모두 95%가 중국어로 고정되었고, 일부(45개 단어, 총수의 5%)만 사어死語가 되었다.

근대 동아시아에서 이뤄진 '번역'은 지식의 수용이자 문명의 도입 과정이라고 해도 과언이 아니다. 그런 의미에서 당대 '시대적 사명'인 번역을 감당했던 지식인들은 동시대에 두 가지 문명을 살았다고 할 수 있다. 번역문화는 그 나라의 문화적 자립을 위협하는 것이 아니라 오히려 강화하는 측면이 있다. 번역은 외국의 개념과 사상의 단순한 수용이 아니라, 항상 자국의 전통에 의한 외래문화의 변용이기 때문이다. 근대 동아시아의 번역사를 통해 우리는 언어와 문자가 특정 국가나 민족의 전유물이 아니라, 그 언어나 문자를 사용하는 사람들에 의해 가치가 매겨지는 '공동의 자산'이라는 것을 확인할 수 있다. 즉, 언어와 문자체계를 통해 전파되는 지적 가치의 흐름은 오직 순환이 있을 뿐이다.   _김주아

참고문헌

김주아, 「중일 번역문화와 번역어의 탄생과정 – 근대 동아시아 '지식권력'의 형성과 변화의 관점에서」, 『중국인문과학』 제74집, 2020.

고전을 통해 현대를 읽는다

🏛 고전의 부침浮沈과 활용

　사회의 변혁기에 사회적 담론과 사상 및 인물들이 등장한다. 춘추 전국시대가 그러하다. 주周나라 봉건제도의 붕괴는 주 왕실의 지배 체제 원리인 종법 질서의 와해를 의미한다. 천자국을 섬기던 제후국 간의 힘의 논리가 부각되면서 부국강병의 무한 경쟁 시대가 펼쳐졌다. 또한 철기가 보급되고 토지 관념에 대한 변화가 일면서 제후국들의 할거와 분열이 더욱 극심해졌다. 이러한 사회적 분열 속에서 국력을 강화하고 사회질서를 회복할 새로운 사상이 필요했다. 제자백가諸子百家가 등장하게 된 정치, 사회적 배경이다.

　제자백가는 중국 사상문화의 근간을 형성한 일종의 고대 싱크탱크think tank라고 할 수 있는 유세객遊說客 집단이 제시한 사회적 사상 담론이라고 할 수 있다. 당시 인간과 사회를 진단하면서 중국 사상의 근간을 이루는 근본적인 사상 담론의 출현은 백화제방百花齊放의 시기를 열어놓았다. 주 왕실의 붕괴와 종법 질서의 와해, 제후국의 난립과 부국강병의 혈안, 그로 인한 사회적 담론과 사상가들의 출현으로 얽어진 춘추전국시대는 춘추오패春秋五霸와 전국칠웅戰國七雄을 거쳐 진秦나라로 통합되는 격동의 시기였다.

이 시기에 출현한 제자백가 사상 그리고 그들이 남긴 사회 담론과 전통문화는 국학國學으로서의 고전이 되었고, 우리나라에도 유전流傳되었다. 고전古典은 '고'와 '전'으로 이루어진 합성어로서 '옛날 문헌'을 말한다. '고'는 시간적 의미가 담겨 있고, '전'은 전적을 말하며 '모범·규범'이란 뜻도 있다. 따라서 고전은 시대를 초월하여 가치와 영향력을 인정받는 전범典範이 될 만한 옛날 문헌을 말한다.

고전이 시대를 초월하여 거듭 소환되는 이유는 거기에 담긴 내재적 함의와 현재적 활용 가치 때문일 것이다. 이런 까닭에 고전 읽기란 단순한 과거로의 회귀도 답습도 복제도 아니다. 시간을 거슬러 올라가 옛사람과 대화를 나누는 지혜의 체험 시간이다. 역사는 언제나 현대사라는 말과도 유사하다. 퇴계退溪 이황李滉(1501-1570) 선생은 「도산십이곡陶山十二曲」에서 이렇게 말했다. "고인古人도 날 못 보고 나도 고인을 못 뵈네, 고인을 못 뵈어도 가던 길 앞에 있네. 가던 길 앞에 있거든 아니 가고 무엇하리?" 고대 지식인들에게 고전은 성인이 남긴 경전으로서 삶 속의 '실천적 규범'으로 기능했지만, 우리에게는 현재적 삶을 조명해 보는 '반추의 거울'로 작용한다. 이런 까닭에 고전은 활용 여부에 따라 단지 먼지 가득한 곳에 쌓여있는 케케묵은 종이 더미도 아니며 박제된 화석도 아니다.

그러나 중국 전통 학술문화로서의 포괄적인 고전인 국학國學은 부단한 시대적 부침浮沈을 겪어왔다. 때로는 전통문화의 정화精華로서 '계승'의 길을, 때로는 재정리의 대상으로서 '회생'의 길을, 때로는 청산의 대상으로 '몰락'의 길을 각각 걸어왔다. 아편전쟁 이후 국학은 사회의식 형태 속에서 서서히 사라져 가다가 5·4운동이 일어나면서 점차 고개를 들게 된다. 당시 비록 국학은 침체를 향하고 있었지만 오사 시기 애국인사들이 국학에 대한 반성을 함으로써 국학은 황금 시기를 맞이한다. 후스胡適(1891-1962), 차이위안페이蔡元培(1868-1940) 같은 유학파 지식인들은 서구 학문의 도입과 함께 자신들의 국학을 새롭게 재정리·재인식하고자 했다. 이를 국고정리운동國故整理運動이라고 한다. 당시 베이징대학, 칭화淸華대학, 옌징燕京대학 등은 국학연구소, 국학연구원 및 국학과를 개설하여 국학 교육과 연구를 진행하였다. 그 후 1949년 중화인민공화국 성립 후 국학교육은 굴곡의 좌절을 맞이한다. 건국 후 '후금박고厚今薄古' 사상이 지배하여 국학은 체계적인 연구와 중국 전통 학술을 설명하는 학문으로서의 지위를 확보하지 못했다. 이어 문화대혁명 시기(1966-1976, 마오쩌둥에 의해 주도된 극좌 사회주의운동)에는 '파사구破四舊(구교육·구문예·구도덕·구전통을 반대)를 내세우며, 국학은 더욱 비판의 대상이 되었다.

1980년대 개혁개방 이후 서구 문화가 유입되면서 특히 1990년대 초부터 국학을 회고·반성하고 국학교육을 강조하면서 국학 연구가 다시 주목받기 시작했다. 당시 민족주의, 문화보수주의가 등장하면서 전통에 대한 재평가가 시작되었다. 최근 2000년대에 이르러 중국은 급속한 경제발전에 따라 국제적인 영향력이 높아지면서 소프트파워를 활용한 문화 대국을 시도하고 있다. 2000년대 전후로 중국 전통문화 전승의 중요 기지로 기능하는 대학 내의 국학원도 이러한 배경 위에서 설립되었다. 중국런민대학, 베이징대학, 칭화대학, 샤먼廈門대학에는 국학 관련 국학원 및 학부·석박사과정을 설치하여 국학 인재를 양성하고 있다. 뿐만 아니라 2000년대 초반부터 중국 국영채널 CCTV에서 인문학프로그램「백가강단百家講壇」을 통해 국학 및 전통문화 관련 강의를 하고 있다. 이처럼 국학을 중화 문화의 가치와 민족정신의 원천으로 간주하여, 전통문화의 복원, 신유가의 중시 등 민족주의 측면에서 유교의 부활을 강조하고 있다.

오사 시기 이후 유가 사상은 국가 이데올로기 형태로 존재하기가 힘들었다. 1980년대 말에서 1990년대 초에 일었던 '국학열'은 당시 정치·경제·문화의 공백을 메우기 위해 국학으로 눈을 돌린 것이기도 하다. 중국 사상문화영역의 '이데올로기의 공백'을 보충하려 했고, 시장경제의 발전으로 일어난 인문정신 위기, 문화 위기 및 자본주의의 폐해 등을 수습하기 위한 대체로서 전통사상을 활용하였다. 중국 고유의 도덕적 논리를 세워야 사회가 안정될 수 있다고 보았고, 이른바 '공·맹의 도리'가 반영된 정치철학이 도덕 질서를 재건할 수 있는 정신적 버팀목으로 작용하기를 바랐다. 이처럼 대내외적인 현대화 과정과 자본주의의 폐단을 극복하기 위해서 유학·공자·국학 등이 새롭게 재등장한 것이다.

법고창신法古創新이란 말이 있다. '옛것을 본받아 새로운 것을 만들어낸다'는 뜻이다. 옛것의 토대 위에서 현재의 가치로 활용, 변화시킨다는 의미이다. 2009년 7월 워싱턴에서 열린 제1차 미-중 전략경제대화에서 오바마는 "산속의 작은 오솔길도 자꾸 걸으면 큰길이 되지만, 잠시라도 다니지 않으면 금방 잡초로 막혀버린다."(『맹자·진심盡心 하』)는 고전 문구를 인용했다. 이 구절은 맹자가 제자 고자高子에게 의리義理를 탐구하는 마음을 잠시라도 게을리 해서는 안 된다고 강조한 말이다. 그런데 2009년 오바마는 양국의 지속적이고도 긴밀한 교류를 만들어가자는 외교적 의미로 차용한 것이다. 그 후, 2014년 7월 베이징에서 열린 제6차 미-중 전략경제대화에서 시진핑習近平은 "자신이 원하지 않는 바는 남에게 행하지 말라."(『논어·위령공衛靈公』)는 고전 문구를 인용했다. 이 구절은 공자가 제자 자공子貢이 평생 동안 실천할 수 있는 한마디의 말이 무엇이냐고 묻자, '서恕'라고 대답하면서 그 의미를 이렇게 설명한 것이다. 그런데 2014년 시진핑은 상대국의 선택과 발전 방식을 존중해야 하며, 자신의 방식이나 생각을 상대방에게 강요해서는 안 된다는 외교적 의미로 사용했다.

현재 외교활동에서 고전 명구를 활용하는 점은 춘추시대 '시를 읊어 마음의 뜻을 전하는' "부시언지賦詩言志"의 전통에서 시작되었다. '부시언지'의 '지志'는 시를 읊는 자의 의도이며 시의 원래 의미는 아니다. 시 일부의 뜻만을 취하여 본인의 의도를 가탁하여 전달하는 '단장취의斷章取義'의 형태이다. 전달방식은 구체적인 직설화법이 아니라 은유적이고 함축적이며 추론적이다.

춘추시대의 제후, 경대부卿大夫들은 외교·정치 활동은 물론 연회, 조회 및 예를 표할 때도 시를 읊으면서 자신의 생각을 전달하였다. 『한서·예문지漢書·藝文志』에 "옛날 제후와 경대부가 이웃 나라들과 만날 때에 함축적이고 은미한 말로 서로 생각을 주고받았다. 읍양揖讓의 예를 올릴 때도 반드시 시를 가지고 뜻을 비유하여 상대가 현명한지 아닌지를 구별하고 세상의 성쇠를 살폈다."라고 기록하고 있다. 당시 '부시언지'는 정치, 외교활동의 필수 방식이었다. 이처럼 '부시언지'는 중국 고대 지식인부터 현대 정치인에 이르기까지 오랜 기간 지속되어온 의사전달 방식이자 외교방식이며 입장 표명 방식으로 활용되었다.

🏛 고전의 현대적 조명

다름의 조화

우리는 이익의 추구가 인간관계의 갈등을 가져오고, 하나의 가치가 유일한 가치로서 다른 가치를 지배하려는 사회에 살고 있다. 혈연·지연·학연 등의 집단적 이기로 가득한 사회에서, 우리는 다름과 이질성을 인정하면서 공존·공생할 수 있는 근거를 '화和'의 정신에서 찾아볼 수 있다. '화이부동和而不同'은 '조화롭되 뇌동하지 않는다'는 뜻이다. '화'의 출발은 먼저 나와 상대방이 다르다는 것을 인식하고 그것을 소통·공감하려는 노력이다. '화'의 목적은 소통에 있지만, 편승이나 동화를 요구하지 않는다. '화'가 자칫 편승으로 이어지면 '당黨'을 형성하고, 그러면 집단적 이기심을 유발하여 권력이 생기고, 권력이 생기면 끼리끼리 뇌동하여 소통은커녕 더 큰 단절을 초래한다. 『논어·학이學而』에서 '화'와 '예'의 관계를 이렇게 말했다.

> 유자有子가 말하였다. "예의 쓰임은 조화를 귀하게 여긴다. 선왕들의 정치는 이것(화)을 아름답게 여겼다. 그러나 크고 작은 것들이 모두 이것(화)으로 말미암으면 통하지 않는 경우도 있다. 단지 '화'만을 알고서 '화'를 추구하고, '예'로써 '화'를 절제하지 않으면, 또한 행해지지 않는다."

'예'와 '화'는 상보관계에 놓여있다. 조화와 균형을 중시하는 '화'의 정신은 사회 질서를 유지하는 외재적 제도, 규범인 '예'로 조율해 나갈 때 공동체 질서가 유지된다는 것이다.

또한 '화'를 실천하기 위해 먼저 요구되는 개념이 '서恕'이다. '서'

는 타자의 입장에 서서 "나를 미루어 남에게 미친다(추기급인推己及人)", "자신이 원하지 않는 바는 남에게 행하지 말라(기소불욕, 물시어인己所不欲, 勿施於人)"는 역지사지易地思之의 의미이며, '화'를 실현할 수 있는 심리적 전제 요건이다. 그리고 이러한 '서'의 근원적 씨앗은 바로 '인仁'이다. 유가 사상은 인간의 윤리적 가치를 강조하고 도덕적 실현을 최고의 가치로 삼았다. 공자(BC 551-BC 479)는 그러한 도덕 실현의 핵을 '인'이라고 보았다.

공자가 살았던 시기는 정치적, 사회적으로 혼란한 춘추시대(BC 770-BC 403)였다. 춘추시대는 서주西周 유왕幽王이 포사褒姒에 빠져 정사를 돌보지 않던 때에 북방의 기마민족인 견융犬戎의 침공을 받아, 수도를 호경鎬京에서 낙양洛陽으로 천도하면서부터 동주東周 시기가 펼쳐진다. 동주는 다시 춘추시대와 전국시대로 나뉜다. 낙양으로 천도한 때부터 진晉나라가 한韓·위魏·조趙 셋으로 나누어지기 전까지를 춘추시대, 진나라가 셋으로 분할된 뒤부터 진秦나라가 통일한 시

춘추시대 지도(출처: 네이버)

기까지를 전국시대(BC 770-BC 221)라고 한다.

춘추시대는 주 왕실로부터 봉해진 140여 개의 제후국이 존재하고 있었고, 다섯 강국 춘추오패春秋五霸(제환공齊桓公·진문공晉文公·초장왕楚莊王·진목공秦穆公·송양공宋襄王. 진목공과 송양공 대신 오왕吳王 합려闔閭·월왕越王 구천句踐을 포함하기도 함. 이에 대한 이설이 분분함)가 있었다. 춘추시대는 외형적으로나마 존왕양이尊王攘夷(왕을 높이고 오랑캐를 배척한다. '이'는 주로 동이·서융·남만·북적 등을 가리킴. 천자국인 주 왕실의 정통성을 인정함으로써 봉건제 질서를 정당화하는 대의명분)가 지켜져서 주 왕실의 권위가 인정되기는 했지만, 실제로 당시 제후국들은 이미 독자적인 행보를 걷고 있었고, 주 왕실은 천하의 제후를 통제할 능력이 없었다.

공자는 이러한 혼란한 시대와 사회질서의 회복을 위해서 먼저 일정한 가치 체계의 수립이 필요하다고 보았고, 무엇보다 개인의 도덕적 수양이 관건이 된다고 인식하여 '인'을 제시하였다. '인'을 한마디로 정의하기란 쉽지 않지만, 간단히 말하자면 '서'라고 요약할 수 있다. '인'은 타아와 자아를 대립적으로 인식하지 않고, '추기급인'을 통해 양단의 간극을 줄이고 관계 회복을 가져올 수 있는 마음의 씨앗이라 할 수 있다. 따라서 유가의 가치관을 대표하는 개념 '인'은 개인의 도덕적 실천[인]과 사회질서 유지[예]에 관건이 되며, 이는 조화로움[화]을 가장 귀하게 여긴다는 것이다. 이러한 것들은 현대 사회에서 상호 다름을 인정하는 바탕 위에서 양보와 조율을 통해 공생과 공동의 선으로 나아가기 위한 소통의 개념들로 활용될 수 있을 것이다.

함께하는 민생

전국시대(BC 770-BC 221)는 춘추시대보다 더욱 혼란한 시기였다. 당시 전국칠웅戰國七雄(동쪽의 제齊, 남쪽의 초楚, 서쪽의 진秦, 북쪽의 연燕, 중앙의 위魏·한韓·조趙)이 맹위를 떨치고 있었다. 공자의 도통을 이은 맹자(BC 372-BC 289)는 전국시대에 활동하였다. 극심한 패권이 난무하는 시기에 맹자는 인의仁義를 바탕으로 한 왕도王道정치를 주장하면서 가장 먼저 여민與民을 강조했다.

맹자는 백성은 군주가 베푸는 '위민爲民', '여민與民' 정책의 수혜자여야 한다고 강조한다. 여민정치는 백성과 함께 하는 맹자의 민본民本정치에 입각한 개념이다. 맹자가 말했다. "백성이 가장 귀중하고, 사직社稷은 그 다음이며, 군왕은 가벼운 존재일 뿐이다. 따라서 백성의 마음을 얻으면 천자가 되고, 천자의 마음에 들면 제후가 되며, 제후의 마음에 들면 대부가 된다. 제후가 사직을 위태롭게 한다면 바꿔야 하며, 좋은 제물과 좋은 곡식으로 제사를 지냈지만 가뭄과 홍수가 계속된다면, 당장 사직을 바꿔야 한다."(『맹자·진심 하』) 정치에서 가장 중요한 것은 백성이고, 백성의 마음을 얻어야 천자가 된다는 것이다. 그렇지 못할 때, 혁명을 통한 새로운 정권의 수립도 가능하다는 역성혁명의 단초를 제시한다. 맹자가 말하는 민본의 여민정치는 백성과 함께하는 것이며, 왕도정치의 시작이라고 본 것이다.

> 제나라 선왕宣王이 설궁雪宮에서 맹자를 만났다. "현자도 이러한 즐거움을 누립니까?"라고 묻자 맹자가 대답했다. "예 누립니다. 그런데 사람들은 그 즐거움을 얻지 못하면 윗사람을 비난합니다. 얻지 못했다고 해서 윗사람을 비난하는 것도 잘못이지만, 백성들의 위에 있으면서

백성들과 함께 즐거움을 누리지 않은 것도 잘못입니다. 임금이 백성들이 즐거워하는 것을 함께 즐거워하면, 백성들 또한 임금이 즐거워하는 것을 즐거워하며, 임금이 백성들이 걱정하는 것을 함께 걱정하면, 백성들 또한 임금이 걱정하는 것을 걱정합니다. 즐거움을 천하와 더불어 하고 근심을 천하와 함께 하고서도, 왕노릇하지 못한 자는 아직까지 없었습니다."(『맹자·양혜왕梁惠王 하』)

비록 임금과 백성의 관계는 수직적인 '지배 – 복종'의 관계이지만, 인을 행하는 '추기급인'의 입장에서 임금과 백성이 함께하는 상생相生·상락相樂의 관계를 강조한 것이다.

전통 유학에서는 자본주의의 근간인 개인의 이익 추구를 사리사욕의 처사라고 간주하였다. 이익은 군자들이 마음에 두어서는 안 될 도덕적 금기이기도 했다. 이에 대해 '이利'와 대립되는 개념 '의義'를 통해 설명하고 있다. '의'가 인간이 마땅히 걸어가야 할 도덕적 길이라면, '이'는 개인적인 사욕, 물질적 이익을 좇는 것을 말한다. 유가에서는 의를 중시하고 이익을 가벼이 여긴다는 중의경리重義輕利 사상을 군자의 도덕적 표준으로 삼았고, '이'를 버리고 '의'를 취하는 태도에 따라 '군자'와 '소인'을 구분하였다. 공자는 "군자는 의리에 밝고 소인은 이익에 밝다"(『논어·이인里仁』)라고 하였고, 유가이면서 법가적 성향을 띤 순자荀子(BC 298-BC 238) 역시 "의를 먼저 생각하고 이익을 뒤로하면 영화롭고, 이익을 먼저하고 의를 뒤로하면 치욕을 당한다"(『순자·영욕榮辱』)라고 했다. 유가의 가치관은 '의'를 중시하고 '이'를 가벼이 여기는 군자의 인격을 바탕으로 덕치 사회의 이상을 실현하고자 했다. 따라서 군자가 개인적인 사욕, 물질적 이익을 멀리하고 도덕적 완성을 위해 살아가는 삶이야말로 인간이 마땅히 가야할 길이라는 가치관을 형성하게 되었고, 이를 도덕적 감화를 줄 수 있는 덕치德治사회 실현의 바탕으로 삼은 것이다.

그러나 이는 일반 백성에게 요구할 수 없으며, 선결先決 단계가 필요하다고 했다. 맹자는 정치란 무엇보다 백성들의 민생문제를 먼저 해결해주어야 하며, 그래야 백성들의 마음에 덕치의 근본인 인의예지와 같은 항상심이 생겨난다고 보았다. 항산恒産(일정한 생업)이 없더라도 항심恒心(일정불변한 양심)을 가질 수 있는 것은 오직 선비만이 할 수 있으며, 백성들은 항산이 없으면 항심을 유지하지 못한다는 것이다.

> 안정된 생업이 없어도 항상심을 가질 수 있는 것은 선비만이 가능합니다. 일반 백성은 안정된 생업이 없으면 항상심을 가질 수 없습니다. 만약 항상심이 없으면 방탕하고 편벽되며 사특하고 지나친 일을 하지 않음이 없습니다. 그들이 죄를 범한 후에 법을 적용시켜 처벌한다면, 그것은 백성을 그물질(기망欺罔)하는 것과 같습니다. 어찌 어진 사람이 군주의 자리에 있으면서 백성들을 그물질할 수 있겠습니까? 그러므로 밝은 군주는 백성들의 생업을 제정하되, 반드시 위로는 부모를 섬길 수 있게 하고, 아래로는 처자식을 잘 기를 수 있게 해야 하며, 풍년에는 종신토록 배부르고 흉년에는 사망에서 면하게 해야 합니다. 그런 후에 백성들을 인도하여 선으로 나아가게 하는 것이니, 그리하면 백성들이 쉽게 따르게 됩니다.(『맹자·등문공滕文公 상』)

왕도정치의 기본은 먼저 백성이 먹고사는 민생문제가 해결되어야 한다는 것이다. "백성이 가장 귀중하고 군주는 가벼운" 민본 사상을 실현하기 위해서는 백성들에게 먼저 일정한 생업을 보장하는 경제적 안정이 우선되어야 하며, 그런 후에 교육을 하면 인의도덕의 항상심을 유지할 수 있다는 것이다.

이러한 기본적인 민생문제를 해결하지 못하면, 임금은 그것을 자신의 죄로 여겼다.

지난해부터 여름에 가물고 비가 오지 않았고 겨울에도 따뜻하여 얼음이 얼지 않았다. 금년 봄부터 지금까지 재변災變이 거듭하여, 사람들은 잿더미 속에서 살아가고 곡식은 다 말라 죽었다. 하늘의 견책이 이처럼 극도에 달하여, 이른 아침부터 밤늦게까지 공경하고 두려워하면서 감히 한가롭게 지내지 못했다. 이에 대소 신료들의 충고와 직언에 힘입어 나의 미치지 못하는 점을 메우고자 한다. …… 중앙과 지방의 현직에 있는 신하들이나 물러나 있는 신하들도 모두 나의 지극한 이 뜻을 잘 인식하여 상소를 올리도록 하라.(『세종실록』 세종 8년)

이 기록은 조선 세종世宗 8년(1426) 5월 6일 세종이 가뭄이 든 것을 안타까워하며 내린 교서敎書이다. 나라에 가뭄, 홍수 등 천재지변이 일어났을 때 임금이 신하들에게 내리는 교서를 "죄기교서罪己敎書"라고 한다. '자신의 죄를 자책하면서 내리는 교서'라는 뜻이다. 죄기교서를 내릴 때, 자신이 잘못한 시정時政을 열거하여 내리면, 신하들은 그것을 읽고 숨김없이 시정책是正策을 올렸고, 이를 다시 국정에 반영하였다. 백성을 소중하게 여기는 것은 예나 지금이나 다름이 없다.

🏯 비워야 보이는 것들

도연명陶淵明(365-427)은 동진東晉 말의 대표적인 전원시인이다. 자는 연명 또는 원량元亮이고 이름은 잠潛이며, 집 주위에 다섯 그루의 버드나무를 심었다 하여 오류五柳선생이라고도 불렀다. 29살에 벼슬길에 올랐으나 관직 생활에 염증을 느낀 나머지, 405년 팽택현彭澤縣의 현령을 사직하고 고향의 전원으로 돌아와 은거하며 지냈다. 직접 농사를 지어가며 소박한 시골 생활 속에서 고고한 인품과 평담不

淡한 시풍을 보여주었다.

도연명은 고향에 돌아온 이유를 「귀원전거歸園田居」(제1수)에서 이렇게 표현한다. "젊어서부터 세속의 소리와 맞지 않았고 성품은 본디 산림을 좋아했건만, 어쩌다 세속의 그물에 잘못 떨어져 삼십 년 세월을 훌쩍 보냈네. 새장에 갇힌 새는 옛 숲을 그리워하고 못에 사는 물고기는 떠나온 연못을 그리워하듯, 남쪽 들 끝 황무지를 일구며 담박하게 살아

도연명 초상(출처: 바이두)

보고자 전원으로 돌아왔네." 전원의 삶을 질박하고 평이한 언어로 담아내었고, 자연의 순응을 지향하는 평담한 삶의 태도를 보여준다.

그의 증답시贈答詩 가운데 하나인 「화곽주부和郭主簿」(제1수)를 보자.

> 무성한 대청 앞 숲
> 한여름 맑은 그늘 가득하네
> 남풍은 철 따라 불어오고
> 회오리바람은 내 옷깃을 열어주네
> 교제를 그치고 한가로운 일로 노니나니
> 누웠다 일어났다 책을 읽고 거문고를 탄다네
> 채마밭의 푸성귀 넉넉하게 자라고
> 지난해 거둔 곡식 아직도 남았다네
> 생활을 영위함은 진실로 한도가 있는 법
> 필요 이상의 족함은 바라는 바 아니라네
> 차조를 찧어 맛있는 술 담가 놓고
> 익으면 손수 따라 마신다네
> 어린 자식 내 곁에서 장난치고
> 말을 배우는데 아직 발음이 안 된다네
> 이러한 생활이 참으로 또한 즐거우니

그런대로 이로써 부귀공명을 잊는다네
아득히 흰 구름을 바라보니
옛사람 생각이 어찌 이리 깊은가

도연명의 한거閑居한 생활을 보여준다. 경景과 정情이 어우러져 그의 일상과 삶의 태도가 읽혀진다. 한여름의 맑게 우거진 그늘, 가슴으로 불어오는 청량한 바람, 시끄러운 세상과 거리를 둔 한가로움, 채마밭의 푸성귀, 묵은 곡식, 맛있는 술 등 마음도 먹거리도 넉넉하다. 그래서 그런대로 부귀공명을 잊으며 자족의 삶을 산다. 충족해서 행복한 게 아니라 지나침을 비워버려서 즐겁다. 하지만 이 맛을 모르는 이는 날 더러 벼슬을 마다하고서 "수레와 말의 시끄러움이 없는" 이런 곳에서 "어떻게 그렇게 지낼 수 있냐고 묻는다" 나는 "마음이 멀리 있으니 사는 곳은 절로 외져지며" "이런 삶 속에 참뜻이 있건만, 무어라 말하려다 이미 말을 잊네"라고 말할 뿐이다. (「음주飮酒」제5수)

도연명의 시어는 담박한 마음처럼 애써 다듬고 수식하지 않는다. 그래서 평담하고 진솔하고 소박하다. '삶의 그물코'가 성기니 다 빠져나가, 걸리고 막히는 게 없어 여유롭다. 매번 이런 시를 대할 때면, 창작할 수 있는 능력은 없지만, 감상할 수 있는 마음이 조금이나마 있어 감사하다. 고전이 내게 주는 보상이다.

_박영순

참고문헌

신영복, 『강의: 나의 동양고전독법』, 돌베개, 2006.
이규일, 『한시, 마음을 움직이다』, 리북, 2012.
천이아이陳以愛 저, 박영순 역, 『현대 중국의 학술운동사』, 도서출판 길, 2013.

제2부
역사 속의 중국인

시인과 시에 대한 사유

 잘 소리 내어 우는 사람

당나라의 문학가 겸 사상가 한유韓愈(768-824)는 시인은 '잘 소리 내어 우는 사람', 즉 선명자善鳴者라고 했다. 나라를 위해, 민중을 위해, 임을 위해, 나를 위해 소리 내어 운다. '선명자'는 대개 회재불우懷才不遇(훌륭한 재주를 지녔으나 때를 만나지 못함)의 삶을 산 사람들이다. 그런 삶 속에서 '평정을 얻지 못하면' 자신의 울결鬱結한 마음을 시나 글로 표현해 '소리를 내는데', 이를 "불평즉

한유 초상(출처: 바이두)

명不平則鳴(평정을 얻지 못하면 소리를 낸다)"이라 한다. 그런 글과 시는 감동과 울림이 더욱 크다는 것이다.

'불평즉명'은 한유가 지인 맹교孟郊(751-814 자, 동야)를 위로하며 쓴 '맹동야에게 보내는 글'이란 제목의 「송맹동야서送孟東野序」에 나오

맹동야 초상(출처: 바이두)

는 말이다. 맹교는 평생 가난에서 벗어나지 못했다. 일찍 아내와 사별하고 아들도 요절하는 등 가정적으로도 불우했고, 벼슬길도 순탄치 않았다. 이런 불우한 상황 속에서 창작에 몰두하여 '시수詩囚(시에 갇힌 죄수)'라고도 불렸다. 가난 때문에 어머니를 잘 모시지 못하는 자식의 심정을 표현한 「유자음遊子吟」이란 시가 널리 회자되고 있다. 맹교는 여러 차례 과거에 낙방하다가 46세에 진사에 합격했지만, 50세가 넘어서야 율양현위溧陽縣尉가 되어 떠난다. '불평즉명'은 한유가 당시 때를 못 만나서 고생하는 맹교를 위로하며 보낸 글에 나오는 말이다. 현재에도 시대와 어긋난 삶을 살고 있는 문인, 예술가 등을 일컬을 때 쓰는 문학용어이다.

한유는 「송맹동야서」에서 '불평즉명'을 이렇게 표현했다.

무릇 사물은 평정을 얻지 못하면 소리를 낸다. 초목은 본래 소리가 없는 것인데 바람이 흔들면 소리를 내게 되고, 물 역시 소리가 없는 것인데 바람이 흔들면 소리를 내게 된다. 물이 튀어 오르는 것은 무언가가 물을 격동시켰기 때문이고, 물이 급히 내달리는 것은 무언가가 물길을 막았기 때문이며, 물이 끓는 것은 무언가로 가열했기 때문이다. 쇠와 돌은 본디 소리가 없지만 무언가로 치면 소리를 낸다. 사람과 말의 관계도 그러하다. 어떻게 할 수 없는 후에야 말을 하게 된다. 노래하는 것은 생각하는 것이 있기 때문이며, 통곡하는 것은 가슴에 품은 회포가 있기 때문이다. 무릇 입에서 나와 소리가 되는 것은 모두 평정함을 얻지 못했기 때문이 아니겠는가? …… 그리하여 새를 빌려 봄의 소리를 내고, 우레를 빌려 여름의 소리를 내고, 벌레를 빌려 가을의 소리를 내며, 바람을 빌려 겨울의 소리를 내니, 사계절이 서로 바뀌어 나타나는 현상은 반드시 그 평정을 얻지 못했기 때문이리라!

한유는 지천명知天命의 나이가 넘어서야 강남의 율양현 현위로 떠나는 맹교가 훌륭한 재주를 지녔음에도 때를 만나지 못했다고 생각했다. 가난으로 힘들었고 또 세상이 알아주지 않아 답답한 세월 속에서 글로 많이 울었을 친구의 마음을 생각하니, 못내 안타까웠던 게다. 그래서 세상 만물이 평정을 잃으면 소리 내어 우는 것처럼, 역대로 회재불우한 시인들은 '잘 소리 내어 우는 사람'이라면서, 그의 마음을 위로함과 동시에 그의 시재詩才를 인정해주었던 것이다.

또한 한유는 회재불우한 사람을 '천리마'에 비유했다.

> 세상에는 백락伯樂이 있은 후에야 천리마가 있다. 천리마는 늘 있지만 백락은 늘 있는 것은 아니다. 그러므로 아무리 명마일지라도 그저 노예의 손에서 욕이나 당하며, 평범한 말들과 함께 마구간에서 죽게 되어, 결국 천리마로 불리지 못한다. 천리마는 한 끼에 때론 곡식 한 섬을 먹기도 하거늘, 말을 먹이는 자가 천리를 달릴 수 있는 줄도 모르고 먹인다. 그 말이 비록 천리를 달리는 능력이 있다 하더라도 먹는 것이 배부르지 않아 힘이 부족하여 훌륭한 재주가 밖으로 드러나지 않으며, 또 보통 말과 같아지려 해도 될 수 없으니, 어찌 그 말이 천리를 달릴 수 있기를 바라겠는가!(「잡설雜說」)

백락은 춘추시대 주나라 사람으로, 말을 잘 알아보는 안목이 있었던 상마가相馬家이다. 초나라 장수 항우項羽에게는 오추마烏騅馬가 있고, 후한의 장수 여포呂布에게는 적토마赤兎馬가 있었다. 모두 명마로, 이들을 천리마라고 한다. '항우'와 '오추마', '여포'와 '적토마'의 관계는 '백락'과 '천리마'의 관계와 같고, 백락은 명군현상名君賢

相(훌륭한 군주와 현명한 재상 또는 신하)을 의미하며 천리마는 인재를 뜻한다.

아무리 훌륭한 인재여도 그것을 알아보는 안목이 있는 사람을 만나지 못하면 재능을 발휘할 수 없다. 천리마가 자신의 능력을 펼치지 못하는 것은 그 능력을 알아보는 사회와 명군이 부족했기 때문이며, 그래서 그들은 회재불우의 삶을 살게 되고, 그런 상황을 견디지 못해 '소리 내어 우는 것'이라는 것이다.

한유는 새를 빌려 봄의 소리를, 우레를 빌려 여름의 소리를, 벌레를 빌려 가을의 소리를, 바람을 빌려 겨울의 소리를 내는 것처럼, 시인은 언어를 통해 자신의 소리를 낸다고 했다. '잘 운다'는 것은 문학적 감수성에서 비롯되지만, 이처럼 뜻한 바가 여러 가지 사회적 제도와 불합리로 인해 막혔기 때문이기도 하다.

'불평즉명'의 계보는 한나라 때 사마천(BC 145?-BC 86?)이 지은『사기·태사공자서太史公自序』의 "마음속 울분이 발산되어 쓴다(발분저서發憤著書)", 당나라 한유의 "평정을 잃으면 소리 내어 운다(불평즉명不平則鳴)", 북송 구양수歐陽修(1007-1072)가 쓴「매성유시집서梅聖兪詩集序」의 "시는 곤궁할수록 더욱 공교해진다(시궁이후공詩窮而後工)" 등으로 이어진다.

사마천은 이릉李陵 장군의 부당함을 변호하다가 한나라 무제에게 궁형宮刑을 당했다. 그는 극도의 슬픔과 모멸감을 견뎌야 했다. 당시 사마천은 한 무제와 태자 유거劉據의 내전에 연루되어 사형 선고를 받고 집행만을 기다리고 있는 친구 임안任安에게 긴 편지를 보내면서, "사람은 한 번은 죽는다. 그러나 어떤 죽음은 태산보다 무겁고, 어떤 죽음은 새털보다 가볍다. 죽음의 방향이 다르기 때문이다."라고 하면서 친구를 위로했다. 동시에 죽음은 면했지만 수치스러운 궁형을 받으며 살아야만 하는 자신의 괴로움도 함께 적었다. "하루에도 수없이 생각나 집에 있을 때는 망연자실하고 집을 나서면 어디로 가야 할지 몰라했소. 매번 이런 치욕감이 일 때마다 등에서는 식은 땀이 흘러 옷을 흠뻑 적셨다오."(「보임안서報任安書」) 그런 중에도 그는 끝내 『사기』를 완성하였고, 과거의 훌륭한 저작들은 대부분 이렇게 '마음속 울분이 발산되어 쓴' 작품이라고 했다.

굴원은 쫓겨난 후에 「이소」를 지었으며, 좌구명은 실명을 한 후에 『국어』를 엮었다. 손자는 발꿈치를 잘리고 나서 병법을 논하였으며, 여불위는 촉 땅으로 좌천된 후에 세상에 『여씨춘추』가 전해졌다. 한비는 진나라의 감옥에 갇히고서 「세난說難」과 「고분孤憤」을 썼으며, 『시경』의 시 삼백 편은 대개 성현들의 마음속 울분이 발산되어 쓰여진 작품이다. 이러한 사람들은 모두 마음속에 답답하게 맺힌 바가 있으나 그들의 이상을 표출할 방법이 없어서, 지난 일을 서술하면서 미래를 생각했던 것이다.(『사기 · 태사공자서太史公自序』)

구양수 초상(출처: 바이두)

사마천은 이런 저작을 쓴 사람들은 대부분 불행한 시대적 조우와 사회적 압박으로 인해 실의한 사람들로서, 자신들의 '가슴속에 맺힌 울분을 글로 풀어내어發憤著書' 커다란 울림을 주었다고 보았다. 사마천 자신이 궁형을 받은 모멸감을 저술로 승화해 훌륭한 역사서 『사기』를 저술하게 되었다는 의미이기도 하다.

한유의 '불평즉명'은 사마천의 '발분

저서'를 이었고, 후에 북송 시기 구양수의 '시궁이후공詩窮而後工'으로 이어졌다. 구양수는 시우詩友 매요신梅堯臣(1002-1060 자, 성유聖兪)의 시집에 서문을 써주면서 "시는 곤궁할수록 공교해진다"고 했다.

> 내가 듣기로 세상에서 시인은 잘된 사람은 적고 곤궁한 사람이 많다고들 하는데, 어찌 그렇겠는가. 이는 세상에 전해지는 시는 대부분 옛날에 곤궁했던 사람에게서 나온 글이기 때문일 것이다. …… 따라서 시는 곤궁할수록 더욱 공교해지는 것이다. 그러니 시가 사람을 곤궁하게 만드는 것이 아니라, 사람이 곤궁하게 된 후라야 시가 공교해지는 것이다.(「매성유시집서梅聖兪詩集序」)

'궁窮'은 단순히 물질적인 결핍이나 경제적인 빈곤을 의미하는 것은 아니다. 벼슬길이 막혀 생활은 곤궁해지고 이상도 실현하지 못하는 곤궁한 처지와 사회적 현실과의 모순으로 인해 '삶의 평정이 깨진' 불안정한 감정과 절실한 고뇌를 뜻한다. 이런 곤궁한 개인적인 처지와 암울한 사회적 환경이 창작에 영향을 주어 더욱 울림이 큰 시를 낳는다는 것이다. 그런 삶 앞에서 인간과 사회의 참모습을 깊이 바라볼 수 있기 때문이다.

결핍도 없고 목마름도 없는 삶은 세상과 사람을 바라보는 눈을 둔탁하게 만들고 감성적 촉각도 무디게 만든다. 앞서 말한 사마천·굴원·좌구명·손자·여불위·한비자 등의 좌절과 곤궁한 삶이『사기』·「이소」·『국어』·『손빈병법孫臏兵法』·『여씨춘추』·「세난」 등 우수한 작품을 지을 수 있는 원천이 되었고, 그래서 그들의 작품은 공명과 울림이 크다는 것이다.

'불평즉명', '발분저서', '시궁이공' 등은 모두 작가가 '평정을 얻지 못해서 글로 시로 소리를 낸다'는 의미이다. 작가가 처한 사회 환경으로 인해 만나게 된 불운한 삶과 관계있다는 '불평즉명'은 중국 고대 리얼리즘 문학창작의 규율성을 보여준 문학용어이다. 문학이 현실사회의 모순을 반영한다는 문학의 기본 원칙을 강조하고 있다.

🏛 언어의 통발에 걸려들지 않기

사상이나 철학은 시의 소재나 재료가 되기에 충분하다. 하지만 그것이 어떻게 시 속에 녹아있느냐는 것은 책 속의 지식이나 산문적 진술에 의해서 완성되는 것은 아니다. 시상詩想은 단지 이치나 사상과 같이 궁구하는 것이 아니며, 시어詩語는 서적과 지식에 의존하는 것이 아니라는 의미이다. 시를 쓰는 능력은 이론적 지식이 많다고 되는 것도 아니며, 논리적 사변이 뛰어나다고 되는 것도 아닌 것이다.

남송의 시론가 엄우嚴羽(1192-?)는 『창랑시화滄浪詩話·시변詩辨』에서 이렇게 말했다.

> 무릇 시에는 별도의 재주가 있으니 책(학문)과는 상관이 없다. 시에는 별도의 지취旨趣가 있으니 이치(사변)와는 관계가 없다. 그러나 책을 많이 읽고 이치를 깊게 궁구하지 않으면, 지극한 경지에 도달할 수 없다. 이른바 이치의 길에 빠지지 않고, 언어의 통발에 걸리지 않는 것이 최상의 방법이다. 시는 성정을 읊조리는 것이다. 성당盛唐의 시인들은 오직 흥취興趣에 주력하여, 그들의 시는 마치 영양羚羊이 뿔을 나무에 걸은 것처럼 자취를 찾을 수 없다. 이런 까닭에 그 시의 묘한 곳은 투철하고 영롱하여 하나로 꼬집어 표현할 수 없다. 마치 공중의 소리와 형상의 빛깔과 물속의 달과 거울 속의 형상과 같아서, 말은 다했어도 그 의미는 다함이 없는 것이다.

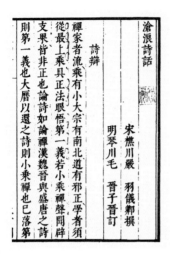

엄우의 말에 의하면, 시를 짓는 데는 '별도의 재주別材'와 '별도의 지취別趣'가 있으니, 사변적 이치와 지식, 학문만으로는 시를 지을 수 없다는 것이다. 그러면, 시 창작은 지식이나 이치와 관계가 없다는 말인가. 그렇지 않다. 엄우는 시를 배우려면 무엇보다도 시에 대한 식견, 안목이 먼저 세워져야 한다고 한다. "시를 배울 때 입문을 올바르게 해야 한다. 한위漢魏·성당盛

『창랑시화』(출처: 바이두)

唐 시기의 좋은 시들을 숙독하고 다양한 시를 충분히 참고해야 한다. 그래야 시에 대한 식견이 생긴다."(『창랑시화·시변』) 그는 많은 독서를 통해 깊이 있게 감상하고 연구하면서 시만이 가지는 독특한 이치를 깨닫지 못하면, 최고의 경지에 도달할 수 없다고 한다. 시만이 가진 독특한 최고의 지점은 단지 지식과 사변만으로 도달할 수 있는 경지가 아니라는 것이다. 그러므로 '이치의 길에 빠져들지 않고, 언어의 그물에 걸려들지 않는 것'이야말로 가장 훌륭한 방법이라고 한다. 그래서 '별' 자를 덧붙여 시는 지식이나 이치와는 구별된 독특한 시의 경지가 있음을 알아야 한다고 했으니, 그것이 바로 '별재'이다.

언어는 시의 재료이다. 하지만 사변적인 시를 쓰면 언어의 통발에 걸려들기 쉽고, 이치를 설명하면 이치의 길에 빠져들게 된다. 그렇게 되면 시 언어의 '생기'는 사라지고 사변적 '관념'과 논리적 '사유'만이 남게 된다. 또한 말을 조탁하는 기교에 지나쳐서도 안 된다.

가공된 언어 속에 시인의 정신이 묻혀버려서 결국 언어의 장치가 만들어낸 '장식된 감흥'만이 남게 된다.

시인의 감성과 시어는 책 속에 들어있는 것도 아니고 이치로 드러나는 것도 아니며, 오직 자신의 성정으로부터 나와 읊는 것이다. 그 성정의 드러남은 '말은 다 했어도 뜻은 다함이 없는 것'과 같다. 종소리의 여운이 길게 허공으로 퍼져나가는 것과 같은 이치이다. 이를테면, 영양羚羊(적의 습격을 막기 위해 꼬부라진 뿔을 나뭇가지에 걸고 매달려 잠을 잠)이 뿔을 나뭇가지에 걸어 공중에 매달려 있으므로, 정작 영양의 실체는 드러나지 않는 것과도 같다. 즉 시인이 전달하려는 시의는 문자 자체로 노출되지 않고 언어 너머의 여운으로 남게 되니, 언어의 파장이 가져오는 시적 여운을 강조한 것이다. 이것이 바로 시의 '별취'이다.

'별재·별취'는 엄우가 송나라의 시가 산문화되고 의론화議論化되어가는 경향에 대해 비판하면서 제시한 문학 용어이다. 북송 시기 소식蘇軾(1036-1101)과 황정견黃庭堅(1045-1105) 이후 일부 강서시파江西詩派(북송 후기 강서 지역 출신인 황정견을 중심으로 모인 시가 유파)와 남송의 도학가들이 '산문식의 문자로 시를 짓고' '재주와 학문으로 시를 지으며', '의론이나 이치로 시를 쓰는' 경향에 대해 비판한 것이다. 명나라 이몽양李夢陽(1475-1529)은 "송나라 사람들은 이치를 중시했기 때문에 이치에 관련된 말로 시를 지었다. 그들의 시가 언제 이치를 담아내지 않은 적이 있었는가! 만약 이치에 관련된 말로 짓고자 한다면, 어째서 산문을 짓지 않고 시를 지으려 하는가!"라고 하면서, 엄우의 견해를 뒷받침했다.(『공동집空同集』권52「부음서缶音序」)

송나라 때는 선종이 성행하였다. 문인들은 선객禪客들과 자주 왕래하면서 시와 선의 공통점을 이끌어내며 시를 논평하였다. 시와 선을 하나로 보는 '시선일여詩禪一如', 시를 논하는 것은 선을 논하는 것과 같다는 '논시여논선論詩如論禪'의 인식이 생겨났다. 시와 선의 유사성에 착안한 용어가 등장했으니 '이선유시以禪喩詩'가 그것이다. '이선유시'는 '선의 이치를 빌어 시의 이치를 비유한다'는 뜻이다.

시와 선은 어떤 유사성을 지니는가. 엄우는 시도와 선도의 공통점은 '묘오妙悟'에 있다고 설파했다. 불교에서 말하는 '묘오'란 불가사의한 진리의 실상을 깨닫는 과정 또는 깨달음의 경지를 말한다. 깨달음은 사변적, 논리적 사유를 초월하여 마음을 통해 직관적으로 진제眞諦를 터득하는 것이다. 이러한 과정의 특징을 '불립문자不立文字'로 요약할 수 있다. 시의 경지도 마찬가지이다. 엄우가 말하는 시의 '묘오'는 논리적 사고나 지식의 축적에 의지하지 않고, 직관적 감수와 심리적 교감에 의지한다. 사변적 관념이나 논리적 사유의 과정을 거치지 않는다는 것이다. 이러한 특징을 '이치의 길에 빠져들지 않고, 언어의 통발에 걸려들지 않는 것'이라고 요약했다.

선의 오묘한 이치는 문자로 표현할 수 없듯이, 시의 오묘한 이치도 언어의 구축만으로 도달할 수 있는 게 아니라는 것이다. 시와 선은 언어를 초월한 마음의 직관적 포착과 깨달음이 서로 닮아있다. 선의 최고의 경지는 선 자체가 아니라 고요한 선정禪定의 상태이며, 시의 최고의 경지는 언어 자체가 아니라 궁극의 미감이다. 전자는 생각을 비울 때 후자는 말을 비울 때 각각 도달할 수 있는 경지이다. 이처럼 시와 선의 궁극의 경지는 단지 사변의 길, 언어의 길, 논리의 길로는 다다를 수 없으며, 생각도 말도 논리도 끊긴 직관의 지점에서 궁극의 미감은 펼쳐진다.

그래서 '이선유시'와 '묘오'의 함의는 언어로부터 벗어날 때 언어의 의미는 살아난다는 '부정의 미학'에 근거한다. 이때 부정은 판단의 개념이 아니라 '망각'의 경지이다. 『장자莊子·외물外物』에서 "어망은 고기를 잡기 위해서이다. 고기를 잡으면 곧 어망을 잊는다. …… 말이란 뜻에 있기 때문에, 그 뜻을 얻으면 곧 말을 잊는다."라고 한 것처럼, 언어라는 물리적 속성으로부터의 망각을 의미하는 '득의망언得意忘言'의 경지이다. '말은 뜻을 다 전달할 수 없다(언불진의言不盡意)'는 뜻이자, 수레를 깎던 윤편輪扁의 진정한 기술은 '마음으로 체득할 뿐 말로는 설명할 수 없다"는 의미와도 같은 이치이다.

말은 단지 사물의 형체, 빛깔, 음성을 표현할 뿐이다. 하지만 언어가 구축해 놓은 허공으로 난 소리空中之音, 물속에 비친 달水中之月, 형상 속의 빛깔相中之色은 이미 언어를 초월하여 또 다른 경계의 의미를 부여한다. 단지 부호로서의 언어를 통해 느끼는 것이 아니라 직관적인 마음으로 느끼는 것이다.

오묘한 깨달음의 경계는 늘 언어를 벗어나 있다. 선과 시는 이런 점이 닮아있다. 그래서 송나라 시인들은 선객들과 왕래할 때 시와 선의 공통점을 그들만의 소통의 코드로 삼으면서, 시와 선을 갈마들며 중국 시가 이론의 사유 영역을 확장해나갔다.   _박영순

참고문헌

박영순, 「불평즉명」, 네이버 지식백과 "중국 현대를 읽는 키워드 100"
엄우嚴羽 저, 곽소우郭紹虞 교석校釋, 김해명·이우정 역, 『창랑시화滄浪詩話』,
    소명출판, 2001.
趙則誠·張連弟·畢萬忱 主編, 『中國古代文學理論辭典』, 吉林文史出版社,
    1985.

중국인의 음식, 의복, 체면 이야기

　이중톈易中天 교수는 중국 고전에 대한 대중의 관심을 분출시킨 역사 대중화의 선구자이다. 2005년부터 4년에 걸쳐 중국 CCTV의 강연프로그램 백가강단百家講壇을 통해, 「한漢나라 풍운인물」, 「삼국지 강의」, 「선진先秦제자백가쟁명」 등을 강의하여, 중국 고전의 르네상스를 열었다. 또한 『품인록品人錄』, 『제국의 슬픔』, 『삼국지 강의』, 『초한지 강의』, 『중국 도시 중국 사람』 등 그의 모든 책이 베스트셀러가 되었다.

　이중톈은 후베이湖北성 우한武漢대학에서 문학석사학위를 취득하

2006년 백가강단에서 삼국지를 해설 강의하는 이중톈(출처: 바이두)

고 학교에서 강의를 시작했다. 이후 푸젠성福建 샤먼廈門대학으로 옮겨 강의와 저술활동에 종사했고, 현재는 정년퇴임하여 강남의 한적한 곳에서 저술 작업에 집중하고 있다.

『중국인을 말하다』는 저자 이중톈이 바라보는 중국인의 인식과 생활에 관한 이야기를 담고 있다. 음식, 의복, 체면, 인정, 직장, 가정, 결혼과 연애, 우정, 수다꺼리 등 9가지 키워드를 통해 중국인과 중국문화에 대해 소개하고 있다.

여기서는 주로 음식, 의복, 체면 세 가지 이야기에 대해 살펴본다.

🏮 음식

가장 중요한 것은 먹고 사는 일

옛날부터 중국에서는 "백성은 먹을 것 즉 식량을 하늘로 여긴다民以食爲天'라는 말을 자주 해왔다. 그만큼 음식을 중시하는 중국의 문화적 특징을 반영하고 있다. 중국의 성인 공자가 말했다고 알려진 '음식남녀'에서 알 수 있듯이 중국은 '음식'을 더 중시하고, 서양은 '남녀'를 더 중시하는 듯하다. 서양은 여자 때문에 전쟁을 일으킬 수 있지만, 중국인은 그렇지 않다. 고대 그리스에서 트로이전쟁은 헬레네라는 여인 때문에 발생했지만, 오히려 고대 중국에서는 상商나라 달기妲己나 주周나라 포사襃姒, 당나라의 양귀비가 보여준 이미지는 남성 중심적 문화에서 여성은 희생당하는 경우로 드러난다. 이 점에서 동서양의 문화적 차이를 보여준다.

음식을 중시하는 중국문화는 무엇이든 먹는 것과 연관시킨다. 중국의 문자인 한자에서도 드러난다. 사람들이라는 뜻의 인구人口, 입에 풀칠한다는 의미의 호구糊口에서 입 구口를 사용한다. 먹는 것을 중시하는 경향은 정치운동에서도 나타난다. 중국을 외세와 봉건세력으로부터 해방시킨 영웅이라고 일컬어지는 인물로 마오쩌둥毛澤東이 있다. 그는 국가가 인민들의 생활을 무한정 책임지겠다면서 '요람에서 무덤까지'라는 구호를 앞세우면서 1950년대 후반 '인민공사운동人民公社運動'을 실시했다. 그는 국가가 음식을 책임지는 공산주의 사회를 건설하기 위해 마을 주민 모두가 함께 식사하는 '공동식사大鍋飯'시대를 선언하면서, 가정에서 각자 밥 먹는 것을 금지하기도 했다. 중국에서 공산당과 정부 관료들은 한번 임명되면 죽을 때까지 안락한 생활이 보장되는 것을 풍자하는 의미로 '철밥통鐵飯碗'이라는 용어를 사용하는 데, 이 역시 음식을 중시하는 관념과 연관된다.

춘추전국시기 공자와 더불어 유학의 기초를 세웠던 맹자는 이상사회를 "70세 이상의 노인이 고기를 먹을 수 있는 세상"이라고 말했다. 바로 먹는 문제를 해결하여야 민심을 얻고 천하도 차지할 수 있음을 역설했다.

마오쩌둥시기의 인민공사 대식당(출처: 바이두)

정치와 먹는 문제

중국 고대 정치가와 사상가들은 국가를 편안하게 통치하는 것을 가정에서 제사를 지내고 음식을 만드는 것과 같은 이치로 간주했다. 노자老子는 "나라를 다스리는 것은 작은 해산물을 요리하는 것과 같다"라고 했다. 조그마한 생선이나 새우를 삶거나 튀길 때 함부로 휘젓거나 뒤집으면 모양이 상하기 때문에 조심해야 한다는 뜻이다. 이 중톈은 나라를 다스릴 때도 가벼운 것을 드는 것처럼 조용히 움직임을 통제해야 한다고 했다. 시도 때도 없이 무슨 '운동'이라는 이름을 붙여서 혼란스럽게 하고 인심을 흐트러뜨리면 백성들이 안심하고 생활할 수 없기 때문이다. 마오쩌둥 시기 공산당이 주도했던 사회주의교육 운동, 대약진 운동, 인민공사 운동 모두 '운동'을 명분으로 대중에게 시련과 고통을 주었다는 것을 암시한 것이다.

중국인들은 손님 초대를 좋아한다. 손님을 초대하는 이유나 구실, 기회는 매우 많다. 어떤 일은 사무실이나 회의실에서는 이야기가 잘 안 되고 말이 통하지 않다가 식사 자리에서는 바로 해결되기도 한다. 아무리 어려운 일도 술자리에서는 상대적으로 말하기도 쉽고 부탁하기도 쉽다. 이른바 "젓가락은 뾰족하고, 접시는 둥글며, 함께 앉아서 술잔을 들면 정책이 느슨해진다"라는 말이 있다. 따라서 중국에서는 많은 일이 식사 자리를 통해 해결된다.

송나라 태조 조광윤趙匡胤은 조선의 세조와 유사한 방식으로 황제가 되었다. 어린 황제를 겁박하여 왕위를 찬탈한 그는 믿고 있는 부하들에 의해 똑같이 당할까 봐 노심초사했다. 그래서 송 태조는 주연酒宴을 베풀어 병권兵權을 쥐고 있던 장수들을 초대했다. 분위기가 얼추 익어가자 그는 "자네들은 내가 신임하는 사람들이지만,

문제는 자녀들의 부하 중 누군가가 부귀를 도모하기 위해 자녀들에게 황포黃袍(황제의 옷)를 입혀줄까 봐 걱정이네"라고 말했다. 황제가 자신들을 떠보는 것을 눈치 챈 장수들은 황급히 예를 차리면서 병권을 넘기겠다고 했다. 역사상 한 잔의 술로 병권을 내놓게 했다는 '배주석병권杯酒釋兵權' 역시 식사와 정치의 상관관계를 잘 보여주고 있다.

송 태조의 배주석병권(출처: 바이두)

의복

문명과 야만의 기준

음식과 의복은 모두 중요할 뿐 아니라, 서로 밀접하게 연관되어 있는 관계다. 중국 고대의 위대한 왕은 '천하를 잘 다스리는 능력을 지닌 훌륭한 인물'로 묘사되고 있다. 뛰어난 능력을 지닌 비범한 존재이니 자연히 입는 의복도 일반 평민과 다르게 입었다. 기록에 의하면, 고대 황제黃帝 때 복식 예의禮儀가 제정된 후 어지럽고 무질서

했던 천하가 질서정연해졌다고 한다. 복식 예의는 요堯, 순舜 두 임금에게로 계승되었다. 하夏나라를 세운 우禹임금 때에 와서는 비록 자기의 복장은 신경 쓰지 않았지만, 제례 복장은 대충 넘기지 않았다. "황제, 요임금, 순임금은 의복을 차려입고 천하를 다스렸다"라고 기록되어 있다

중국은 전통적으로 '독특하고 튀는 차림'을 좋아하지 않았다. 춘추 시기 정문공鄭文公은 아들 자장子臧이 '도요새 깃털과 같은 모자(취휼관聚鷸冠)'를 즐겨 사용하는 것을 보고, 법도를 어겼다 하여 자객을 보내어 죽이기까지 했다는 이야기도 전해져 온다.

역사에서 체득한 중국인의 속성

역사적으로 끊임없는 전란으로 인한 혼란과 시련을 겪어왔던 중국인은 편안한 삶을 살아가는 방법에 있어서 두 가지 원칙을 갖고 있다. 바로 '앞장서지 않는 것'과 '임기응변'이다. 즉 먼저 나서서 싸우지 않으며 속으로 불평하는 것이다. 또한 상황 변화에 적절하게 대응하여 난국을 타개하는 것이 우선이다.

역사상 앞장서서 개혁을 추진했던 인물 중에는 비극적 말로를 겪은 사람이 적지 않았다. 대표적인 인물로 이른바 '변법變法' 개혁을 부르짖었던 두 사람, 진秦나라의 상앙商鞅과 송나라의 왕안석王安石이 있다. 현대에 들어와서는 중화인민공화국 수립 이후 마오쩌둥과의 권력투쟁으로 권력의 정점에서 추락했던 류샤오치劉少奇와 펑더화이彭德懷가 있다. 일반 민중들도 당시 불어 닥친 각종 운동의 영향으로 인해 지주, 우파, 반혁명 등의 인사로 낙인찍히면 모든 것을 상실한다는 공포를 경험했다. 이로 인해 중국인들에게는 자연스럽

게 임기응변과 앞장서지 않는다는 태도가 각인되었다.

또한 함께 움직이기를 선호하는 집단의식은 종종 중국인들의 생활 태도는 '벌떼 근성'과 '획일성'이라는 특징으로 설명된다. 근대 시기 유명한 문필가인 루쉰魯迅은 중국인의 벌떼 근성을 재미있는 예시를 들어 설명했다. "어떤 사람이 길에서 침을 뱉은 후 쪼그려 앉아서 보고 있으면, 곧 사람들이 그를 둘러싼다. 이때 누군가가 소리치며 도망치면, 모두들 똑같이 소리 지르며 뿔뿔이 흩어진다. 도대체 무엇을 듣고 왔다가 무엇을 보고 가는지 알 도리가 없다."라고 묘사했다. 대중 심리 중의 하나인 동조와 편승을 의미하기도 하는 중국인의 벌떼 근성은 사회적으로는 집단주의로 표출되기도 한다. 소속원 모두의 평등한 관계를 강조하는 집단주의는 개인의 능력 발휘를 방해하는 요소로 작용하기도 하지만, 개인적인 책임이나 의무에 대한 부담을 덜어내기도 한다. 이는 사회적으로는 노동 의욕을 하락시키면서 생산성이 낮아지는 요인이 되었다.

1958년 이래 대약진 운동 시기 철강증산운동을 하는 과정에서 모든 사람이 벌떼처럼 동원되어 각종 고철을 수집하거나, 문화대혁명 시기처럼 사람들을 대상으로 자본주의자를 색출한다고 했는데, 중국은 이 시기를 '10년 혼란'이라고 표현하면서 지금도 자세한 이야기를 회피하고 있다.

획일성은 일률적으로 동일한 표준을 제시하여 해결하는 것을 말한다. 체력이나 능력의 차이를 막론하고 동일한 기준에 의해 결정하거나, 사고나 의식의 차이를 구분하지 않고 일률적으로 재단하여 문제를 해결하려는 경향이다. 개인적인 욕구나 능력과는 무관하게 60세가 되면 직장에서 은퇴하는 제도가 획일성을 강요하는 대표적인 경우다.

대약진운동 시기에 철강증산운동을 하는 광경(출처: 위키피디아)

중국에서는 벌떼 근성은 군중의 일이고, 획일성은 지도부의 일로 간주한다. 일괄적으로 하지 않으면 공정하게 처리할 수 없기에 지도부는 기준에 따라 획일적으로 처리해야 한다. 군중은 무수히 많기 때문에 옳고 그름을 분명하게 가릴 수 없다. 획일성이 합리적이지 않다는 것을 누구나 잘 알지만, 14억 인구대국인 중국에서는 내부 안정을 위해서는 어떤 사람이 지도자가 되더라도 획일적으로 처리할 수밖에 없다고 생각하는 것이다.

🏮 체면

중국인에게 '체면面子'은 인간관계에 있어서 대단히 중요하게 생각하는 태도이다. 체면은 중국인의 일상생활 및 사회관계와도 깊이 연관되어 있다. 인간관계는 체면에 따라 처리되고 유지되며, 사회생활도 체면에 따라 결정되고 만들어진다.

식사 초대를 할 때 누구는 초대하고, 누구는 초대하지 않을지, 선물을 할 때 어떤 수준에서 정할지, 결혼예식을 할 때는 어느 정도로 할지 등을 결정하는 매우 중요한 기준이 된다. 결국, 모든 행동은 체면에 따라 조정하고 결정을 내린다.

식사와 체면

가령 공금으로 식사하거나 다른 사람이 먹지 못하는 음식을 자신은 먹는 것도 체면을 세우는 일이라고 생각한다. 내빈을 초대했다면 대부분 감사히 받아들이며, 어떤 이는 이를 자랑거리로 삼는다. 때로는 상석에 앉지 못했다거나, 그를 기다리지 않고 먼저 시작했다거나, 가장 맛있는 것을 권하지 않았다거나, 먼저 젓가락을 들게 하지 않았다거나 했다면, 제대로 대우받지 못한 것이 되므로 문제는 커진다. 그 자리에서 서운함을 표시하지 않더라도, 그냥 넘어가지 않고 나중에 표현하기도 한다.

의복과 체면

옷을 입는 것도 마찬가지다. 옷은 겉에 입는 것으로 당연히 얼굴이고, 체면이다. 상황에 맞게 옷을 입지 않았다면, 부끄럽고 체면을 깎는 일이다. 중국에서는 약간 격식을 차려야 하는 장소에는 모두 "복장이 단정하지 않으면, 접대하지 못하니 양해바랍니다"라고 쓰여 있다.

중국인이 옷을 입는 원칙은 세 가지로 요약된다. 다른 사람이 보는 앞모습은 중요하게 여기지만, 보지 못하는 뒷모습은 상대적으로

복장불량자의 출입을 금지하는 대형마트의 게시판(출처: 구글)

덜 중요하게 생각하며, 겉에 입는 외투는 중요하게 여기지만 안에 입는 내의는 덜 중요하게 생각하며, 공식적인 자리에서 입는 예복은 중요하게 여기지만 편하게 입는 복장은 덜 중요하게 생각하는 경향이 있다. 상하이 사람들은 "갑자기 불이 나는 것은 무섭지 않지만, 넘어지는 것은 무섭다"라고 한다. 넘어져 더러워지거나 구멍이 나면 체면이 구겨지고 사람들 볼 낯이 없어지기 때문이다. 다소 과장된 표현이지만, 그만큼 옷을 입는 것에서도 체면을 중시하고 있다는 것을 보여준다.

_이광수

참고문헌

이중톈易中天 저, 박경숙 역, 『이중톈, 중국인을 말하다』, 은행나무, 2008.

중국인을 우울하게 만드는 것들

2014년 중국의 '인민논단'이 설문조사를 통해서 중국의 10가지 사회심리적 문제점을 짚어낼 정도로 중국인은 폭발적 경제성장에도 불구하고 우울하다. 이 글에서는 개혁기를 살아가는 중국인을 우울하게 만드는 것들을 사회적 변화와 사회적 집단을 중심으로 살펴보기로 한다.

공유제 기업의 사유화와 노동자 철밥그릇 해체

중국에서 국유기업國有企業은 국가가 소유한 기업을 가리킨다. 중앙정부와 지방정부가 소유주체가 되는 국유기업은 3가지 의미가 있다. 첫째 국유기업은 정치적으로 사회주의 실현의 지표이며, 둘째 국유기업은 국가재정 수입의 근원이며, 셋째 사회적으로 도시인구 취업의 주요한 장소이다.

1978년 이후 중국이 개혁기에 들어서면서 국유기업 개혁이 시작되었다.

1980년대 국유기업 개혁은 방권양리放權讓利와 청부경영책임제承包經營責任制를 중심으로 진행되었다. '방권양리'는 국가가 기업에 가지고 있던 권한을 축소하고 기업의 자율성을 확대하는 것을 가리키며, '청부경영책임제'는 기업이 생산, 판매, 가격결정, 물자구입, 자금사용, 자산처리, 기구설치, 인사관리, 임금 등에서 경영자주권을 확보하고 경영에 따른 수익과 손실의 주체가 된다는 것을 의미한다. 1980년대 국유기업 개혁을 거쳐서 기업은 기업 스스로 시장신호market signal에 따라 제품을 생산하고 판매할 수 있게 되었고, 자체적으로 이익을 도모할 수 있고, 유보된 이윤을 생산발전, 노동자 복리, 보너스 등으로 사용할 수 있게 되었다. 이로써 기업과 노동자 사이에는 생산에 기여하면 더 높은 임금을 지급하는 "물적 유인 구조"가 생겨나기 시작했다.

1990년대 중국은 본격적인 국유기업 개혁에 나서기 시작했다. 그 핵심은 '조대방소抓大放小(산업구조 조정)'였다. 이를 위해서, 1992년 중국은 "사회주의 시장경제"를 체제전환의 목표로 설정하고, "현대적 기업제도"의 수립을 위해서, 재산권의 명확화, 권한과 책임의 명확화, 정부와 기업의 분리, 과학적 관리를 국유기업 개혁의 목표로 내건다. 구체적으로는 국유기업을 공사제公司制(회사제)로 전환하고 표준화된 주식회사와 유한책임회사有限責任公司를 설립하는 것이었다.

이러한 목표를 달성하기 위해서는 재산권 관계를 명확히 하고, 기업은 국가를 포함한 모든 출자자의 투자를 소유하고, 형성된 재산은 모두 법인재산권으로 하고, 기업은 민사적 권리와 책임을 향유하는 법인실체가 되는 것이 필요했다. 이것은 시장경제가 지배적인 경제체제에서는 보편적으로 행해지는 것으로, 기업은 법에 따라 자주경영을 하고, 납세 및 출자자에 대한 재산보전과 증자 책임을 지며, 출자자는 투자한 자본액에 따라 소유자로서의 권리를 보유하며, 기업은 시장수요에 따른 경영을 하고 정부는 기업의 생산 활동에 직접 관여하지 않고, 장기적 손실을 보고 있거나 부채가 과다한 기업은 법에 따라 파산시키는 것이다. 아울러, 과학적 기업지도와 조직관리 제도를 도입하여 소유자와 경영자 및 노동자와의 관계를 조정하는 것도 포함된다.

또한, 1990년대에는 향진鄕鎭기업의 사유화가 진행되었다. 향진기업은 '사대기업社隊企業(인민공사의 기업)'이 개혁기 1980년대 들어서 변신한 것으로 당시 중국 경제성장의 견인차였다. 1980년대 향진기업은 농촌의 잉여노동력을 흡수하여 농가 소득증가에 기여하였으나, 1990년대 향진기업을 둘러싼 조건의 변화로 시장 경쟁력이 약화되었다.

베이징 국유기업 수도강철(출처: 위키미디어)

1990년대 중후반 집체소유集體所有였던 향진기업의 사유화가 진행되는 과정에서, 특히 기존 향진기업을 경영하거나 감독하던 관련 정부부처나 당조직 책임자가 향진기업을 사유화하여 개인의 것으로 만들어 버리는 "내부자 사유화"가 빈번하게 발생했다. 이러한 해당 향진기업의 농민은 사유화 과정에서 철저히 배제되었고, 향진기업의 집체자산은 개인의 것이 되어버렸다. 향진기업만이 아니라 도시에 있던 국유기업도 1990년대 국유기업개혁 과정에서 "내부자 사유화"를 통해서 사적 소유의 대상이 되는 현상이 종종 발생했다.

2000년대 들어서 국유기업 개혁은 산권개혁産權改革(소유권 개혁)에 집중되었다. 이는 곧 노동자 신분에 변화를 가져와서, 노동자는 노동계약에 기초한 임금노동자가 되었다. 2000년대 국유기업 개혁의 결과, 국유경제가 필수 통제할 업종과 영역이 결정되었다. 이 업종과 영역은 주로 국가 안정 관련 업종, 자연독점 업종, 주요 공공재와 서비스 제공 업종, 지주산업과 하이테크 산업 중 핵심기업 등이었고, 기타 영역에서는 국유기업이 퇴출되었다. 또한, 중대형 국유기업을 증권시장에 상장시켜서 주식제 기업으로 개조했고, 중대형 국유기업의 지배구조를 개조하여, 주주총회 - 이사회 - 감사회와 경영층으로 구성되는 기업지배구조의 확립이 본격화되었다. 결국, 2000년대 국유기업 개혁은 그 대상을 소형 국유기업에서 중대형 국유기업까지로 확대하고, 전체 국유기업의 95%가 민영화 대상이 되었다.

이로써, 기존 "공장의 주인"이었던 노동자는 노동계약에 기초한 임금노동자가 되어, 종신고용, 전면적 사회복지는 사라졌다. 이제는 노동자는 과거와 같은 '철밥그릇'으로 표상되는 종신고용이 불가능하게 되었고, 생산과 수익에 기여한 정도에 따라 차별적인 임금을 받게 되었다.

🏛 공유제 주택제도의 폐지와 지방정부의 성격 변화

1998년 공유제 주택제도가 공식 폐지되면서 건국 이후 중국에서 최초로 '상품'으로서의 주택이 탄생하게 된다. 이전 시기 중국에서 도시주민은 자신이 소속된 '단위單位(기업)'로부터 매우 저렴한 가격에 주택 사용권을 제공받았다. 주택 사용료는 장기간 매우 저렴한 가격을 유지했으며, 주민은 그 사용권을 자식에게 물려줄 수도 있었다. 그런데, 1990년대 시장화 개혁의 가속화와 함께 '단위'가 소속 주민에게 제공하는 교육, 의료, 보험 등 각종 복지제도도 폐지되기 시작했고, 1998년 공유제 주택제도도 폐지되었다.

주택은 단지 주민과 그 가족들의 거주공간의 의미를 넘어서, 사회주의 시기 중국 도시에서 단위 소속 주민들이 공동의 정체성과 소속감을 유지하는 매우 중요한 기제였다. 즉, 주민들은 단위가 제공하는 동일한 주택에서 거주하면서 구성원으로서의 정체성과 소속감을 형성할 수 있었고, 이는 곧 중국 도시사회의 구성과 작동에 매우 중요한 역할을 했다.

따라서 1998년 공유제 주택제도 폐지와 함께 등장한 상품주택의 출현은, 이제는 주택이 단위가 분배하는 것이 아니라, 개인이 구매할 수 있는 대상이 되었다는 것을 의미했다. 따라서 상품주택의 탄생으로 중국 도시에서 주민의 소득 수준에 따라서 구매할 수 있는 주택이 매우 다양해지기 시작했다. 이제 중국에는 한국에도 널리 알려진 '달팽이집蝸居'과 같이 치솟는 주택가격을 감당할 수 없는 서민들이 거주하는 쪽방들이 나타났다. 또한, 도심공간 재개발 과정에서 대량의 철거민이 발생하여, 상하이의 경우 1990년대 시작된 도심공간 개발 과정에서 양산된 철거민들이 당시 농촌이던 푸동浦東지역으

로 이주하기도 했다. 이러한 공유제 주택제도의 폐지가 가져온 상품
주택의 탄생, 도심공간 개발, 철거민의 양산은 곧 토지소유권을 보유
하고 개발을 주도하는 지방정부에게 막대한 수익을 가져다주었다.

중요한 것은, 1990년대 이후 지방정부는 자신이 보유한 토지, 인
허가권, 국유은행, 국유기업 등을 동원하여 도시공간을 개발하고 그
로부터 발생하는 수익을 누리는 경제성장의 주체가 되었다는 사실
이다. 즉 토지소유권을 보유한 주체로서 지방정부는 도시공간을 활
용하여 수익을 거두는 것에 행정의 중점을 두어서, 주민 복지제공이
나 행정서비스 제공은 부차적인 지위로 밀려났다.

물론 지방정부는 '공공성'을 완전히 외면할 수는 없기 때문에, 서
민들을 위한 염가주택도 제공하지만, 이보다는 토지를 활용하여 쇼
핑몰이나 아파트를 개발하여 수익을 거두는 것에 더욱 큰 관심을
가지게 된 것이다. 이러한 지방정부의 성격변화는 곧 도시가 주민에
대한 복지의 제공과 거주의 편의를 위한 공간이라기보다는, 토지를
활용한 이윤창출의 공간이 되는 중요한 배경을 이루게 되었고, 그
결과 소득의 양극화와 함께 공간의 양극화도 심화된다.

상하이 푸동지역에 조성된 철거민용 아파트 단지(출처: 필자 촬영)

중국 부동산중개업체의 주택 매매 광고(출처: 필자 촬영)

🏛 호구戶口제도의 형성과 변화

1958년부터 실시된 중국 사회주의 특유의 '호구제도'는 도시 - 농촌을 분리하는 사회경제적 제도로서, 건국 초기 중국 사회주의 건설에 필요한 물적 기반을 확보하기 위한 목적으로 실시되었다. 호구는 '농촌호구'와 '도시호구'로 구분되는데, 농업호구 소지자 즉 농민은 국가의 허가 없이 도시로 이주하는 것이 금지되었다. 이러한 호구제도에 기반하여, 국가는 농업생산품 가격을 인위적으로 낮게 책정하고 공업생산품 가격을 인위적으로 높게 책정하여, 농촌에서 도시로 '잉여가치'가 이전되도록 했다. 즉 농업생산품과 공업생산품에 대한 차별적인 가격 책정에 의해서 농촌에서 추출된 잉여가치를 도시 중공업부문에 우선적으로 투입하여 성장했던 것이다.

1978년 이후 개혁기에 들어서자 국가는 기존과 같은 중공업 위주 발전전략이 아니라, 중공업과 경공업의 동시 발전을 위해서 농촌의 농민을 도시로 이주시켜 저임금 노동에 종사하게 하고 이 과정에서 생산된 상품을 국내외에 판매하여 수익을 거두는 방식의 발전전략을 시행하기 시작했다. 문제는 이를 위해서는 농민이 도시로 이주해야 하는데, 그렇다고 해서 대량의 농민이 단시간에 도시로 이동하여 교육, 의료, 보험, 주택 등 도시 공공재를 누릴 수 있게 되면, '저임금'에 기초한 발전이라는 전략 자체가 실현 불가능해진다. 따라서 농민이 도시로 이주해도 도시 공공재를 누릴 수 없게 하기 위하여, 농민과 도시민을 구분하는 호구제도는 기본적으로 유지되었고, 도시로 이주한 농민은 이러한 도시 공공재로부터 배제되었다.

'농민공農民工'이라고 알려진 도시 이주 농민들은 동일한 노동을 해도 도시민보다 저임금을 받으며, 도시민에게 제공되는 도시 공공재인 교육, 의료, 보험, 주택으로부터도 배제되어, 도시의 2등 시민으로 살고 있다.

2001년부터는 대도시 중심의 호구제도 개혁이 추진되고 있다. 이것은 경제력 있는 외지인을 도시민으로 수용하기 위해 도시 호구를 일부 개방하는 것으로, 대도시 지역은 기술직이나 고학력 외지인에게도 도시 호구를 개방하고, 비非대도시 지역은 도시 호구 획득을 위한 기준을 낮추고 절차를 간소화하고 있다. 또한, 농민공에 대한 호구관리가 완화되어, 2001년 11월 광둥성은 농촌 호구, 도시 호구라는 이원구조 자체를 폐지하는 개혁을 발표한다. 이 개혁은 광둥성 주민 간에 시민과 농민의 구분을 제거하는 것인데, 광둥성 이외 출신 농민공은 제외된다.

최근에는 지방정부 차원에서 학력, 기술, 자산 등에서 일정 자격을 갖춘 능력 있는 농민에게 도시호구를 부여하는 방식의 점수적립제 도시호구 취득제도가 도입되고 있다. 이 제도 또한 개별 도시가 설정한 다양한 지표와 기준을 통과해야 비로소 도시호구 신청자격이 주어지는 방식이기 때문에, 전체 농민공 2억8천만 명의 절대다수인 저학력, 저기술, 저자산 농민공으로서는 현실적으로 도시호구 취득은 어렵다.

신세대 농민공의 곤경

전체 농민공 2.8억 명 중 60% 이상을 차지하는 1억 명이 신세대 농민공이다. 신세대 농민공은 학교 졸업 후 바로 농민공의 길로 들어섰고, 농사 경험이 전무한 특징을 가지고 있다. 이들은 물질적으로 비교적 풍족한 환경에서 성장하여, 1세대 농민공과는 달리 도시이주를 '생존'이 아니라 '발전'을 위한 경로로 간주하고, 직장선택에서 임금만이 아니라 미래전망을 중시하고, 다양한 가치관과 개방적 사고를 보유하고 있다.

대부분의 농민공은 20대 초반의 젊은이로 사고방식과 가치관이 부단히 변화 발전하는 상황이며, 농민에서 시민으로 전환 중이고, 농민과 시민의 이중적 신분을 보유하고 있다. 특히 신세대 농민공은 1세대 농민공에 비해서 인내심이 약하고, 농촌에서 생산활동에 대한 경험이 부재하며, 도시에서 안정적인 고소득 일자리를 구하기 어려우므로, 도시와 농촌 모두에서 주변인으로 생존하고 있다.

1세대 농민공은 80% 이상이 기혼이지만, 신세대 농민공은 20%만이 기혼이며 상대적으로 높은 교육수준과 직업훈련수준을 보유하고 있다. 이들의 취업업종은 제조업과 서비스업은 증가하고, 건설업은 감소했다. 1세대 농민공은 생계를 위해 도시로 유입했지만, 신세대 농민공은 자아발전과 이상추구를 위해 도시로 유입된 특징을 가지고 있다. 1세대 농민공은 권익보장에 대한 요구수준이 매우 낮았지만, 신세대 농민공은 단순한 노동기본권 보장에 대한 요구를 넘어서 '괜찮은 일자리'를 요구하고, 임금만이 아니라 복지, 근무조건, 기업 이미지 및 장래성까지 감안하기 때문에, 높은 이직률을 보인다. 신세대 농민공은 스스로를 노동자라고 생각하며, 향후 계속 도시지역에 거주하여 소규모 자영업이나 창업을 희망하고, 다시 농촌으로 돌아가겠다는 비율은 극소수다.

문제는 도시 지역의 높은 주택가격과 임대료는 신세대 농민공이 도시 지역에 장기 거주하는 데 최대 걸림돌이라는 사실이다. 도시지역의 노동수요에 미치지 못하는 낮은 교육 및 직업기술수준도 문제다. 2009년 현재 신세대 농민공 중 고졸 학력은 30% 불과하며, 도시－농촌 분리의 이원화된 호구제도의 제약으로, 자녀교육 및 사회보장 등 기본적인 공공수요 충족에 어려움을 겪고 있다.

🏯 바링허우(80後), 주링허우(90後)

바링허우는 1980년대 출생자, 주링허우는 1990년대 출생자를 가리킨다. 이들은 개혁기에 태어나서 성장한 중국의 신세대로, 1978년 이전 사회주의 시기에 태어나서 성장한 부모 세대와는 여러 가지 측면에서 차이가 난다. 이들은 이전 세대와는 달리 개혁기에 태어나서 급속한 경제성장 시기에 청소년기를 보냈다. 이들은 사회주의 이념보다는 애국주의, 국가 자부심, 민족주의 경향이라는 특징을 지니고 있다. 대부분 '계획생육計劃生育'이라고 하는 중국식 산아제한 정책 속에서 형제가 없는 외동아들, 외동딸로 성장했고, 경제가 고도 성장하는 시기에 청소년기를 보냈기에 부모 세대에 비해서 비교적 풍요로운 삶을 산 것도 사실이다.

이러한 성장사적 특징으로 인해서 바링허우, 주링허우는 대중매체에서 종종 '소황제小皇帝'로 묘사되면서, 중국의 소비를 이끄는 세대로 인식되어온 것도 사실이다.

하지만 주의할 것은 바링허우, 주링허우는 출생연도를 기준으로 구분한 사회집단일 뿐 그 내부에 있는 도시 - 농촌의 차이, 지역별 차이, 호구제도 등의 문제를 반영하고 있는 것은 아니라는 점이다.

물론, 도시 중산층의 자식세대인 바링허우와 주링허우는 설사 저임금 노동을 하고 있다 하더라도 아버지, 어머니, 할아버지, 할머니, 외할아버지, 외할머니라는 6명의 직계가족의 사회적, 경제적 지원의 대상이 되어서, 실질적인 삶은 비교적 풍요로운 것이 사실이다. 하지만, 동일한 바링허우 주링허우라 하더라도 농민공이나 도시 빈민층은 직계가족으로부터 아무런 사회적, 경제적 지원도 없이 온전히 자신의 저임금 노동에 기초하여 삶을 이끌어 가야 하기 때문에, 이들을 '소황제'라고 칭하며 소비주의의 표상인 것처럼 묘사하는 것은 현실과 맞지 않는다.

오히려, 대다수의 바링허우, 주링허우는 비록 젊은 세대 특유의 특징을 가지고 있으면서도, 취업난, 주택난 등에 시달리면서 도시의 빈민, 서민으로 살아가고 있다는 점을 인식할 필요가 있다.

한편, 바링허우, 주링허우 중 일부가 중국의 국력 증가와 함께 등장한 민족주의, 애국주의, 배외排外주의와 같은 이데올로기를 적극 수용하고 실천하는 주체인 것도 사실이다. 이것은 무엇보다도 개혁기 사회주의 이념의 퇴조와 함께 이들 이데올로기가 등장했고, 국가가 이러한 이데올로기를 국내정치 및 국제정치 차원에서 일정하게 활용하는 과정에서 바링허우, 주링허우의 일부가 이들 이데올로기를 적극 수용했기 때문이다.

2010년을 전후하여 중국 선전深圳에 소재한 타이완 기업 폭스콘foxconn 공장에서 노동자들의 연쇄 자살사건이 발생했다. 자살사건이 발생했을 당시 언론과 당국은 노동자들이 어렸을 때부터 '소황제'로 자라서 이전 세대와 비교해서 끈기와 인내심이 약하기 때문에, 힘든 노동환경을 견디지 못하고 자살했다는 식으로 평가했다.

이들 노동자는 다수가 이른바 바링허우, 주링허우로 알려진 신세대 농민공이었다. 몇 년 후 이 자살사건을 조사한 중국, 타이완, 홍콩의 학자들의 보고서에서 밝혀진 것은 이들의 자살은 열악한 노동환경이 가장 본질적인 원인이었다. 하지만, 이러한 문제의 본질을 회피하고 언론과 당국은 이들의 '세대로서의 특징'에 자살의 원인을 돌리는 행태를 보여 많은 비난의 대상이 되었다.

폭스콘 노동자 자살사건이 보여주는 것처럼 바링허우, 주링허우는 비록 '외동'으로 태어나서 기존 세대와 차별적인 사회문화적 특징을 보이는 것이 사실이지만, 그렇게 '세대론'으로 이들 집단 내부의 다양한 계층적 차이를 무시해서는 안 되며, 상당수의 바링허우, 주링허우는 낮은 임금, 높은 물가, 직장에서의 압박에 시달리며 살고 있다는 현실에 주목해야 한다.

_박철현

참고문헌

박철현, 『도시로 읽는 현대중국 1, 2』, 역사비평사, 2017
량사오성梁曉聲 저, 고상희 역, 『우울한 중국인』, 가치창조, 2012.

『인생活着』 속 중국인의 삶과 역사

🏛 왜 『인생』은 베스트셀러가 되었는가?

한국의 독자들이 가장 좋아하는 중국 현대 소설 중의 하나로 알려져 있는 1993년에 발표된 위화余華의 소설 『훠저活着』는 국내에는 2000년에 『살아간다는 것』으로 번역되어 출간되었고, 다시 2007년 『인생』으로 제목을 바꾸어 출간되었다. 국내에 소개되기 전 1998년에는 이탈리아의 문학상 그린차네 카보우르상을 수상했고 중국 내에서도 1990년대 가장 영향력 있는

(출처: 다음)

소설, 홍콩 『아주주간亞洲週刊』 선정 20세기 중국 소설 TOP10에 선정되었고, 중국의 국어 교과서에도 실렸다. 또한 출간 된지 20여년

이 넘었으나 매년 중국에서만 40만부 이상이 팔리는 베스트셀러이다. 2018년에는 개혁개방 40주년 대표적 소설로도 선정되는 등 중국 내에서 상당한 인기를 구가하고 있다.

이러한 인기는 해외에서도 마찬가지이다. 1990년대 개혁개방과 함께 중국은 세계와 활발하게 교류하면서 문화콘텐츠에 대한 관심과 소비가 확대되었고, 한국에서의 인기도 이러한 맥락에서 이해할 수 있다. 무엇보다 위화의 소설이 한층 더 인기를 끌게 된 것은 중국을 대표하는 영화감독 장이머우張藝謀가 위화의 소설을 바탕으로 『인생』이란 영화를 만든 것과 관련이 깊다. 영화『인생』은 1994년 칸 영화제 황금종려상과 남우주연상을 수상하면서 장이머우 뿐만 아니라 세계적인 '위화 현상'도 생겨나게 하였다.

『인생』은 한국에서 1995년 상영되었고 2014년에는 연극으로도 소개되면서 소설과 영화, 연극 등 중국문화를 향유하는 중요한 콘텐츠가 되었다. 뿐만 아니라 문화콘텐츠를 강의에 활용하는 방식이 확산되면서 중국을 이해하는 창구로서 영화『인생』이 강의 현장에서 주요하게 활용되었다. 여기에서 파급되어 위화의 소설에 대한 관심으로 확대되면서 1996년 위화의 다른 작품인『허삼관 매혈기』도 번역되고 영화로도 만들어졌으며, 2005년에 발표한『형제』역시 큰 호응을 받았다.

이렇게 위화의『인생』이 베스트셀러가 된 것은 각종 상을 수상한 것과 영화 등의 미디어를 통한 확산 및 세계적인 문화 시장으로의 접목 등 컨버전스의 효과라고 할 수 있을 것이다. 한국에서도 1992년 수교 이래 중국의 현대 역사나 문화에 대한 이해가 요구되었을 때, 소설, 영화 등 대중적인 접근 방식을 통해 역사와 그 격랑을 겪어낸 중국인에 대한 이해를 시도하게 되었다.

위화는 1960년 중국 저장성浙江省 항저우杭州에서 태어났으며, 중국 제 3세대 문학을 대표하는 작가로 일컬어진다. 문화대혁명 세대이지만 의료계에 종사한 부모로 인해 문화대혁명에 대한 피해의식은 상대적으로 적은 편이었다고 하며, 주로 독서를 하고 병원의 환자들의 생활을 보며 어린 시절을 보냈다고 한다. 이러한 삶과 죽음의 교차를 경험한 것은 삶에 대한 그만의 독특한 통찰이 녹아있는 글을 탄생하게 하는 배경이 되었다. 『인생』에도 이러한 특성이 드러난다.

『인생』에는 중국인이 경험한 역사가 잘 드러나 있다. 『인생』은 역사소설은 아니지만 저자는 이 소설을 통해 중국의 파란만장한 역사를 전달하고 있다. 위화는 작가의 임무는 등장인물의 개인사, 혹은 가족사를 통해서 중국의 역사를 담아내는 것이라고 생각해 왔다. 뿐만 아니라 작가는 사람이 고통을 감내하는 능력과 세상에 대한 낙관적인 태도를 써야 한다고 보았다. 그는 글을 쓰면서 사람은 살아간다는 것 자체를 위해서 살아가는 것이지 그 외의 어떤 것을 위해 살아가는 것은 아니라는 사실을 깨달았다고 하며, 이는 『인생』 전반에 걸쳐 잘 드러나 있다. 이렇게 위화는 역사의 수레바퀴 속에서 살아간다는 것 자체의 의미를 소설을 통해 보여주고자 하였고, 이 때문에 인간 개인을 주목하고 그의 삶을 드러내기 위해 역사적 배경을 중시했던 것이다. 그러므로 위화의 『인생』은 영웅이나 엘리트가 아닌 그저 평범하고 어리석기까지 한 개인의 일상적인 삶을 통해 내전 시기, 반혁명 처벌, 대약진운동, 문화대혁명 등 중국의 복잡한 역사를 드러내고 개인의 역경과 운명을 담담하게 그려내면서 '운명과 친구가 되는' 중국인의 삶을 담아냈다. 운명의 소용돌이 속에 놓인 현대인은 모두 공감할 수 있는 바였다.

『인생』은 중국의 사회주의시기 소설
이 계급적 자각이 정치적으로 의식화되
는 과정을 드러내게 하는 관행이나 문
화대혁명에 대한 지식인 위주의 서사가
주로 이루어졌던 것과 달리 가족 간의
사랑, 우정과 용서, 남녀 간의 사랑 등
인간성의 회복이라는 부분을 자연스럽
게 드러냈다. 이러한 역사와 개인의 삶
을 문학적 감동으로 표현한 것이 보편
적인 공감을 얻게 했는데, 살아가는 것

(출처: 바이두)

은 격동의 역사를 살아내는 것이라는 점에서 동일하기 때문이다.

이러한 '운명과 친구 되기'라는 보편적 메시지를 역사의 수레바퀴
와 함께 서술하고 있다는 점에서 『인생』은 다양하게 읽힐 수 있고
다양한 해석도 가능할 수 있다. 특히 영화 『인생』은 소설 『인생』보
다 역사적 배경과 그 해석에 좀 더 초점을 두었는데, 이는 대중들이
개인의 삶을 규정하는 역사의 무게에 더 많은 공감을 할 거라고 생
각했기 때문이다. 그런 점에서 소설이 베스트셀러가 될 수 있었던
것은 영화 『인생』이 역사적 배경을 다룸으로써 소설 『인생』의 해석
을 확장시켰기 때문일 것이다.

『인생』의 시대 배경

역사적 배경을 중시한 점은 소설과 영화 모두 동일하다. 그렇다면
소설 속 주인공 푸구이福貴가 걸어온 인생을 규정한 역사는 어떠한

역사였는가. 소설 『인생』과 영화 『인생』은 어떠한 지점에서 다르게 보고 있는가. 소설과 영화는 각기 강조점이 다소 다르다. 소설 『인생』은 개인의 삶에 초점을 더 두고 있다면 영화 『인생』은 정치와 시대상에 보다 중심을 두고 있다. 소설은 나의 독백 형식이라면 영화는 자막을 통해 1940년대, 1950년대, 1960년대 이후로 나누어진다. 그리고 영화는 이 시대가 상징하는 삶을 보여주고자 한다.

1945년 항일전쟁이 끝나자 국민당과 공산당이 내전을 벌인 1940년대는 공산당의 승리로 1949년 중화인민공화국이 성립한다. 1950년대는 지주의 토지를 몰수하고 농민들에게 토지를 나누어주는 토지개혁이 시행되었다. 그리고 삼반오반三反五反운동으로 사영기업의 자본가 자산을 몰수해서 국영기업으로 전환하는 국유화가 이루어졌다. 1953년 소련의 계획경제를 받아들여 사회주의 총노선을 전개하면서 대약진운동 즉 미국과 영국과 같은 자본주의 국가를 따라잡기 위해 생산력을 증가시키기 위한 운동이 전개되었다. 이를 위해 농촌은 초급합작사에서 생산대대, 인민공사로 집단화가 이루어졌고 도시의 필요에 부응해야 했다. 그러나 대약진운동은 엄청난 아사자를 발생시키고 실패하면서 마오쩌둥은 권력을 상실했고, 1960년 초 이를 다시 돌려놓는 조정정책이 시행되었다.

마오쩌둥은 이러한 조정정책을 자본주의로의 후퇴 조짐으로 파악하고 관료들이 자본주의를 추종한다고 비판하면서 홍위병을 통해 다시 구관습, 구습관, 구문화, 구풍습을 없애고 자본주의를 따르는 '주자파走資派'를 몰아내자는 문화대혁명을 발동하기에 이른다. 1966년부터 1976년까지 10년간 마오쩌둥을 숭배하는 양상이 나타났고 내전이 일어날 수도 있을 만큼 극도의 혼란한 상황도 나타났다. 목적과 의도가 전도되어 버린 문화대혁명은 결국 마오쩌둥의 사망

과 함께 종료된다. 이후 1978년부터 다시 복권된 덩샤오핑에 의해
개혁개방이 시행되어 공산당이 주도하는 시장경제가 실시되었다.

소설과 영화의 역사적 배경은 이러한 내전부터 중화인민공화국
수립 이후 사회주의 건설과정과 문화대혁명 및 그 이후의 시기까지
다루고 있다. 이 시기는 계급투쟁을 통해 도시와 농촌의 격차, 지식
인과 노동자의 격차를 해소하려 한 마오쩌둥의 노선과 생산력을 발
전시켜 공산주의를 위한 물질적인 토대를 만들고자 한 노선 간의
차이가 드러난 시기였다.

🏛 『인생』 이야기의 전개

소설『인생』의 주요 등장인물은 민요를 모으는 나, 주인공 쉬푸구
이徐福貴와 그의 아내 천자전陳家珍, 푸구이의 아버지와 어머니, 푸
구이의 딸 펑샤鳳霞, 아들 여우칭有慶, 사위 완얼시萬二喜, 손자 쿠건
苦根, 노름 상대자 롱얼龍二, 푸구이 친구 춘성春生, 마을의 촌장鎭長
등이다. 나는 소와 대화하며 농사를 짓는 늙은 농부 푸구이의 이야
기를 듣게 되면서 이야기는 시작된다.

푸구이는 부유한 지주의 아들로 노름으로 가산을 탕진하고 롱얼
에게 집과 전답을 모두 잃게 된다. 아버지는 이 일로 사흘간을 앓아
눕다가 똥통에서 죽게 되고, 아내 자전은 성내 미곡상이던 장인이
데려가 버린다.

푸구이는 롱얼을 롱마님이라 부르며 밭 5무를 빌려 소작인이 되
어 농사를 짓기 시작했다. 그는 농사를 배워가며 땀의 의미를 점차
깨닫게 되면서 비단옷은 콧물처럼 미끌거려 불편하다고 한다. 친정

에 갔던 아내 자전이 여우칭을 낳아 돌아왔고 정다운 생활이 시작되었다.

그러나 푸구이는 어머니 약을 구하러 성내에 갔다가 국민당 군대에 끌려가게 되었고 어린 소년병 춘성과 노병사 라오췬을 만나 의지하며 가족에게 돌아갈 날만 기다렸다. 처참한 내전 상황 속에서 공산당 군대의 포로가 되었다가 2년 후 여비와 음식을 받아 귀향하게 되었고, 해방군이 잘해 준 것을 잊지 말자고 마음먹으면서 돌아왔다.

지주였던 룽얼은 공산당에게 재산을 몰수 당하고 총살을 당했다. 푸구이는 가족이 매일 함께 할 수만 있다면 복을 받지 않아도 상관 없다고 염원했다. 힘들고 고된 삶으로 여우칭을 공부시키기 위해 펑샤를 남의 집에 보내기로 했다가 여우칭이 학교 가기를 거부해 다시 펑샤가 돌아오고, 가족들은 모두 굶어 죽는 한이 있어도 펑샤를 보내지 않겠다고 다짐한다.

푸구이는 대약진운동이 시작되자 인민공사에 애지중지하던 양 두 마리를 넘겨주고 속상해 하며 공부를 안 하려는 여우칭에게 다시 새끼양을 사주었지만, 결국 이것마저 팔아 곡식을 마련해야 할 지경이었다. 대약진 시기 굶게 되는 상황 속에서 자전은 쌀 한줌을 가슴에 숨겨와 죽을 끓여 가족을 먹였지만, 자전 자신의 병세는 날로 악화되었다. 한편 아들 여우칭은 교장의 부인이 아이를 낳다 수혈을 해야 하는 상황에서 수혈을 해 주다가 피가 모두 뽑혀 사망하게 되었다. 하지만 푸구이는 그 교장이 춘성이란 사실을 알고 그를 용서한다.

자전은 구루병이 갈수록 심해진데다 아들을 잃은 사실을 뒤늦게 알게 된 후 죽을 뻔 했다가 점차 기운을 차렸다. 한편 펑샤는 마을 촌장의 주선으로 목이 삐뚤어진 성 안에 사는 완얼시와 결혼한다.

펑샤와 완얼시는 베갯잇에 마오주석의 말씀을 넣고 잠을 잘 정도로 문화대혁명은 그들의 삶 속에 깊숙이 들어와 있었고, 반면 주자파走資派로 몰린 춘성은 끝내 자살을 한다.

이후 펑샤는 아이를 낳다가 동생 여우칭이 죽었던 병원에서 죽게 되고 자전도 석달 후에 사망한다. 푸구이는 손자와 사위를 돌보았지만 완얼시가 사고로 역시 같은 병원에서 사망하자 결국 혼자서 손자를 키우게 되었다. 그런데 손자가 7살에 되었을 때 몸이 아픈 아이에게 콩을 잘못 먹여 결국 죽게 된다. 푸구이는 결국 모든 가족을 잃게 된다.

푸구이는 이후 도살장에 끌려가던 소를 사가지고 와 푸구이란 이름을 지어주고 친구로 삼고 농사를 지으며 살아간다. 가족을 잃어 슬프지만 자신이 모두 묻어 줄 수 있어서 다행이라고 생각한다. 이 말을 남기면서 이야기는 황혼이 서서히 사라지는 배경과 함께 끝난다.

한편 소설이 영화로 만들어지면서 내용도 다소 달라졌다. 영화 『인생』은 나라는 독백 대신 자막을 통해 시대를 표시했다. 그리고 주인공 푸구이는 농부가 아닌 전통 그림자극의 전수자로 표현된다. 또한 모든 가족이 다 사망하는 것이 아니라 여우칭과 펑샤만 사망하고 자전과 완얼시 그리고 손자 만터우饅頭는 살아남는다. 죽음의 과정도 다르다. 여우칭은 수혈로 사망하지 않고, 대약진

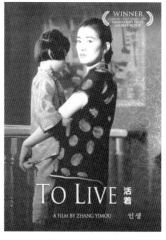

(출처: 네이버)

운동으로 강철제련 작업에 쫓아다니다 피곤에 지쳐 학교 담벼락 밑에 앉아서 졸다가 죽는다. 그 이유는 운전이 미숙한 현장 춘성의 차가 담벼락을 받는 바람에 거기에 치어 죽는다. 운전자도 며칠 동안 잠을 자지 못해 사고를 낸 것이었다. 푸구이 부부는 영화에서는 여우칭의 죽음을 마을 사람들이 보지 못하게 하여 하나밖에 없는 아들의 죽음도 잘 볼 수 없었다. 이외에도 펑샤의 죽음도 다르게 그려진다. 펑샤는 출산하면서 위급한 상황에 직면했는데, 당시 문화대혁명으로 어린 홍위병들이 나이든 의사를 반동 지식인으로 몰아 왕교수가 처치를 할 수 없게 되자, 허둥대는 홍위병 간호사들로 인해 펑샤는 결국 피를 흘리다가 어이없이 죽게 된다.

🏯 공간과 설정: 도시와 그림자극, 농촌과 병원

소설과 영화에는 다양한 설정이 있는데 이를 이해하면 『인생』을 더 흥미롭게 볼 수 있다. 영화 『인생』은 먼저 감독의 정치적 상상력에 기반하여 도시 안의 갈등 속에서 푸구이의 삶을 그려내었다. 역사적 배경인 대약진운동과 그 시기 중국 상황을 재현한 것은 대약진 운동의 무모한 대중동원을 비판한 것이었다. 문화대혁명시기 펑샤의 죽음에 이르는 과정을 그린 것은 인민을 죽음으로 몰아간 사건으로 간주한 비판적 의도를 내포한 것이다. 그러므로 영화의 이러한 변형과 역사적 평가는 장이머우 감독의 의도에 의한 것으로, 이를 정치적, 시대적 상황에 맞추고 평가하려는 함의가 있는 것으로 보인다.

반면 소설은 급변하는 역사의 소용돌이 속에서 살아가기는 쉽지 않지만 가족과 이웃과의 사랑과 우정을 통해 살아가는 것이 인생임을 보여주고, 그것이 바로 고난을 헤쳐나가고 인내하는 원천임을 보여주고 있다. 가족이 모두 죽어버린 비관적인 상황에서도 살아가야 하는 이유는 분명하다는 것과 그리고 대부분의 중국인의 삶이 그러한 점에서 의미가 있음을 드러내었다.

영화에서는 정치에 대한 접근도 일상의 삶도 담담히 보여주면서, 동시에 전통 그림자극을 중요한 장치로 활용했다. 그림자극은 푸구이를 포함한 인민을 상징하는 것으로, 기름종이로 만들어진 그림자 인형은 스스로 움직이지 못하고 누군가에 의해 조종된다. 더욱이 그림자만이 의미가 있을 뿐 빈껍데기인 그림자 인형은 영화에서는 결국 불태워져 버리는데, 이는 중국 인민의 신세와 같다는 것을 암시한다. 뿐만 아니라 영화 속 인민은 불안감에 사로잡혀 있고 유약하게 그려졌다. 즉 푸구이는 롱얼의 총살 장면을 보고 놀라 바지에 오줌을 지린 채 뛰어와 우리의 출신 성분이 무엇인지 확인한다든지, 인민공사의 식당에서 여우칭이 누나를 놀린 친구의 머리 위에 고추기름을 듬뿍 넣은 매운 국물을 부어 복수했을 때 친구의 아버지가 사회주의를 파괴하는 것이라 으름장을 놓자 소심하게 여우칭을 혼낸다든지, 펑샤와 선을 본 완얼시가 동료들을 데려와 집을 고쳐줄 때 집을 부순다고 오해한 것 등이 그러하다.

이는 인생을 달관한 소설 속의 푸구이와는 다른 모습이다. 영화에서 푸구이는 그림자극으로 생계를 영위하다가 나중에 그림자 인형을 불사른다.

그들은 거대한 역사와 정치의 힘에 이끌리어 스스로 움직이지 못하고 있는 것이며, 그러한 인민과 그들의 삶에 대한 형상과 비유는 장이머우의 인민에 대한 평가의 일면일 것이다.(유경철, 2011)

한편 영화의 그림자극의 설정, 도시라는 공간의 설정과 달리 소설은 병원이라는 삶과 죽음이 교차하는 운명의 장치에 더 주목했다. 이는 도시와 농촌에 대한 위화의 인식과도 관련이 있다. 소설은 병원이 상징하는 도시의 부정적 측면에 주목한다. 도시는 죽음의 공간이자 흡혈의 공간으로 여우칭과 펑샤가 사망한 곳이지만 농촌은 삶의 공간이자 희망, 재생의 공간이다.(전형준, 2007) 아내 자전은 병원이 아닌 농촌에 머물렀기에 더 오래 살았다. "이전에 입었던 비단옷은 콧물처럼 미끈거려서 도저히 입을 수가 없어…", "한 번도 농사를 지어본 적은 없지만 둔한 새가 먼저 난다고 달빛이라도 있으면 흙 속에서 일하겠다"라고 말한 것처럼 힘든 일상을 극복하려는 모습은 노동의 기쁨을 알게 되는 인간성 회복의 과정이다. 즉 계급의식을 드러내지 않고도 농민으로의 계급 전이를 자연스럽게 받아들이게 되었음을 보여주었다. 그러므로 이러한 계급적, 계층적 삶의 이행은 단순히 푸구이의 몰락이 아니라 그 시대 대다수 지주계급의 계급적 해체와 직접 관련이 있는 역사적 이야기라는 점에서 간접적으로 의미를 드러내 주었다. 소설은 생존과 삶의 문제로 접근하는 문학작품이었기에 이러한 전개도 가능했을 것이다. 농촌과 농민에 대한 이러한 관점이 내재되었다는 것을 보면, 위화가 소설에서 병원을 무력하게 대상화했을 뿐이라는 작품에 대한 비판도 달리 볼 여지가 있다.

그러므로 소설은 간접적으로 영화는 직접적으로 내전시기의 공산당에 대한 긍정적 평가를 제외하고도 중국의 현대 역사와 정치 상황을 비판하였다고 볼 수 있을 것이다.

🏛 『인생』의 결말에 나타난 의미

소설은 결국 모두 사망하고 푸구이만 남는 것으로 결말이 지어진다. 살아간다는 것은 그 자체로 의미가 있다는 것, 운명과 친구하는 것의 의미를 음미하게 할 뿐이다. 반면 영화는 자전과 사위와 손자는 살아남았다. 그런 면에서 소설과 영화의 결론은 매우 다르다. 이런 결론은 영화의 다소 상업적이고도 얄팍한 결론이며 원작의 의미를 다르게 했다는 비판을 받기도 하지만, 다른 면에서 보면 장이머우 감독의 재창작의 면모를 보여주는 것이기도 하다.

영화 『인생』의 마지막은 손자 만터우와 푸구이의 대화로 끝난다. 만터우가 "할아버지, 할머니 병아리는 언제 다 커요? 다 크면 어떻게 되나요?"라고 묻자, 푸구이는 "닭이 크면 거위가 되고 거위가 크면 양이 되고 양이 크면 소가 된다"라고 말한다. 만터우가 그러면 소 위에 타겠다고 하자, 푸구이는 만터우가 크면 소 등에 타는 게 아니라 그 때는 "기차도 타고 비행기도 타고, 살기 더 좋아질거야"라고 한다. 그리고 병아리를 다시 키우기 위해 숨겨 두었던 빈 그림자극 상자를 꺼낸다. 이는 현대사의 비극 속에서 가족을 잃은 아픔을 겪고 살아남은 자들의 아픔과 상처와 힘을 동시에 보여주는 장면이다. 또한 고통과 공포를 지니면서도 강인한 생명력도 부각한다. 아들 여우칭이 죽기 전 푸구이가 그를 업고 가면서 나누었던 대화에서, 푸구이는 우리집은 닭 한 마리뿐인데 닭이 크면 거위가 되고 거위가 크면 양이 되고 양이 또 크면 소가 된다라고 하자, 여우칭은 "소 다음은요?"라고 묻는다. 푸구이는 "소 다음은 공산주의가 되는 거지. 매일 만두를 먹고 매일 고기를 먹게 될 거야."라고 대답하는 장면이 나온다. 여기서 언급되는 공산주의에 대한 기대의 결말은 달랐다. 이는 소설『인생』이 어떠한 향후의 결말도 보여주지 않은 것을 영화『인생』에서 각색을 한 것이다. 따라서 영화의 결말에서 희망을 단순화시켜 얄팍하게 끝맺었다는 비판은 과한 것이다. 영화의 결론은 영화의 정치적 설정과 평가에 따른 것이 아닐까 한다.

그러므로 소설과 영화의 결말은 살아가는 것 자체가 의미있는 것임을 드러내는 것과, 그럼에도 굴곡진 역사와 정치에 대한 비판을 드러낸 변형이 모두 드러났지만 논란만큼 오히려 해석도 풍부해졌고 관심이 증폭되는 작용을 했다고 볼 수 있다.

소설과 영화『인생』이 개인과 가족의 안녕만을 추구하는데 그쳤다거나 개인의 평범한 삶을 지나치게 미화하고 역사에 대해 무력한 자세를 보일 뿐 아무런 대응을 하지 않았다는 비판도 있다. 수많은 영웅들이 존재했고 운명에 대항하여 역사를 바꿔나간 부분을 간과했다는 것이다. 하지만『인생』은 천편일률적인 영웅과 사회주의 건설의 긍정적 서사에서 벗어나서 평범한 중국인의 인간적 고뇌와 역경을 역사 속에서 바라보고, 그 해석을 독자와 감상자의 몫으로 남기고 있다는 점에서 의미가 적지 않다.『인생』은 문학과 영화의 방식으로 역사 속의 중국인, 역사 속의 인간을 이해하는 지평을 더욱 넓혔다고 할 수 있다.

_최은진

참고문헌

위화余華 저, 백원담 역,『인생』, 서울: 푸른숲, 2007.
유경철,「장이머우의 '소설의 영화화': 원작소설에 대한 재해석과 변형 – 영화 『홍등』과 소설『처첩성군』, 영화『인생』과 소설『인생』의 비교를 중심으로」,『중국문학』제67집, 2011.
전형준,「문학과 영화의 상호성에 대한 연구:『붉은 수수밭』과『인생』의 영화화를 통해」,『中國文學』제53집, 2007.

『5일의 마중歸來』으로 본
문화혁명기 가족과 정치

　토마스 홉스Thomas Hobbes의 유명한 저서인 『리바이어던Leviathan, 혹은 교회 및 세속적 공동체의 질료와 형상 및 권력』에서 국가권력은 거대한 상상속의 괴물로 나타난다. 그 표지를 보면 몸통은 수많은 사람들로 구성되어 있다. 그리고 오른 손에는 칼을, 왼 손에는 왕홀王笏을 쥐고 호령하듯 지켜보고 있다. 여기에서 칼은 국가의 공권력을 상징하고 왕홀은 권위를 표상한다. 홉스에 따르면 근대국가에서 자유로운 개인은 자신의 기본권을 국가에 일부 양도하였으며, 그렇게 만들어진 국가기구로부터 자신의 생명을 보호할 수 있도록 계약을 맺었다라고 한다. 물론 현실세계에서 이러한 계약을 맺지는 않았다. 홉스의 상상이며 가설이기도 하다. 그러나 우리는 이러한 홉스의 가설을 간과할 수 없다. 오늘날 많은 사람들이 국가와 개인 간의 관계를 나타내고자 할 때, 홉스식의 이러한 상상을 하고 있기 때문이다.

🏛 가족 속으로 들어오는 정치

장이머우張藝謀의 2014년 작품『5일의 마중歸來』역시 한 가정을 통해 홉스적 상상을 보여주고 있다. 이 영화는 옌거링嚴歌苓의 장편소설『육범언식陸犯焉識』의 마지막 30페이지 가량만을 각색했다고 한다. "육범언식"과 같이 이름붙이는 것은 문화혁명 시기 유행했던 것이다. 육범언식은 '정치범犯 루옌스陸焉識'라는 뜻이다. 정치적 범죄를 저지른 사람에게 붙이는 것이다. 영화는 펑완위馮婉瑜, 루옌스, 그리고 단단丹丹이 구성하고 있는 한 가정을 배경으로 한다. 어떤 이유로 문혁파들에게 탄압을 받았는지 그리고 어떤 과정을 거쳐 루옌스가 칭하이성青海省 시닝西寧으로 하방下放되었는 지는 알 수 없다. 학교교사인 펑완위, 대학교수인 루옌스, 그들의 단 하나의 딸 단단, 이들은 모두 사회주의 사회 하에서 지식인 그룹에 속하는 이들이다. 우리는 수많은 문학작품과 영화 등을 통해 문혁시기 지식분자들이 걸었던 험난한 삶의 경로를 보아 왔다. 루옌스 가족이 맞이해야 했던 삶도 이와 다르지 않을 것이다.

『5일의 마중』(출처: 다음영화)

필자는 문화혁명을 "사회주의 인간형으로 개조시키고자 하는 운동"으로 이해한다. 자본주의 사회에서 인간은 이기적이다. 사적이익을 추구하는 인간이다. 따라서 사회주의 사회와는 맞지 않다. 사회주의는 개인보다는 공동체를 개인의 이익보다는 전체의 이익을 우선시 한다. 문화혁명은 이러한 인간을 국가권력, 그리고 국가이데올로기에 맞도록 '개조'시키는 운동인 것이다. 인간이 외부의 운동이나 탄압 그리고 교육으로 얼마나 개조될 수 있을까? 그리고 인간의 본성이라는 것이 국가권력이라는 외부의 힘으로 변화될 수 있는 것일까? 필자는 알지 못하겠다. 하지만 중국 사회주의는 "반우파反右派투쟁", "3면홍기운동三面紅旗運動", "대약진운동", "문화대혁명" 등의 과정을 거치면서 인간성을 개조하려고 노력했다. 사회주의제도가 정착되지 못하는 근본적인 이유를 인간 본성에서 찾았는지도 모르겠다. 물론 정치적으로 중국공산당 지배 근간이 되는 공산주의 사상을 빠르게 인민들에게 이해시키고 이를 국가발전의 동력으로 활용하고자 했던 바를 이해할 수 없는 것은 아니다. 하지만 이는 긴 시간을 필요로 한다. 한 나라의, 한 시대의 문화라는 것은 장기간에 걸쳐 형성되어 구조화된 인간의 의식이며, 생활습관이며 가치관이다. 이를 한 순간에 바꾸어낼 수 있다는 것은 대단히 이상주의적이다.

🏯 이상주의가 운동과 만날 때

이상주의, 이것이 만들어 낸 인류의 비극은 단지 중국의 문화혁명만은 아닐 것이다. 하지만 중국의 문화혁명만큼 많은 사람에게 장기간 상처를 준 사례는 인류역사상 찾아보기 힘들지 않을까? 이러한 이상주의의 "광란의 시대"를 중국 지식분자들은 비극적으로 겪으며 살아왔다. 인민이 중심되어 형성된 사회주의 국가 중국, 새로운 사회를 꿈꾸었던 중국의 지식인들은 정치권력을 탐했던 집단이 아니다. 인민의 반대편에 서서 인민을 핍박하고자 했던 집단이 아니었다. 반대로 중국을 어떻게 새롭게 건설할 것인가에 대한 대안을 제시하고, 새로운 중국을 지속시키는데 필요한 후세대 교육 문제에 많은 고민을 하는 사람들이었다. 그런데 이들을 향한 국가권력, 또는 국가권력을 등에 업고 자행되는 집단적 폭력은 "리바이던"과 같은 흉측스러운 것이었다.

『5일의 마중』(출처: 바이두)

10년 넘게 집을 떠나 칭하이성에서 살았던 루옌스. 그에게도 새로운 중국은 백지와 같이 무엇이든 그릴 수 있는 무한한 가능성의 공간이었을 것이다. 그러나 신중국 성립 이후 불과 몇 년이 지나지 않아 가족과 떨어질 수밖에 없었다. 강제적으로 가족과 헤어져 머나먼 곳으로 노동개조를 위해 보내졌다. 노동개조! 평생을 지식인으로 살아 온 지식분자가 몇 년간의 노동을 통해 자신의 삶을 개조해 낼 수 있는가? 노동개조가 이루어진 그곳에서 루옌스가 생각한 자신의 조국 그리고 자신이 살고자 했던 사회주의 중국은 어떤 나라였을까? 그가 바라던 '신'중국은 무엇이었을까? 그는 중국의 현실에 실망하고 개인적으로 절망하지는 않았을까? 자신이 그토록 애타게 꿈꾸었던 사회와 현실 사이에서 심연 같은 괴리를 느끼지는 않았을까? 결국 루옌스는 죽음을 각오하고 감시를 벗어나 탈출한다. 그리워하던 가족을 만나기 위해 길을 나섰다. 머나먼 길을 불안과 초조 속에서 걷고 또 걸었을 것이다. 죽기 전에 자신이 사랑하는 아내인 펑완위 그리고 자신의 딸 단단을 한 번이라도 만나고 싶었을 것이다.

그러나 아내와 딸에게도 현실은 있었다. 펑완위는 루옌스에게 문을 열어주지 않았다. 딸 단단은 아버지를 감시자에게 고발했다. 국가권력은 이들의 생존을 위협했다. 개인의 감정과 의지는 국가권력 앞에서 너무나 무력했다. 국가권력의 위협은 개인의 삶 속에 깊숙이 스며들어 있어서, 루옌스의 죽음을 각오한 모험을 받아들일 수 없었다. 루옌스는 문틈으로 쪽지를 남긴다. 그리고 열차역에서 펑안위를 기다린다. 시간이 점점 지나간다. 그는 모든 것을 포기하고 숨어있던 곳에서 뛰어 나와 "완위!" "완위!"를 외친다. 그녀를 향해, 그녀의 마지막 모습이라도 보기 위해 뛴다.

문혁이 끝났다. 루옌스가 돌아왔다. 돌아오는 기차에서 아마 새로운 삶을 꿈꾸었을 것이다. "지난 세월은 지나가리라! 그리고 상처는 아물겠지. 사랑하는 가족과 함께라면 모두의 상처는 더 빠르게 치유되겠지"라고. 하지만 펑완위는 심인성心因性기억상실증에 걸려있었다. 자신을 알아보지 못했다. 당시 루옌스를 따뜻하게 맞아주지 못했던 자신을 잊고 싶었을 것이다. 과거가 펑완위의 새로운 삶을 옥

『5일의 마중』(출처: 바이두)

죄고 있다. 펑완위는 자신이 기억하고 싶은 것, 그리고 행복했던 시절만 기억한다. 문혁의 긴 시간은 그녀에게 기억하고 싶지 않은 대상이다. 하지만 돌아온 루옌스에게 과거보다 더 중요한 것은 현실이다. 또 살아야 한다. 다시 가정을 꾸리는 것은 이 힘없는 지식분자의 인생의 마지막 꿈이었을 것이다. 루옌스는 과거의 회상을 통해 펑완위의 기억을 되살리려고 한다. 펑완위와 루옌스 개인의 과거는 아름답지만 그곳에 국가권력이 개입되면 이를 거부한다. 그녀에게는 기차역에서의 하루가 회한의 하루였겠지만, 기억을 잃은 펑완위를 곁에서 지켜보는 루옌스의 남은 생은 살아 있음이 살아 있지 않은 나날들이었을 것이다.

루옌스가 돌아온 후에도 그들은 매월 5일이 되면 어김없이 기차역에 서있다. 펑완위는 남편 루옌스를 기다리고, 루옌스는 잃어버린 자신의 삶이 돌아오길 기다리고 있다. 사랑하는 가족과의 삶을 기다리고 있을지 모른다. 같은 시간 같은 장소에서 그들이 기다리는 대상은 달랐지만, 궁극적인 그들의 소망은 같았을 것이다. 하나의 가정, 하나된 삶 그리고 그것을 가능케하는 시대와 국가였을 것이다. 펑완위를 따라 기차역에 나서는 루옌스는 펑완위보다 더 간절하게 기다릴지도 모른다. 문혁이전의 자신의 가정이 "빨리 돌아오기를歸來, Coming home".

🏯 국가와 가족의 관계란

국가는 실체가 존재하지 않는 것일 수 있다. 국가는 국가를 구성하는 구성원으로부터 소외alienation되어 있다. 국민이 국가를 구성하지만 국가는 그것이 자신이 만들어낸 구조물로 인식하지 못한다. 국가는 언제나 국민의 삶과 대척점에 서 있을 수밖에 없다. 거대한 괴물처럼. 이는 자본주의 국가나 사회주의 국가나 동일하다. 개인의 삶은 국가권력으로부터 대상화된 지 오래되었으며, 그것으로 인해 역사적으로 인간의 삶은 행복보다는 불행을 느끼는 경우가 더 많다. 중국의 문화혁명은 전형적인 국가와 개인의 삶 간의 괴리를 적나라하게 보여준 역사적 사례라고 할 것이다. 거대한 국가권력, 그리고 그것을 둘러싼 세력 간의 다툼 앞에서 인간의 삶은 하찮은 것이 되었다.

문혁의 상처는 여전히 중국인의 마음 속에 자리 잡고 있다. 중국

『5일의 마중』(출처: 바이두)

은 여전히 "사회주의"를 부정하지 않는다. 이념적 갈등은 사라졌다고 하지만, 영원히 사라진 것이냐 하는 것은 쉽게 단언하기 어렵다. 중국헌법은 계급투쟁이 여전히 진행 중임을 명백하게 밝히고 있고, 중국공산당은 사회주의체제를 위협하는 모든 것을 적으로 선언하고 있기 때문이다. 계급이 실제로 존재하고 있는지, 체제위협의 실체가 있는지는 알 수 없다. 그러나 계급투쟁의 적대계급, 체제위협의 적을 규정하는 것은 현재 중국을 통치하고 있는 중국공산당이 규정한다. 중국공산당은 두 말할 나위 없이 거대한 '리바이던'이다. 모든 인민을 품에 안고 있으나, 모든 인민 위에 있는 그리고 모든 인민을 감시하고 제어하고 통제하는 거대한 통제기구이며 억압기구이다. 현재 중국 인민은 국가로서의 공산당을 어떻게 느끼고 있는가? 자신의 삶과 그것을 지켜주겠다는 국가의 칼 사이의 모순은 없는가? 『5일의 마중』은 중국뿐만 아니라 지금의 시대를 사는 모든 사람들에게 다시 한 번 국가권력과 개인의 삶 간의 관계를 생각하게 한다.

_서상민

참고문헌

維基百科 https://zh.wikipedia.org/wiki

百度百科 https://baike.baidu.com

권도경, 「영화 『5일의 마중歸來』의 문화대혁명 재고찰」, 『중국문화연구』 제51집, 2021.

『歸來』, 騰訊視賓 https://v.qq.com/x/cover/jhfdhwzqk29f41m/b0023q6ln2h.html

『歸來』, 百度百科 https://baike.baidu.com/pic/%E5%BD%92%E6%9D%A5/8081361?fr=lemma

『5일의 마중歸來』, 다음영화 https://movie.daum.net/moviedb/contents?movieId=85585

『삼국지』 속 최고의 라이벌

역사와 소설 사이

　한국뿐만 아니라 중국, 일본에서도 삼국시대의 진정한 영웅을 두고 수많은 논란이 있다. 삼국시대는 한漢나라 말기에 조조의 위魏, 유비의 촉蜀, 손권의 오吳, 이 세 나라가 중국을 통일하기 위해 고군분투했던 시대를 말한다. 그러니까 오늘날로부터 약 1,800여 년 전의 이야기이다. 이 시기를 다루고 있는 정사正史가 『삼국지』이다. 진晉나라의 역사가인 '진수陳壽'가 편찬했다. 위나라 역사 30권, 오나라 역사 20권, 촉나라 역사 15권 등 총 65권으로 구성되어 있다. 위나라의 비중이 가장 크다. 진수가 살고 있던 진晉나라가 위나라의 적통을 계승한 나라였기 때문이다.

　그런데 왠지 위나라의 조조보다는 촉나라의 유비나 관우, 장비, 제갈량이 더 익숙하고 영웅처럼 느껴진다. 우리에게는 정사 『삼국지』보다 소설가 나관중羅貫中이 쓴 역사소설 『삼국지연의三國志演義』가 더 많이 알려져 있기 때문이다. 진수의 『삼국지』가 위나라를 중심으로 서술되어 있다면 『삼국지연의』는 촉나라의 유비, 관우, 장비 그리고 제갈량을 주인공으로 하고 여기에 소설적 재미를 가한 작품이다. 우리나라 판소리 중 이 시대를 배경으로 한 작품 「적벽가」가 있듯, 중국에서도 이미 당唐나라 시기부터 구전으로 전해지는 이야기 『삼국지』가 유행하였고, 송宋나라를 거쳐 원元나라에 이르는 동안 극적인 요소와 재미가 더해지면서 내용이 더욱 풍부해졌던 것이다. 이를 최종적으로 정리하고 각색한 작품이 나관중의 『삼국지연의』이다.

🏛 조조는 어떤 사람인가?

조조曹操(출처: 바이두)

삼국통일을 향한 영웅호걸의 지략과 삶이 한 편의 대하드라마처럼 펼쳐지는 『삼국지』 속의 영웅호걸들이 어떻게 천하를 통일하려고 노력했고, 어떤 지략과 용기로 역사를 수놓아 왔는지 『삼국지』에 등장하는 인물들을 중심으로 알아보자. 『삼국지』에서도 역사상 가장 많은 논란이 되었고 지금까지도 평가가 엇갈리고 있는 인물이 바로 조조曹操이다. 조조는 서기 155년 음력 6월 3일에 출생하였다. 그의 할아버지 조등曹騰은 환관 출신이며, 조조는 환관출신 집안의 자제였다. 조등은 조조의 아버지 조숭曹嵩을 양자로 들였기에 조조는 환관의 손자로 여겨졌다. 조조가 역사에 처음으로 등장한 시기는 유비와 마찬가지로 후한 말 '황건적黃巾賊의 난' 때부터이다.

황건적의 난은 말 그대로 누런黃 두건巾을 둘러맨 사람들이 일으킨 반란으로, 한나라의 부패와 착취가 심해지자 이에 격분하여 장각張角을 중심으로 농민들이 일으켰던 민란이다. 중앙정부는 이를 토벌하기 위해 군사를 보냈지만 이미 망해가던 나라의 군사들은 번번이 황건적에게 패배를 면치 못했다. 이러한 난국을 해결하고자 의병들이 일어났는데 그들 중 한 사람이 조조, 그리고 유비였다. 이때 조조는 기도위騎都尉라는 관직에 임명되어 황건적을 토벌하였고, 이 공적으로 인해 지난濟南 지방의 관리로 승진하게 된다. 부임 이후 그는 뇌물과 향락에 빠져있던 관료의 8할을 파면하였고, 당시 유행했던 사이비 종교나 미신을 금지시키는 등 정치혁신을 통해 백성들의 신임을 얻었다.

한편 황건적을 진압하는 과정에서 동탁董卓이 권력을 장악한다. 그는 '여포呂布'라는 희대의 명장까지 자신의 양아들로 삼으며 나라에 흑심을 품고 권력을 행사하고 있었다. 이런 동탁을 곱지 않은 시선으로 보던 조조를 비롯한 각지의 장군들은 힘을 모아 그를 제거하기로 의견을 모았고, 총대장으로 '원소袁紹'를 추대하려고 했다. 그러나 여기에서 원소와 조조의 의견차이가 발생한다. 결국 동탁이 제거되고 조조는 헌제獻帝를 옹립하여 대장군이 된다. 바야흐로 조조의 시대가 된 것이다. 그리고 본격적으로 삼국통일의 위업을 달성하기 위한 위·촉·오 삼국 간의 끊임없는 전쟁이 시작된다.

📛 적벽대전과 삼국정립

2009년 량차오웨이梁朝偉, 진청우金城武 등 중국 최고의 배우들이

영화 『적벽赤壁』(출처: 바이두)

출현한 우위썬吳宇森 감독의 『적벽赤壁』이라는 영화가 개봉되었다. 조조 대 손권과 유비 연합군 간에 벌어진 전쟁을 다루었다. 이 전쟁에서 100만 대군으로 의기양양하게 전쟁을 시작했던 조조는 참패하고 겨우 살아남았다. 어떤 계책으로 유비와 손권은 10만의 군사로 조조의 100만 대군을 이길 수 있었나? 바로 고육책苦肉策이었다. 고육책이란 자신을 희생하여 적을 안심시키는 계략으로, 손권과 연합군 대독大督 주유周瑜의 노장 황개黃蓋가 희생양이었다. 황개는 조조를 속이고 그의 편으로 들어가기 위하여, 주유와 짜고 곤장 100대를 맞는다. 노년에 체면도 못 세우고 부하들 앞에서 창피를 당한다. 주유는 조조를 속이기 위해 정말 참혹하게 100대를 때린다.

황개는 조조에게 항복의 투항서投降書를 보내면서 '군량미와 무기를 배에 가득 싣고 조조의 진영으로 올 터이니, 그 배를 적으로 오인해 활로 쏘지 말라'는 전갈을 보낸다. 고령의 나이인 황개가 처참하게 맞은 걸 본 조조는, 황개가 손권을 배신했다는 사실을 믿지 않을 수 없었다. 하지만 그 배에는 조조의 배를 태워버릴 마른 풀과 장작, 유황과 염초焰硝가 가득 실렸고, 이를 이용한 화계火計는 멋지게 성공하게 된다. 결국 조조는 적벽대전에서 대패하게 되고, 그 후 위·촉·오의 삼국이 정립하게 되면서 조조는 오나라의 손권, 촉나라의 유비와 서로 견제와 협력을 반복하게 된다.

조조에 대해서는 평가가 많이 엇갈린다. 진수의 『삼국지』에서는 조조를 뛰어난 전략가요, 문인이며, 행정가로 이야기하는 반면, 나관중의 『삼국지연의』에서는 권모술수에 능한 간사한 모략가로 표현한다. 정사에서는 조조가 결국 승리자이기 때문에 조조를 중심으로 쓰는 반면, 소설 『삼국지연의』에서는 유비가 주인공이다. 중국공산당 마오쩌둥은 일찍이 조조의 정치적 공적과 탁월한 군사적 재능 및 문학적 재능을 높이 평가했고, 공식석상에서 그를 32번이나 언급하며 조조에 대한 재평가가 이루어져야 함을 주장했다. 뿐만 아니라 최근 중국에서 역사의 현대적 재해석을 중시하는 역사학자 이중톈易中天도 "조조야 말로 중국 역사의 중심에 서야 한다"고 주장한다. 이중톈의 이러한 주장은 중국 공산당의 입장과 통하는 면이 있다. 조조의 위나라는 이후 '서진西晉'으로 이어져 중국 통일의 위업을 달성했기 때문에 통일 국가를 바라는 중국 공산당의 입장이 반영되어 있다고 할 수 있다.

🏛 조조가 인정한 라이벌 유비

조조의 라이벌이라고 할 수 있는 유비는 부유했던 조조와 달리 황족이었으나 매우 가난한 집에서 태어났다. 조조보다 6년 뒤, 서기 161년에 태어난 그는 어려서 아버지를 여의고 어머니와 함께 짚신과 돗자리를 만들며 생계를 꾸리며 살았다. 『삼국지연의』에 따르면 유비는 팔이 무릎까지 내려올 정도로 길고, 귀도 부처님 귀처럼 커서 거울을

유비劉備(출처: 바이두)

보지 않고도 곁눈질로 자신의 귀를 볼 수 있었다고 한다. 이렇게 가난하게 살고 있었던 그가 영웅의 길로 들어서게 된 것은 관우, 장비와 의형제가 되기를 맹세한 도원결의桃園結義를 통해 평생 함께 할 '동지'를 만나게 되면서이다. 그들은 한날 한시에 태어나지는 않았으나 한날 한시에 죽기를 맹세하면서 위태로운 세상을 바로 잡기 위해 평생을 함께 하자는 의리를 다짐했다. 그런데『삼국지연의』에서 너무 유명한 이 장면이 실은 정사『삼국지』에는 기록되어 있지 않다. 다만, 정사 곳곳에 이들 셋이 서로 형제처럼 지냈다는 기록을 찾을 수 있고, 관우가 같은 편이 되기를 권하는 조조의 제의를 거절할 때에도 유비와 함께 죽기로 맹세했다고 한 기록 등을 보면, 이들에게 끈끈한 유대관계가 있었던 것은 확실한 것 같다.

한편, 이들과 함께 늦게 합류한 제갈량諸葛亮은 천하통일의 목표를 실현하고자 했다. 유비는 삼고초려三顧草廬를 통해 제갈량을 얻은 후, 그를 귀하게 여겼다. 관우와 장비가 유비에게 '지나치게 제갈량에게만 빠져있는 것 같다'고 불평하자, 유비는 '공명(제갈량)을 얻음은 고기가 물을 얻은 것과 같다'고 말하며 그들을 달랬다. 이것이 바로 고사성어 '수어지교水魚之交'의 유래이다. 물고기가 물을 떠나 잠시도 살 수 없듯이, 서로 떼려야 뗄 수 없는 가까운 사이를 이르는 말이다. 제갈량과 유비의 서로에 대한 믿음은 후에 유비의 유언에서도 잘 드러난다. 유비는 제갈량에게 자신의 부족한 아들 유선劉禪을 잘 보필할 것을 부탁하면서도, 혹시 자신의 아들이 그러한 재목에 못 미친다면 제갈량 스스로가 촉의 황제가 되어줄 것을 부탁한다. 그는 황제의 자리를 내어줄 수 있을 정도로 제갈량을 믿고 아꼈다.

당대 최고의 장군이라 할 수 있는 관우와 장비, 그리고 최고의 참모라고 할 수 있는 제갈량 등을 얻었다는 점에서 볼 때, 유비는 사람

관우關羽와 장비張飛(출처: 바이두)

에 대한 남다른 신의와 의리가 있었다고 볼 수 있다. 그러나 조조처럼 호방하거나 여유로운 성격은 아니었다. 당시 유비는 조조나 손권에 비해 세력이 약하고 처지가 어려워 항상 남에게 의지했기 때문에 조조처럼 거만을 떨 수가 없었다. 그는 늘 침묵하고 얼굴에 감정을 잘 드러내지 않았다. 조조는 이런 유비를 항상 자신의 라이벌로 생각했다. 이와 관련된 일화가 있다. 유비가 조조와 함께 여포를 무찌르고 함께 허도許都로 귀환해 후한 대우를 받고 있을 당시, 조조가 유비를 저녁식사에 초대했다. 그는 유비가 반란을 일으킬 만한 기개가 있는지 없는지 알아보기 위해서 그를 한번 시험해 보기로 했다. "지금 천하에 영웅이 있다면 그대와 나뿐이다"라고 말하며 유비를 떠 보고 있는데, 이때 마침 천둥과 번개가 치자, 유비는 천둥소리에 놀라는 척하면서 탁자 밑으로 숨었다. 나약한 모습을 보임으로써 조조가 자신을 얕보게 하고 그의 경계심을 늦추게 하려는 계략이었다.

삼국통일의 위업을 달성하기 위해 죽을 때까지 조조와 경쟁하던 그는, 결국 천하를 통일하지 못하고 전쟁 중에 병들어 죽는다. 관우와 장비가 이미 그보다 먼저 죽은 후이다. 유비에 대한 역사적 평가는 다양하다. 진수의 『삼국지』에서는 "포부가 크고 굳세며 너그럽고 후하다. 사람을 잘 알아보고 선비를 잘 대한다"라고 좋게 평가했다. 기지와 임기응변, 재능과 모략이 조조에 미치지는 못하나, 굽히지 않는 지조를 갖춘 사람이라 보았다. 반면 오나라의 승상이었던 육손陸遜은 "교활하며 말을 꾸미고, 영웅의 기개가 없는 사람"이라고 평가했다. 당唐 태종은 "유비는 속임수로 유장劉璋을 속여 나라 안으로 들어와 배신하여 나라를 빼앗았으니, 군자의 도리를 모른다"라고 평가했다.

🏯 삼국지 최고의 지략가는 누구인가?

제갈량諸葛亮(출처: 바이두)

『삼국지』의 참모 중의 참모로, 중국인들이 가장 존경하는 인물로도 손꼽히는 제갈량은 어떤 사람인가. 제갈량은 181년 지금의 산둥성에서 3형제 중 둘째 아들로 태어났다. 14세에 아버지를 여의고 숙부인 제갈현諸葛玄 밑에서 컸다. 그러다가 숙부가 죽자 징저우荊州로 이주하여 그곳에서 학문을 익히다가, 세상에 실망감을 느껴 산속에서 은거하며 살았다. 모르는 것이 없고 모든 것을 꿰뚫어보는 통찰력과 지혜를 가진 천재인 것 같은 제갈량은 뜻밖에도 공부에는 건성이었다고 한다. 오히려 '깊이 파고들기보다는 요점을 잘 찾는' 사람이라는 평가가 있다. 명석한 두뇌뿐만 아니라 용모도 준수했다고 한다. 이런 그를 눈여겨 본 이가 있었으니, 지방의 대부호인 황승언黃承彦이었다. 제갈량은 황승언의 딸과 결혼한 후 든든한 처갓집 배경을 얻게 되었다. 생활에 별 어려움 없이 초가집에서 은거하고 있던 그를 세상 밖으로 불러낸 것은 유비였다.

스무 살이나 아래인 자신을 세 번씩이나 찾아온 유비의 정성에 감복하여, 제갈량은 유비를 따라가기로 마음먹고 그의 킹메이커가 되기로 결심한다. 제갈량은 이 때 유비에게 천하를 통일할 비책으로 '천하삼분의 계책'을 제시한다. 천하를 세 부분으로 나누어, 인화人和를 바탕으로 그 중 하나를 차지하여 천천히 통일을 도모하자는 내용이었다. 이런 설명에 유비는 '구름과 안개를 걷어내고 푸른 하늘을 보는 것과 같다'고 말하며 크게 기뻐했다고 한다. 관우와 장비가 해줄 수 없는 것을 제갈량이 채워줬기 때문일 것이다.

제갈량의 천하삼분의 계책에 따라 점점 세력을 넓혀가던 촉나라였으나 관우와 장비가 죽고 그가 섬기던 유비마저 전투에서 패한 후 병으로 죽자, 제갈량은 유비의 유언에 따라 그의 아들 유선劉禪을 극진히 보필한다. 촉나라 각지에서 반란이 일어나 나라가 혼란스러웠던 것을 진압했다. '칠종칠금七縱七擒'이라는 고사가 이 시기에 생겨났다. 반란군 중에는 오랑캐의 신임을 받던 맹획孟獲이라는 자가 있었다. 제갈량은 계략을 써서 그를 생포하는데 성공하지만, 그를 죽인다고 해서 반란을 무마할 수는 없다고 판단하여 그를 풀어준다. 그러나 고향으로 돌아간 맹획은 전열을 재정비하고 또 다시 반란을 일으키고 제갈량은 또 다시 그를 포획한다. 그리고 맹획의 마음을 얻기 위하여 다시 풀어준다. 이렇게 잡고 풀어주기를 일곱 번 반복하다가, 마침내 맹획은 제갈량에게 감복하여 부하가 되기를 자청한다. '칠종칠금'은 상대방을 쥐락펴락하며 마음대로 다룰 수 있음을 의미한다.

아둔한 황제 유선 앞에서 무릎을 꿇고 눈물을 흘리며 「출사표出師表」를 올린 제갈량은 끝내 통일 위업을 달성하지 못하고 54세의 나이로 병사한다. 병석에 있는 동안에도 끝까지 촉나라를 걱정했던 그는 자신이 죽은 후를 대비하기 위한 계책을 세워 놓는다. 제갈량을 라이벌로 여기면서도 두려워하는 사마중달司馬仲達이 자신의 사망 소식을 듣고 절호의 기회라 생각하여 총력을 다해 촉의 군사를 추격할 것이라 판단하고, 자신의 모습을 본뜬 목각인형을 만들어 자신이 타고 다니던 수레에 앉히고, 살아서 지휘하는 것처럼 보이라는 조치를 미리 취해 놓는다. 제갈량이 죽었다고 생각했던 사마중달은 그가

사마의司馬懿(출처: 바이두)

앉아있는 모습을 보고 놀라, 병사들을 철수시키게 된다. 후에 사마중달의 이런 행동을 보고 사람들은 '죽은 공명이 살아있는 중달을 달아나게 하였다死孔明走生仲達'라고 비웃자, 그는 '살아있는 사람의 일이야 알 수 있지만 죽은 사람이 하는 일을 어찌 알겠느냐吾能料生, 不能料死故也'라고 웃으면서 말했다고 한다.

촉의 제갈량과 위魏의 사마중달

간의 불꽃 튀는 지략전은 또 하나의 재미있는 대목이다. 『삼국지연의』가 제갈량을 중심으로 서술되어 있기 때문에 사마중달의 활동에 대해서는 제갈량 만큼은 구체적이지 않다. 그러나 삼국시대 이야기를 마무리하기 위해서는 사마중달을 거론하지 않을 수 없다. 사마중달의 이름은 사마의司馬懿이고, 중달은 자字이다. 현재의 하남성 온현溫縣에서 179년에 태어났다. 어려서부터 총명하고 유학의 가르침을 금과옥조로 여겼다. 그래서인지 사마중달은 인의가 사라진지 오래된 정계와 거리를 두고 있었는데, 그의 그런 소문을 듣고 조조가 찾았다. 그러나 병을 핑계로 사양한다. 조조는 승상이 된 후 다시 그를 찾았다. 그러나 이번에도 거절하면 감옥에 가두겠다고 협박하자, 결국 정계에 나오게 되었다. 유비는 제갈량을 '삼고초려'하여 모셨는데, 조조는 사마중달을 억지로 끌고 나온 것이다. 당시 사마중달은 망해가는 한나라의 신하가 되는 것을 꺼렸고 더욱이 환관 집안의 조조의 밑으로 들어가기 싫어했다고 한다.

조조 또한 사마중달을 곁에 두고 견제하려고 한 점이 눈에 띈다. 조조는 남다른 통찰력으로 사마중달이 어떤 생각을 하고 있으며, 자신의 정권을 어떻게 생각하고 있는지를 간파하고 있었던 것 같다. 사마중달의 관상은 다른 마음을 먹고 반역을 도모한다는 "낭고상狼顧相(이리처럼 고개만 돌려 뒤를 돌아보는 관상. 음험하고 야심이 있어 반역할 상)"이었다. 몸을 움직이지 않고 얼굴을 뒤로 똑바로 돌릴 수 있는 관상으로 조조가 이를 직접 확인했다고 한다. 그래서 조조는 사마중달의 역심에 대해 아들인 조비曹丕에게 수시로 경고했고, 조조 역시 가까이 두면서 주의 깊게 관찰하였다. 이에 사마중달은 조조 부자로부터의 신임을 얻기 위하여 하찮은 일까지도 마다치 않았다고 한다.

조조는 승상이 된 후, 사마중달을 신임하여 정사를 돕도록 하였다. 사마중달은 조조에게 둔전제를 제안하면서, "나라를 다스릴 때는 먹는 것이 가장 중요합니다以食爲首. 마땅히 스스로 지키면서 경작하는 것이 옳습니다自宜且耕且守"라고 하였고, 이를 조조가 받아들임으로써 위나라가 삼국을 통일할 수 있는 기반을 마련할 수 있었다. 사마중달은 조조의 아들 조비의 참모로서 조비가 태자였을 때부터 그를 도와 조식曹植과의 왕위를 둘러싼 형제 간 권력투쟁에 성공했을 뿐만 아니라, 결국 한나라로부터 황제자리를 선양받아 위나라의 초대 황제가 될 수 있도록 하였다. 사마중달을 끝까지 신뢰하지 않았던 조조와는 달리 조비는 사마중달을 깊이 신임했을 뿐만 아니라, 제위를 물려받을 황태자인 조예曹叡에게까지 '사마중달을 의심하지 말라'는 당부를 남기기도 하였다.

조예가 황위를 물려받은 후 사마중달은 군권을 완벽하게 장악하여 권력이 황제를 능가하게 되었다. 제갈량의 북벌에 대응하여 치러진 231년, 234년의 두 차례 대결은 지구전持久戰으로 제갈량에게 커다란 타격을 가하였다. 두 번째 오장원五丈原에서의 대결은 제갈량의 도발에도 불구하고 인내하며 제갈량의 죽음을 기다렸고, 끝내 촉군의 북벌을 막아냈다. 이후 요동에서의 공손연公孫淵 반란을 성공적으로 진압하는 등 탁월한 군사적 업적을 거두었다. 그런데 사마중달의 이러한 업적은 곧 심각한 정치적 위기를 초래하게 되었다. 조예가 사망한 후 양자인 조방曹芳이 즉위하게 되면서 사마중달의 커가는 권력을 불안하게 여긴 조상曹爽은 사사건건 그를 견제하였다. 조상과의 권력투쟁에서 사마씨는 심각한 압박을 받게 되면서 역모를 꾀하게 되었는데, 이는 조조의 우려가 곧 현실로 된 것이었다.

사마중달은 조씨의 맹공에 생명의 위협을 느끼자, 역전시킬 수 있는 적절한 시기를 모색하게 되었고, 마침 조상이 황제와 함께 능행

陵行 간 사이에 두 아들을 이끌고 함께 전격적으로 쿠데타를 단행하였다. 그리고 조씨 무리를 제거한 후에 위나라의 정권을 장악하였다. 사마중달 부자는 쿠데타에 성공한 후 황제들을 허수아비로 삼았다. 심지어 사마중달은 조방을 내쫓고 조모曹髦를 황제로 세웠으나, 조모는 사마중달에 대한 공격을 계획하다 결국 사마소司馬昭에게 발각되어 시해를 당했다. 이렇듯 조씨의 위나라는 조조 밑에서 전전긍긍했던 사마중달의 손자인 사마염司馬炎에 이르러 마침내 사마씨의 나라인 진晉나라로 바뀌게 되었다. 정치적으로나 군사적으로 사마중달의 전략 및 지략을 한마디로 말한다면 '지구전'의 승리라고 할 수 있을 것이다.

_서상민

참고문헌

維基百科 https://zh.wikipedia.org/wiki
百度百科 https://baike.baidu.com
모리야 히로시守屋洋 저, 김승일 역, 『인물삼국지』, 서울: 범우사, 2010.
이중톈易中天 저, 김성배 외 역, 『삼국지 강의 1』, 서울: 김영사, 2007.
이중톈 저, 홍순도 역, 『삼국지 강의 2』, 서울: 김영사, 2007.
김아람 외, 『얘들아, 이젠 중국이야』, 서울: 신아사, 2016.
나관중羅貫中 저, 황석영 역, 『삼국지』 서울: 창비, 2019.

근대 중국을 뒤흔든 쑹宋씨 세 자매

🏛 쑹씨 세 자매의 갈등과 결별

쑹씨 세 자매는 쑨원孫文을 도와 중화민국을 건국하는데 일조한 부호富豪 찰리 쑹宋嘉樹의 세 딸이다. 장녀 쑹아이링宋靄齡은 대부호 쿵샹시孔祥熙와 결혼했고, 둘째 쑹칭링宋慶齡은 중화민국을 건국한 쑨원孫文의 부인이고, 셋째 쑹메이링宋美齡은 국민당 난징南京정부를 이끌었던 장제스蔣介石의 부인이 되었다. 세 자매는 중국의 근현대 역사에서 커다란 족적足跡을 남겼다.

봉건왕조를 전복시키고 공화시대를 연 시대의 영웅이었던 남편 쑨원이 1924년 사망하자, 미망인 쑹칭링은 국민당의 실권을 차지한 장제스와 정치적으로 반대 입장을 취했다. 장제스가 쑨원이 생전에 취했던 연소용공聯蘇容共(공산당을 인정하고, 소련과 연합한다는 입장)을 부정하고, 국민당 좌파와 공산당 인사들을 제거하는 쿠데타를 일으켰기 때문이다. 정치적으로 외톨이가 된 쑹칭링은 결국 2년 후 장제스와의 정치적 결별을 선언하고 소련으로 갔다. 하지만 중국에서의 정치적 기반을 상실한 미망인은 소련에서 환영받지 못했다. 특히 소련 최고권력자 스탈린은 대놓고 무시했다. 스탈린의 경쟁자이던 트로츠키는 호의를 보였지만 스탈린에 의해 숙청당하면서 쑹칭링의 소련 거주 시기는 불안하게 이어졌다.

장제스와 정치적으로 결별한 쑹칭링은 자연히 장제스와 교제하던 동생 쑹메이링이나 장제스의 재정적 후원자였던 은행가 쿵샹시와 결혼한 언니 쑹아이링과의 관계도 소원해졌다. 송씨 세 자매의 결별은 이렇게 시작되었다.

쑨원 사후 젊고 미모를 겸비한 쑹칭링에게는 여러가지 헛소문이 나돌았다. 쑹칭링이 소련으로 갈 때 국민당 좌파이자 유능한 외교관이던 천여우런陳友仁이 동행했다. 이로 인해 신문에 두 사람의 결혼설이 나오기도 했다. 그리고 동생 메이링은 "언니 칭링이 재혼을 하려 한다"고 헛소문을 내기도 했다. 쑹칭링을 비난하게 된 배경에는 장제스와 쑹아이링의 정치적 계산이 작용했다. 첫째, 쑨원의 부인인 쑹칭링의 명예를 실추시킬 필요성이 있었고, 둘째, 쑹칭링이 소련으로 간 것을 부각시켜, 상대적으로 미국 등 서구 국가의 지원을 쉽게

쑹아이링 부부(출처: 구글)　　쑹칭링 부부(출처: 구글)　　쑹메이링 부부(출처: 구글)

받기 위해서라는 점, 셋째, 쑹칭링과 똑같이 영어가 능숙한 협상 전문가로서 쑹메이링을 알리기 위해서라는 점이다.

자매들 가운데 가장 먼저 1914년 대은행가이자 부호였던 쿵샹시와 결혼한 쑹아이링은 상하이 조계지역의 궁궐같은 대저택에서 두 딸, 두 아들과 함께 안락하고 호화로운 생활을 즐기고 있었다. 쑹아이링 부부는 베이징, 광저우, 홍콩, 난징에도 저택을 소유하는 등 중국 최대 부자였다. 장녀였던 쑹아이링은 머리가 명석하며 권모술수에 능했다. 게다가 의지와 권력욕도 강했다. 자신이 원하는 것을 이루기 위해 심지어는 폭력도 행사하는 냉정한 여성으로 알려졌다.

1927년 12월 1일 쑹메이링은 장제스와 상하이의 명소 마제스틱 호텔에서 1,300여명의 하객들이 참여한 가운데, 당시 중국인의 의식 계몽운동에 앞장섰던 석학이자 베이징대학 총장이었던 차이위안페이蔡元培의 주례로 쑨원의 초상 앞에서 성대한 결혼식을 올렸다. 그러나 쑹칭링은 모스크바의 지독한 겨울 추위를 홀로 쓸쓸하게 경험하고 있었다.

결혼 당시 쑹메이링은 젊고 패기만만한 성격을 그대로 드러내던 30세에 불과했다. 그녀는 언니인 칭링을 현실을 모르는 낭만주의자일 뿐이라고 치부했다.

칭링을 현실감각이 없는 철부지라고 봤던 것은 언니 아이링도 마찬가지였다. 쑹아이링은 장녀로서 아버지 찰리송이 갖은 노력 끝에 마침내 사업을 성공시키고, 혁명에도 참여하는 모습을 지켜보면서 성장했다. 따라서 동생 칭링이 가난하고 억압에 시달리는 민중에 대해 연민을 보이고 지원하려는 행동에 나서는 것을 이해하지 못했다.

한편 막내 쑹메이링은 권태로움을 참지 못하고, 새로움에 도전하는 정신을 지녔다. 사람들과 함께 일에 관여하려는 성격을 평생 보여 왔으며, 자신의 능력과 생각을 실제로 성취해내는 것에 만족했다. 장제스와의 결혼은 그녀에게 권력을 가져다주었다. 쑹메이링은 자신과 쑹씨 가문이 이탈리아의 메디치 가문처럼 국가의 운명을 바꿀 수 있다고 생각했다.

소련에 거주하던 쑹칭링은 소련의 볼셰비키 혁명파에 환멸을 느끼고, 국민당 우파에게도 실망하면서, 거주지를 모스크바에서 베를린으로 옮겼다. 베이징의 군벌을 몰아내고 북벌에 성공한 장제스는 난징을 수도로 삼고, 베이징의 명칭도 베이핑北平으로 바꾸면서 정치적 위상을 낮춰버렸다. 그리고 그때까지 베이징의 샹산香山에 있는 절 비윈사碧雲寺에 임시로 안치되었던 쑨원의 유해를 난징의 중산릉中山陵으로 이장하여 정치적 후계자임을 알리고자 했다. 이장식에 맞추어 쑹칭링이 귀국했다. 귀국 후 가족과 거리를 두며 홀로 외로운 싸움을 진행했다. 베를린에 거주하면서 부터 자신을 돕는 국민혁명군의 덩옌다鄧演達 장군과 함께 쑨원의 유지를 계승하는 운동을 벌여나갔다. 이때 두 사람의 관계는 친밀하여 정신적 동반자로 서로 사랑하고 있다는 풍문이 돌기도 했다. 장제스 반대운동을 하던 덩옌다는 1931년 체포되어 비밀리에 총살을 당했다. 이로 인해 쑹칭링은 장제스와 완전히 결별한다. 1931년 7월 23일 찰리송의 부인이자 세 자매의 어머니 니구이전倪桂珍이 63세의 나이로 칭다오青島 자택에서 임종을 맞이했다. 유해는 남편이자 세 자매, 세 아들의 부친인 쑹자수宋嘉樹가 묻혀 있는 상하이만국공묘上海萬國公墓에 안치되었다. 만국공묘는 쑹칭링의 유해가 안치된 다음 쑹칭링 능원으로 이름을 바꾸었다.

쑹메이링은 상류층 친구들에게 보낸 편지에서 자신은 국제사회와 군벌, 공산당과 싸우고 있다고 말하면서, 고아원을 설립하거나 계몽

운동을 벌이는 등 다양한 업무로 바쁘게 일하고 있다고 말했다. 중일전쟁이 본격적으로 시작되자 중화민국 난징정부는 미국에 원조를 요청했다. 쑹메이링은 유창한 영어실력으로 미국 의회에서 연설하거나 카이로회담에도 참석하는 등 중요한 역할을 담당했다. 그녀는 미국인에게 인기가 많았다. 미국인들은 쑹메이링에 대해 "얼굴 빼고

1943년 11월 미국 의회에서 연설하는 쑹메이링(출처: 구글)

1943년 11월 카이로 회담에 장제스와 함께 출석한 쑹메이링(출처: 구글)

는 모든 것이 미국적인 여성이다"라고 하면서 친밀감을 표현할 정도였다.

이때가 쑹메이링이 가장 활발하게 활동하던 시기였다. 장제스와 함께 포탄이 떨어지는 전선으로 가기도 하고, 후방에서는 미국 뉴딜 정책에서 착안하여 신생활운동이라는 사회계몽운동을 벌였다.

🏠 쑹씨 일가의 화려한 생애

쑹씨 가족에는 세 자매 외에 세 명의 아들이 있다. 그 중 장남이자 셋째로서 아이링, 칭링의 동생이며 메이링의 오빠였던 쑹쯔원宋子文이 세 아들 중 가장 활발하게 정치활동에 참여했다. 그는 처음에는 부친의 유지를 이어받아 쑨원을 돕고, 국민당 좌파가 세운 우한武漢정부를 지지했다. 국민당의 실권이 장제스로 넘어간 이후에는 난징 국민정부의 재무장관, 부총리, 총리 등 핵심 요직을 담당했다.

쑹쯔원이 재무장관이던 1928년에 세수가 부족해지자 군사비 지출을 억제하는 등 국정운영에 있어서 뛰어난 능력을 발휘했다.

부친 찰리 쑹의 재산을 상속받고 재산증식에도 성공한 쑹쯔원은 중국의 듀퐁S.T. Dupont이라고 할 정도로 많은 재산을 보유하고 있었다. 듀퐁은 1800년대 후반 프랑스 럭셔리 패션 그룹의 창립자로 대부호로 알려져 있었다. 쑹쯔원의 가족들이 거주하던 집은 상하이의 부자들이 사는 프랑스 조계지에 있었으며, 4m 높이의 높은 담장으로 둘러싸여 있고, 8명의 경호원들이 저택 주변을 호위하고 있었다.

1932년 장제스의 난징정부에는 쑹쯔원과 쿵샹시가 함께 중요한 직위를 맡고 있었다. 쑹쯔원은 재무장관을 담당하고, 쿵샹시는 공업

장관으로 방직공업의 발전을 추진했다. 그런데, 국공내전에 반대하던 쑹쯔원이 장제스에게 공산당은 잠시 잊고 항일을 우선하자고 충고하자, 장제스가 격분하여 뺨을 때리는 사건이 발생하였다. 쑹쯔원은 곧바로 사직하고 유럽, 미국을 여행했다.

1933년 재무장관을 사임한 쑹쯔원 대신에, 쑹아이링의 남편 쿵샹시가 재무장관 겸 부총리에 임명되었다. 쿵샹시는 이후 11년 동안 장제스 정부에서 일했다. 장제스에게 충성을 다해 업무처리를 했기 때문에 장제스의 공식 고무도장이라는 평가를 받았다. 이 시기 미국 타임지 기자 헨리 로스는 쑹宋씨 가문, 장蔣씨 가문, 쿵孔씨 가문을 실질적으로 중화민국을 이끈 3대 가문으로 세계에 소개했다.

1933년부터 2차대전이 끝난 1945년까지 중국의 물가는 2,500% 상승할 정도로 인플레가 극심했다. 1935년에 발행한 화폐는 이미 가치를 상실했다. 달걀 몇 개를 구매하기 위해 양동이에 가득 찬 돈을 담아가는 중국인의 모습이 뉴스 화보에 실릴 정도였다.

공자의 75대 후손이었던 쿵샹시는 서구적인 스타일을 지녔던 쑹쯔원과 달리 전통적 관습에 익숙한 중국인 스타일리스트였다. 산시山西 부호 집안 출신인 그는 일찍부터 알고 지내던 화북 지방의 군벌 옌시산閻錫山과 펑위샹馮玉祥을 장제스에게 소개하기도 했다.

1937년 일본이 중국을 본격적으로 침략하면서 중일전쟁이 시작되었다. 국민당과 공산당은 2차 국공합작을 결정하면서 항일전쟁이 시작되었다. 세 자매는 충칭重慶에서 조우할 수 있었다. 장제스의 국민당 정부가 일본의 공습으로 난징을 포기하고 충칭으로 천도했기 때문이다. 세 자매는 잠시나마 예전의 다정했던 관계를 회복했다.

🏛 송씨 세 자매의 마지막 여정

 국공내전의 전환점이 된 1949년 화이하이淮海 전투에서 공산당군대에 참패한 장제스는 비밀리에 타이완으로 도망할 준비를 했다. 국보급 보물을 포함한 25만여 건의 유물을 사전에 옮겨놓았다.

 쑹씨 가문과 쿵씨 가문 등 국민당의 관료와 부자들도 황급하게 재산을 처분하는 등 피난을 준비했다. 쿵샹시는 자신의 고향 산시성의 타이구太谷 대저택을 폐쇄하고 미국으로 이주했다. 쑹쯔원은 부인 등 가족을 데리고 우선 홍콩으로 도피했다가 영국 경찰의 도움을 받아 파리를 거쳐 미국으로 이주했다. 장제스는 1949년 2월 비밀친위부대에게 상하이의 중국은행에 보관하고 있던 엄청난 금괴를 타이완으로 옮기도록 명령하고, 6월말 가오슝高雄으로 피난했다. 국공내전이 벌어지던 시기에 미국에서 거주하던 쑹메이링도 1950년 타이완으로 귀국하여 장제스와 상봉했다.

 타이완은 아름다운 섬이라는 의미를 지닌 포르투갈어 포모사Formosa라고 불리던 섬이었다. 중국 푸젠성과 100여 km의 바다를 사이에 두고 있다. 1600년대 초기 대항해 시기에 네덜란드와 스페인 함선에 의해 유럽에 포모사로 처음 소개되었다. 이후 명청明淸 시기

1940년 충칭에서의 세 자매(출처: 구글)

충칭에서의 세 자매(출처: 구글)

정성공鄭成功과 강희제康熙帝에 의해 중국에게 복속되었고, 1895년 청일전쟁에서 패배한 청나라는 전쟁배상 명목으로 일본의 식민지가 되었다. 일제 시기 철도가 건설되고 군수 물자 생산을 위한 공업이 발전하는 등 근대화를 이루었다는 평가를 받기도 했다.

국공내전에서 패배한 장제스의 국민당 군대는 타이완으로 이주하면서 현지인의 반발을 총칼로 압박했고 3만여 명을 학살했다. 타이완의 장제스는 미래가 불안했다. 외부에서는 공산당 군대가 대규모 공격을 한다면, 1년 이상 버티지 못할 것으로 보았다. 1949년 말이 되자 미국의 신문에서는 장제스는 이미 끝났고, 미국도 손을 떼어야 된다는 보도가 나오기 시작했다. 1950년 한국전쟁이 발생하고, 동베이東北지역의 불안을 느끼던 중국이 전쟁에 참여했다. 장제스로서는 숨을 돌릴 수 있는 기회를 갖게 되었다.

타이완으로 도망온 장제스는 미국의 지원을 받아내는데 전력을 다했다. 의원들에게 사용될 수백만 달러의 로비자금이 필요했는데, 쑹씨 가문의 재력이 국민당 정부의 버팀목이 되었다. 미국식 자유민주주의의 협력 국가의 생존을 위하여 자금을 지원했고, 냉전의 영향으로 미국에서 반공주의를 앞세운 매카시즘McCarthyism이 불어 닥치면서 긍정적으로 작용했다. 장제스와의 관계를 회복한 쑹쯔원은 유니버셜 트레이딩사와 타이완의 중앙통신사를 활용하여, 장제스를 반공反共의 투사이자 정의로운 인물로 미국인에게 알렸다. 이를 위해 엄청난 로비자금을 언론계와 정치인들에게 전달했다.

1950년에 귀국한 쑹메이링은 장제스의 아들 장징궈蔣經國의 후계자 계승을 인정하면서 자신의 활동을 줄여나가기 시작했다. 국공내전 시기 쑹메이링은 미국에 남았고, 장제스 곁에 있지 않았다. 기회를 틈타 장징궈가 장제스의 참모 역할을 하였고, 동시에 국방부의 정치국장 직위를 맡아서 치안문제도 담당했다. 미국에서 쑹메이링은 애교가 넘치는 우아한 여성으로 알려지면서 동양적 섬세함을 경험해보지 못한 서양인들을 감동시켰다. 1937년 타임지 표지인물로 나왔던 쑹메이링은 '세계에서 가장 유명한 여성'으로 소개되었다. 한국전쟁이 한창이던 1952-1953년에는 미국에 거주하면서 타이완의 차이나로비를 위한 역할을 담당했다. 1954년에는 중공의 유엔가입을 방해하기 위해 6개월간 미국에서 로비활동을 하였다가 귀국했는데, 귀국 환영행사에 장제스는 나오지 않고 장징궈만 나오자 기분이 상했다. 1958년 장징궈가 승진하자 이에 불만을 품은 쑹메이링은 미국으로 출국하여 1년 이상을 귀국하지 않기도 했다.

1959년 77세가 된 쿵샹시는 늙었지만 여전히 많은 재산을 보유한 자산가로 알려져 있었다. 그가 모교인 오벌린대학에 장학재단을 설립하자, 기자가 재산이 5억 달러가 맞냐고 묻자, 자신은 예금으로 살고 있다는 답을 하기도 했다. 1966년 84세에 중국은행 이사직을 사임하고 롱아일랜드의 새 저택에서 여생을 보내다가 1967년 사망했다. 부인이자 쑹씨 자매 중 첫째인 쑹아이링은 6년을 더 살다가 85세로 운명했다. 그녀는 쿵샹시를 도와 자신의 지혜로 엄청난 부를 축적했고, 쑹칭링을 쑨원에게 소개하고, 장제스와 쑹메이링을 중매하면서, 쑹씨 왕조를 만들었다는 평가를 받기도 했다.

쑹쯔원은 타이완 장제스 정부의 입각 요청을 거부하고는 미국 뉴욕의 롱아일랜드의 대저택에 정착하여 비즈니스에 전념했다. 석유, 상품선물, 신기술 개발 투자 등의 사업 확장에 치중했다. 1963년 잠시 타이완을 방문하는 등 노후 생활을 보내다가 1971년 77세의 일기로 샌프란시스코에서 심장마비로 사망했다. 쑹메이링은 당시 미국에 있었지만, 오빠의 장례식에 가지 않았다. 당시 뉴욕 신문에 쑹쯔원의 유산이 100만 달러라는 기사가 실렸지만 그대로 믿는 사람은 없었다.

1965년 미국을 방문한 쑹메이링은 이례적으로 미국 정부의 환대를 받았는데, 존슨 부통령과의 접견이 이루어진 것이다. 이번 방문의 목적은 장제스가 본토 수복을 위한 무기 지원을 받기 위해서였다. 쑹메이링은 쑹씨 세 자매가 졸업한 모교 웨슬리언대학에서 기념 연설을 하기도 했는데, 그녀의 마지막으로 화려했던 공식 석상이었다.

송씨 자매들 가운데 유일하게 중국에 남는 것을 결정했던 쑹칭링은 88세의 나이로 1981년 5월 29일 베이징에서 운명했다. 6월 3일 국장으로 진행된 장례식에서 최고 실력자 덩샤오핑鄧小平이 추도사를 했다. 유언에 따라 난징의 중산릉이 아니라 부모님이 묻혀져 있던 상하이 만국공묘에 안장되었으며, 중국 정부는 그녀를 명예국가주석으로 추대했다. 비문에는 "쑹칭링은 애국주의, 민주주의, 국제주의, 공산주의의 위대한 전사이다. 그녀는 국가와 인민을 위하여 위대한 업적을 남기셨고 영원히 역사에 기록될 것이다."라고 쓰여 있다. 쑹칭링은 중화인민공화국에서는 국모이자 영웅 대우를 받고 있다.

쑹칭링이 난징의 중산릉에 합장하지 말라는 유언을 남긴 것은 허례허식과 낭비를 거부하는 심성이 반영된 것이다. 쑹칭링은 쑨원의 죽음 이후 유지를 계승하면서 장제스의 국민당 우파의 노선과는 다르게 나갔다. 쑨원은 1차 국공합작에 앞서 러시아와 협력하고 공산당과 협력한다. 농민과 노동자를 돕는다. 민족, 민생, 민권을 추구한다 등 세 가지 정책을 주창했다. 때문에 쑨원의 유지를 받드는 쑹칭링도 공산당과 함께 협력해나가야 한다는 국민당 좌파와 정치적 태도를 같이했다. 이는 쑹칭링을 쑨원을 계승하는 국모로 인식하도록 했다. 반면에 국민당 우파는 쑹칭링을 후처로 간주했다. 쑨원의 정실부인으로 루무전盧慕貞이라는 여성이 있기 때문이라는 것이었다.

이러한 충돌은 권력투쟁의 동기가 되었다. 쑹칭링과 쑨원이 1915년 결혼했을 때 두 사람은 각기 22세와 49세로 27년의 나이차가 존재했다. 결혼은 일찍부터 쑨원을 애국자로 존경했던 쑹칭링이 적극적이었다고 한다. 그녀가 적극적인 이유는 당시 반식민지 상태에 있던 중국을 구원하고, 중국인을 가난과 무지에서 구제할 수 있는 인물이 쑨원이라고 생각했기 때문이다. 결혼 당시 일본 기자가 쑨원에게 "당신이 일생 동안 가장 좋아한 것이 무엇인가"라고 질문하자, "첫째는 혁명이요, 둘째는 독서이며, 셋째는 여인이다"라고 비교적 진솔한 답변을 했다.

1975년 4월 5일 장제스가 운명을 맞이하고, 장징궈가 국민당 주석이 되자 쑹메이링은 자신의 할 일이 없음을 깨닫고 뉴욕 롱아일랜드에 있는 조카 데이비드 공의 저택에서 은둔생활을 했다. 그녀는

쑹아이링의 묘비(출처: 구글)

쑹칭링의 묘비(출처: 구글)

쑹메이링 묘비(출처: 구글)

2003년 105세의 일기로 운명했다. 그녀도 언니 쑹칭링과 마찬가지로 특별한 유언을 남기지 않았다. 중국을 뒤흔든 세 자매는 파란만장한 인생을 조용히 마무리했다. 호사가들은 첫째 아이링은 돈을 사랑했고, 둘째 칭링은 중국을 사랑했고, 셋째 메이링은 권력을 사랑했다는 말을 하기도 했다.　　　　　　　　　　　　　　　　_이광수

참고문헌

시그레이브 지음, 『송씨왕조』, 정음사, 1986.
영화 『The SOONG SISTERS 송가황조』.

중국인의 큰언니 덩잉차오鄧穎超

 중국의 여성해방운동가, 덩잉차오

여러분은 '중국 여성' 하면 가장 먼저 어떤 이미지가 떠오르시나요? 봉건주의 시대 중국 여성의 모습은 '전족纏足'이라는 구습을 통해서 알 수 있듯이 억압과 규제의 대상이었다. 시집을 잘 가는 것이 유일한 출로였던 여성들에게 '잔인한 미'의 상징이라고 할 수 있는 전족은 그들을 구속하는 족쇄이자, 스스로 옭아맨 덫이기도 했다. 이 같은 관습은 10세기부터 20세기까지 거의 천년을 지속하여 왔다.

이러한 구습으로부터 중국 여성이 신체적·정신적 '자유와 해방'을 맞이한 것은 얼마 되지 않는다. 중국의 여성 혁명가로 불리는 덩잉차오鄧穎超(1904-1992)는 중국 여성의 해

전족한 여인(출처: 네이버)

1916년 톈진에서 공부하던 시절의
덩잉차오(출처: 바이두)

방을 이끈 대표적인 인물로 손꼽힌다. 그녀는 봉건사상이 뿌리 깊게 박힌 중국 여성의 정신을 계몽시키고 전족을 폐지하기 위해 끊임없이 노력했다. 또한, 중화인민공화국 혼인법의 제정을 주도한 인물로도 잘 알려져 있다.

앞서 '중국 여성' 하면 떠오르는 이미지로 '전족'을 들었지만, 1992년 한중수교 이후 중국을 방문한 사람이라면 중국 여성의 활발한 사회참여와 가정과 사회에서의 높은 지위 및 영향력을 보면서 전족이 가져다주는 구속과 속박의 이미지는 찾아보기 힘들었을지도 모른다.

중국 공산당 스스로 중국 사회주의 혁명의 최고 성과로 평가하는 업적 중의 하나는 바로 여성해방과 남녀평등의 실현이다. 과연 그들의 말처럼, 중국은 여성해방을 온전히 실현했느냐에 대해서는 중국의 학자들도 아직은 갈 길이 멀었다고 현실을 인정하고 있지만, 그래도 신중국 성립 이전과 비교하면 큰 진전을 이루었다고 자평한다. 우리는 중국의 여성해방운동을 주도해온 덩잉차오의 삶의 궤적을 통해 이를 확인해 보고자 한다.

실제로 1990년대 초반 중국을 방문한 사람들은 농담 삼아 중국에는 한국보다 센 게 3가지가 있다고 하면서 '술, 담배, 여자'를 들기도 했다. 당시만 해도 가부장적인 사회 분위기였던 한국에 비해 중국에서는 남자들이 주방에 들어가 요리를 하거나 가사를 분담하는 경우가 많았기 때문이다. 또한, 중국 여성의 높은 사회참여율이나 다양한 직업에 종사하는 것도 이러한 생각을 뒷받침하는 근거가 되었다. 실제로 매년 실행하고 있는 전 세계 성평등지수gender-related development index에서도 중국은 한국보다 높은 순위를 기록하고 있다.(2019년 기준으로 중국은 0.978, 한국은 0.936) 그렇다면 중국은 어떻게 천 년 동안 이어져 오던 삶의 패턴을 반세기 만에 바꿀 수 있었을까?

여성의 자유를 옭아매는 전족을 폐지하자는 주장은 19세기 중반부터 이미 시작되었지만, 막상 그것이 실행에 옮겨진 것은 1950년대에 들어서이다. 문화와 관습이라는 명분으로 행해지던 많은 구습에서 여성 자신도 빠져나오길 거부하는 무지몽매한 시대에 이러한 여성의 낡은 사상을 계몽하고자 했던 여성이 있었는데, 바로 오늘 우리가 살펴보고자 하는 덩잉차오이다.

굴곡지지만 독립적인 성장 배경

덩잉차오는 1904년 광시성廣西省 난닝南寧에서 청조淸朝의 군관이었던 아버지 덩팅중鄧庭忠과 지식인이었던 어머니 양전더楊振德의 외동딸로 태어났다. 봉건적인 사상을 지닌 아버지는 덩잉차오가 딸임을 확인하고 남의 집에 주자고 했지만, 어머니는 이를 극구 반대했다. 불행하게도 덩잉차오의 아버지는 그녀가 6살도 되기 전에 돌아가시면서, 어머니 홀로 덩잉차오를 키우게 되었다. 덩잉차오는 성장 과정에서 자유와 해방을 추구하는 어머니의 영향을 많이 받았다. 만약 봉건적인 아버지가 계속 살아계셨으면 덩잉차오의 인생 여정이 달라졌을지도 모를 일이다.

반면, 덩잉차오의 외할버지는 상당히 민주적인 성향을 지닌 사람이었다고 한다. 덕분에 그녀의 어머니는 전족은 물론 조혼도 하지 않아 늦은 나이에 결혼했지만, 결국 남편을 잃고 어린 딸과 홀로 남게 되었다. 하지만, 다행히 어릴 적부터 교육을 받은 어머니는 자신이 가지고 있는 의술中醫을 바탕으로 톈진天津에서 자리를 잡게 된다. 그 후, 지인의 소개로 베이징의 평민학교에서 교편을 잡게 되는데, 이때 덩잉차오도 어머니를 따라 베이징에 가서 초등교육을 받았다. 이후, 꾸준히 공부하여 어머니처럼 교편을 잡게 되는데, 이들 모녀는 주로 중국 사회당에 소속된 진보적인 인사들의 도움을 받으며 삶을 개척해 나갔다. 오갈 데 없는 모녀를 받아준 곳이기도 하고, 당시로서는 파격적인 남녀평등과 여성해방을 주장하는 혁명 인사들과의 만남을 통해 덩잉차오도 어릴 적부터 자연스럽게 계몽 교육을 받으면서 혁명적인 성향으로 기울었다.

어머니 양전더와 덩잉차오(출처: 바이두)

⬚ 혁명의 길에서 만난 영원한 동지

1919년 1차 세계대전 이후, 중국에도 제국주의에 반대하는 구국救國민족운동이 전개되었다. 이러한 애국 운동의 일선에는 청년들이 적극적으로 참여하였는데, 당시 15살의 덩잉차오는 톈진에서 항일 운동과 반제국주의 운동을 펼치고 있었다. 덩잉차오는 나이는 어리지만, 조직 능력과 강연 능력을 인정받아 혁명의 리더로 활약하고 있었다. 주로 시내의 각 강연장을 돌며 민중교육관과 항일구국, 일제품 불매운동 및 이웃 나라 조선 민중들이 당한 망국의 고통 등을 알렸다. 후에는 혁명을 위한 기치가 '민족의 독립, 자유 쟁취'에서 '여성의 해방, 여성의 자유권과 평등권 쟁취' 및 '반제국주의와 반봉건주의'로 더욱 확대되었다.

이때 중국 전역에서 많은 청년 진보단체가 생겨났는데, 톈진에서도 '각오사覺悟社'라는 단체가 조직되었다. 톈진학생연합회와 톈진여성계 애국동지회의 핵심 맴버들로 구성된 이 단체에 덩잉차오도 참가하였다. 남녀평등의 실현을 위해 각 회에서 10명씩 추천하였고, 이들이 각오사의 최초의 회원이 되었다. 여자 회원 중에는 덩잉차오와 류칭양劉淸揚, 궈룽전郭隆眞, 장뤄밍張若茗 등이 있었고, 남자 회원에는 저우언라이周恩來, 천즈두諶志篤, 마쥔馬駿, 리전잉李震瀛 등이 있었다. 여기에서 덩잉차오는 후에 남편이 될 저

1925년 덩잉차오와 저우언라이의 결혼사진
(출처: 바이두)

우언라이를 처음 만나게 된다. 당시 덩잉차오의 나이는 15세였고, 저우언라이는 21세였다.

저우언라이가 처음 덩잉차오를 눈여겨보게 된 것은 바로 그녀의 당당함 때문이었다. 15세의 어린 나이에 각오사의 회원으로 활동한 덩잉차오는 당시 각오사가 발간한 『각오覺悟』라는 잡지에 다음과 같은 내용의 글을 기고하였다.

'왜 인간을 천대하는가?'
'왜 악습에 젖어있는가?'
'왜 화려한 장식을 해야 하는가?'

두 사람은 1919년 5·4운동 당시 저우언라이가 연출을 맡은 신극新劇 『안중근전』에서 덩잉차오가 안중근 역을 맡으면서 서로를 더욱 잘 알게 되었다. 물론 두 사람이 실제 연인으로 발전하게 된 것은 1920-1924년 저우언라이가 프랑스에 간 뒤, 편지를 주고 받으면서라고 한다. 당시 두 사람이 주고 받은 편지만 해도 무려 250여 통이 넘는데, 이러한 서신 왕래는 부부의 연을 맺은 뒤에도 계속되었다.

⛩ 여성해방운동의 결실, 혼인법

1922년 여름 덩잉차오는 톈진의 다런達仁여학교로 부임하면서, 지금 우리가 잘 알고 있는 이름으로 개명하였다. 그녀의 본명은 덩위아이鄧玉愛였는데, 소학교 입학 시 덩원수鄧文淑로 개명했다가 후에 직접 덩잉차오로 개명했다. 또한, 이때부터 본격적으로 중국 곳곳에 있는 고등학교 여학생과 도시 지역의 지식계 여성들은 여권운동동

맹 조직을 세우고 여성의 정치참여를 호소하였다. 그녀는 이렇게 주장하였다.

수천 년간 중국에서는 여권이 신장되지 못해 교육, 경제 및 공법과 사법에서 불평등한 대우를 받았다. 헌법을 제정할 때 우리 여성계가 앞장서서 법률상의 모든 평등을 얻어내야 한다.

그녀는 국회에 남녀평등의 취지를 밝힌 몇 가지 요구사항을 제기했지만 모두 거절당했다. 하지만 후에 그녀가 혼인법 입안자 중 한 사람으로 활약하면서 이러한 사상은 중화인민공화국의 혼인법을 제정하는 데 상당 부분 반영되었다. 1950년 4월 13일 중앙인민정부위원회 제7차 회의에서 「혼인법」이 통과되었고, 마오쩌둥 주석은 1950년 5월 1일부터 이를 실행할 것을 공포하였다. 「중화인민공화국혼인법」은 중화인민공화국 수립 후 제정된 첫 번째 국가 대법이다. 「혼인법」의 공포와 시행은 결혼과 가정의 관계를 개선하는 강력한 개

「중화인민공화국 혼인법」(출처: 바이두)

혁으로 현대적인 혼인 관계를 수립하고 남녀평등을 실현하는 데 중요한 역할을 했다고 평가받는다. 특히, 이 과정에서 덩잉차오는 마오쩌둥에게 '이혼의 자유'를 주장했는데 마오쩌둥이 이를 수락해 중국에서 합법적으로 이혼이 가능해졌다. 물론, 덩잉차오가 당시 입법을 추진할 때의 의도와 상관없이 법이 실행되자마자 이를 악용하는 사례도 발생하였다. 당시 혼인법에 따르면 '일방이 완강하게 이혼을 요구할 경우, 이혼할 수 있다'였는데, 이는 억압받는 여성이 남편을 향해 이혼을 요구하여 자유를 획득하려는 조치였지만, 오히려 남편이 조강지처를 버리는 데 악용되는 반면, 여성의 이혼 요구가 묵살되는 경우도 많았다. 하지만, 적어도 남성 중심의 사회에서 여성이 자주적인 목소리를 낼 수 있는 길을 열어줬다는 면에서 높이 평가받고 있다.

_김주아

참고문헌

구성희, 『한권으로 읽는 중국여성사』, 이담, 2012.
리훙李虹 저, 이양자·김형열 역, 『주은래와 등영초』, 지식산업사, 2006.
저우언라이·덩잉차오 연구센터, 저우언라이 사상 생애 연구회 저, 한수희
　　역, 『등영초』, 선, 2017.

현대 중국의 정치 라이벌

마오쩌둥과 류샤오치劉少奇

 마오쩌둥과 류샤오치는 누구인가?

중국 공산혁명의 지도자 마오쩌둥毛澤東

마오쩌둥(1893-1976)은 장제스蔣介石의 국민당 군대의 토벌작전에 도망 다니면서 1935년 구이저우貴州성에서 개최된 쭌이遵義회의 이후 1976년 9월 9일 사망할 때까지 41여 년간 유일무이한 권력자로 중국을 좌지우지했고, 오늘날까지 중국공산당의 위인으로 추앙받고 있는 인물이다. 마오쩌둥은 중국 내륙지역인 후난성 샹탄현湘潭縣의 부유한 농민의 장남으로 태어났다. 여덟 살이 되던 해에 후난성의 성도 창사長沙에서 유학을 했고, 1919년 베이징으로 가기 전까지 창사에서 사범대학을 다녔다. 그는 졸업 직전 친구 차이허썬蔡和森 등과 고향인 후난성에서 '중국과 세계를 변혁시키겠다'는 명분을 내걸면서 신민학회新民學會를 구성했다. 1919년 5·4운동 전후, 훗날 장인이 된 양창지楊昌濟 베이징대 교수의 추천으로 베이징대학 도서관

사서로 일하면서, 도서관장 겸 학생동아리 마르크스연구회 지도교수였던 리다자오李大釗의 영향으로 마르크스주의를 공부했다. 1920년 고향으로 돌아와 후난성 창사에서 공산주의 공부 모임을 구성하고, 1921년 7월 중국공산당 창당대회에 후난대표로 참석하고, 전국적으로 중국의 노동운동을 지도하였다.

1935년 10월 산시성陝西省 북부 옌안延安으로 옮겨 항일민족통일전선을 주장했다. 1936년 시안西安사변 후 저우언라이周恩來를 시켜 제2차 국공합작을 성사시키고 장제스의 국민당과 함께 항일전선을 구축하는 전기를 마련했다. 중일전쟁 시기 『실천론』, 『모순론』, 『지구전론』, 『신민주주의론』 등 중국의 현실에 부합한 혁명이론을 발표하여 공산당 최고 권위의 이론적 지도자의 지위를 확립하였다. 항일전쟁의 승리를 목전에 두고 있던 1943년 중앙정치국 주석에 선출되고 1945년 중공 제7기 전국대표대회에서 「연합정부론」을 발표하여 신중국新中國의 정부는 공산당뿐만 아니라 중도파까지 포함하는 정책 방향을 주장했다. 이 회의에서 중국공산당은 마오쩌둥 사상을 당의 지도 사상으로 확정하였다. 1949년 10월 1일 중화인민공화국이 수립되자 중앙인민정부 주석이 되었고, 1954년 중화인민공화국헌법이 제정되자 초대 국가주석에 취임하였다.

1958년부터 그가 추진한 대약진정책의 실패에 책임을 지고 1959년 국가주석직을 류샤오치劉少奇에게 이양할 수밖에 없었다. 하지만 공산당 당주석직은 여전히 보유했다. 왜냐하면 중국의 국가권력은 공산당이 장악하고 있기 때문이었다. 대약진정책의 조정과정에서 농촌식 발전전략을 재현하고자 한 마오쩌둥은 소련식 발전전략을 선호한 류샤오치 등 실무파와 노선 갈등을 겪으면서, 1963년 농촌사회주의교육운동과 1966년 문화대혁명을 추진했다. 그리고 마오쩌둥은

1969년에 개최된 공산당 제9차 전국대표대회에서 류샤오치·덩샤오핑 등 당권파를 숙청하고, 군대를 장악하고 있던 국방부 장관 린뱌오林彪(1907-1971)와 제휴하였다. 그러나 문혁의 결과는 유교문물, 종교문화, 체육, 음식문화 등 실생활, 미술 음악 등 예술을 망라한 거의 모든 분야에서 중국의 전통과 문화를 파괴하고, 현재의 중국인들에게 트라우마로 남을 정도로 돌이킬 수 없는 손실을 안겨주었다. 1976년 9월 9일 베이징에서 사망하였다. 마오쩌둥이 평생 주장하고 실천했던 중국혁명의 모든 것을 5권의 책으로 담은『마오쩌둥선집』이 있다.

백구白區의 지도자 류샤오치劉少奇

류샤오치(1898-1969)는 마오쩌둥과 동일한 지방인 후난성의 한 부유한 농민가에서 태어났다. 류샤오치는 공산당이 통치하는 지역인 홍구紅區에서 활동하지 않고, 주로 국민당 통치지역인 백구白區에서 노동자 운동의 실천에 뛰어난 능력을 보인 공산주의 이론가다. 그는 고향에서 중학교를 졸업한 후 1921년 6개월간 소련 유학을 가서 동방공산주의노동대학에서 공산주의 이론을 학습하고, 그해 중국공산당이 창립되자 귀국하여 공산당에 입당했다.

1937년 당 중앙이 소집한 백구공작회의에서「백구의 당과 대중大衆공작에 관하여」라는 글을 발표하여 백구공작의 경험과 교훈을 종합하고 과거 당의 비밀 업무 수행에 있어서의 우월주의와 모험주의를 비판하였다. 1937년 중일전쟁이 발발하자, 화북의 적 후방지역에서 대중운동과 유격전을 통해 항일근거지를 구축하기 위해 직접 혁명활동에 종사하는 한편,「항일유격전쟁 중의 약간의 기본문제」와

「독립 자주적으로 화북항일유격전을 지도하자」는 글을 발표하여 중일전쟁에 있어 유격전의 중요성을 강조했다. 이어 1939-1941년에는 「공산당원의 수양을 논함」이라는 논문을 발표하여 당의 주요 지도자이자 이론가로서의 위치를 굳혔다.

1945년 중국공산당 제7기 전국대표대회에서 당헌 수정안 보고를 통하여 마오쩌둥사상을 체계적으로 정리했다. 그리고 동 회의에서 중앙정치국 위원과 중앙서기처 서기가 됨으로써 중국 최고지도층의 반열에 진입하였다. 그해 8월 일본이 항복하고 마오쩌둥이 충칭重慶에서 장제스와 담판을 개최하게 되자, 당시 류샤오치는 마오쩌둥을 대신하여 당 중앙위원회 주석으로 권한을 행사했다. 이때부터 류샤오치는 중국공산당의 제2인자로 간주되었다.

건국 후 그는 1954년 제1기 전국인민대표대회 상무위원장, 1956년 당 제8기 중앙위원회 부주석을 거쳐 1959년 마오쩌둥이 제2선으로 퇴임하자 제2대 국가주석 겸 국방위원회 주석에 선출되었다. 당 총서기에 선출된 덩샤오핑과 함께 실용주의적 경제발전노선을 추진하면서 2인자로서의 위상을 굳히는 듯했으나, 마오쩌둥의 의심에 따른 무자비한 공격으로 실각하게 되고, 문화혁명의 광풍에 휩싸여

천안문 위의 마오쩌둥과 류샤오치(출처: 구글)

1969년 11월 12일 질병 치료조차 제대로 받지 못하고 비참한 최후를 맞이했다. 류샤오치는 덩샤오핑이 다시 권좌에 복귀한 이후 1980년에 개최된 공산당 제11기 5차 중앙위원회 전체회의에서 복권復權되었다. 그의 주요 저작으로는 『류샤오치전집』이 있다.

🏯 라이벌 구도 형성: 옌안 엘리트 대연합

1949년 10월 1일 마오쩌둥이 베이징 천안문 광장에서 중화인민공화국 중앙인민정부의 수립을 선포함으로써 중국은 새로운 인민민주주의 독재국가로 탄생하였다. 새로운 중국의 탄생은 공산당의 입장에서는 1921년 공산당 창당과 함께 시작되었던 30년 가까운 국민당과의 투쟁의 결과였으며, 혁명전쟁의 종료였으며, 제국주의 열강으로부터 중국이 독립을 쟁취한 민족 혁명의 승리를 의미했다.

엘리트 대연합 지도부 구성

중화인민공화국의 수립은 민주 제 당파의 연합정부적 성격을 띠었으며, 중국공산당 최고지도층의 진용陣容도 마오쩌둥을 중심으로 한 하나의 엘리트연합이 불가피하였다. 신정부는 명목상 당과 정부와 그리고 군대가 권력을 분할하는 틀을 취했지만, 이념적으로는 공산당이 정부와 군대를 포함한 모든 것을 감독하고 지도하며 조율하는 이당영정以黨領政(당이 정부를 영도), 이당영군以黨領軍(당이 군대를 영도) 체계였다.

건국 당시 공산당 중앙의 최고 지도기관은 중앙정치국과 중앙서기처였다. 중앙서기처의 구성과 위상은 현재의 중앙정치국 상무위원회와 비슷하다. 전국대표대회는 지금도 마찬가지지만 명목상 혹은 의전상의 권위만 가지고 있었고, 중앙위원회는 공산당의 최고정책기구이지만, 실제로는 소수의 중앙정치국 위원들에 의해 주도되었다.

당시 중국공산당의 최고지도부는 1945년 연안 시절 공산당 제7기 전국대표대회(이하 7전대회로 약칭)에서 개편한 인사들 그대로였다. 마오쩌둥을 중심으로 한 주더朱德, 류샤오치, 저우언라이, 런비스任弼時, 천윈陳雲 등 6명이 최고 상임지도부인 중앙서기처의 서기 겸 중앙정치국 위원이었다.

1949년 건국 당시 이들의 평균 연령은 51.2세로 새로운 국가를 일으키겠다는 열정이 왕성한 나이였다.(마오쩌둥 56세, 주더 63세, 류샤오치 51세, 저우언라이 51세, 펑더화이 51세, 덩샤오핑 45세) 이들의 대부분은 국내에서 사범교육(마오쩌둥, 가오강高崗, 펑전彭眞)을 받았거나, 고급군사학교(주더, 펑더화이)에서 군사학을 공부했다. 이 가운데 일부는 낮에는 일하고 밤에는 공부하는 근공검학勤工儉學 방식으로 프랑스 유학을 했거나 소련 유학을 다녀오기도 했다. 이들은 중국공산당의 목표였던 중국에서의 공산주의 혁명의 승리를 위해 행동했다.

1차 5개년 경제발전계획과 가오강高崗·라오수스饒漱石의 반란

엘리트연합은 1949년 3월 당 제7기 전국대표대회 제2차 중앙위원회 전체회의(7대 2중전회로 약칭)에서 결정된 건국 이후의 정책방향에 잘 나타나 있다. 그것은 '반동분자'를 제외한 모든 사람이 참가하는 새로운 '정치협상회의'를 소집하고 '민주연합정부'를 수립할 것과 당의 공작 중심을 농촌에서 도시로 옮길 것을 결정한 정부수립 후의

산시성 옌안 혁명근거지 유적지(출처: 구글)   옌안 근거지의 1944년 사진(출처: 구글)

'신민주주의의 기본 임무와 기본 정책'이었다.

　이 시기에는 지도자들 간의 노선상의 대립은 없었다. 비록 그들 사이에 중국 사회주의 건설에 대한 방법상의 차이는 존재했지만, 어떤 형태의 사회주의를 건설하든 먼저 구세력을 청산하고 신중국 건설의 토대를 마련해야 한다는 데는 이견이 없었기 때문이었다.

　그러나 과도기 총노선을 위한 중앙집중적인 관리체제의 정비과정에서 예기치 못한 권력투쟁이 발생했다. 가오강과 라오수스의 '반당연맹' 사건이 바로 그것이다. 이 사건은 중화인민공화국 수립 이후 중국 공산당 지도부 내에서 처음으로 발생한 심각한 권력투쟁의 전초였다.

🏛 공산당 제8차 대회와 전문 관료들의 부상

　비록 관료회의 병폐가 드러나는 듯한 모순이 있긴 하였지만, 한마디로 1차 5개년 계획은 성공적이었다. 따라서 중국공산당은 새로운 의욕을 갖고 사회주의건설에 전력을 투입하겠다는 의지로 1956년 초 제2차 5개년 계획의 기본구상과 관련하여 논의했다. 제1차 5개년 계획의 성과를 바탕으로 새로운 비약을 목표로 하여 추진한다는 것이었는데, 주목할 것은 중국이 경제건설에 있어 독자성을 강하게 지향하고자 한다는 사실이다.

스탈린 격하운동에 놀란 마오쩌둥

이즈음 마오쩌둥은 정치국확대회의(1956년 4월 28일)에서 이른바 지식인의 학술토론, 언론의 자유를 의미하는 백화제방百花齊放과 백가쟁명百家爭鳴의 방침을 추진했다. 백화제방은 문학과 예술 방면에서 모든 양식과 내용의 작품을 발표할 수 있게 하는 것이고, 백가쟁명은 학술 방면에 있어서 모든 이론과 학설을 자유롭게 논쟁할 수 있도록 한 것으로 대명대방大鳴大放, 명방鳴放운동 또는 쌍백雙百운동이라고도 한다. 그리고 1956년 5월 2일 국무원회의에서 마오쩌둥은 백화제방, 백가쟁명과 함께 공산당과 다른 민주당파 사이의 장기공존長期共存 상호감독互相監督을 역설했다.

1956년 폴란드 포즈난에서 노동자들이 "빵을 달라"는 피켓을 들고 시위하고 있다.(출처: 구글)

플래카드를 들고 있는 시민들(출처: 구글)

그런데 1956년 2월 소련공산당 제20차 당대회에서 흐루시초프는 비밀보고를 통해 스탈린의 정치적 죄상을 적나라하게 폭로했다. 이 '비밀보고'가 야기한 파문은 6월의 폴란드 포즈난Poznań 폭동, 10월의 헝가리 혁명으로 이어져 '10월의 봄'이라는 정치 자유화 운동이 동유럽 사회주의 국가에서 발생했다. 그 영향이 중국에도 파급되면서, 마오쩌둥의 권력 유지에도 영향을 미쳤다.

마오쩌둥 권위의 추락: 마오쩌둥 사상 명칭 삭제

1956년 9월, 국내외의 격동이 몰아치던 시기에 중국공산당 제8기 전국대표대회가 개최된다. 이는 건국 후 최초의 전당대회였다. 중요한 변화는 당헌의 개정과 당 기구 개편에 반영되어 나타났다. 중국 공산당은 스탈린 비판을 어떻게 수용할 것인가를 논의한 끝에 개인숭배와 관료주의를 반대하고 사회주의적 민주를 확대하는 것을 임무로 제기함으로써 난제를 해결하려 했다. 그리하여 마르크스·레닌주의와 함께 당의 지도이념이었던 '마오쩌둥 사상'을 삭제하기에 이른다. 이것은 마오쩌둥 개인에게는 치명적인 위신의 손상이었다. 또한 "당의 민주집중제에 따라 어떠한 조직도 반드시 집단지도와 개인 책임이 결합된 원칙을 엄격히 준수하여야 하며, 어떠한 당원이나 당의 조직도 반드시 당의 위로부터 아래로의 감독과 아래로부터 위로의 감독을 받아야 한다."고 규정함으로써 개인을 당이라는 집단 위에 올려놓는 행위를 용납하지 않게 하여 '마오쩌둥 우상화'를 배제했다.

이러한 1인 독재를 배제하는 집단지도체제의 원칙은 당 기구개편에도 잘 반영되었다. 중앙조직의 경우 첫째, 중앙위원회의 폐회기간

중에는 중앙정치국과 그 상무위원회가 중앙위원회의 직권을 행사하도록 명문화함으로써 이들이 실질적인 중국의 최고정책 결정기구임을 분명히 밝히고 있다. 둘째, 중앙위원회 부주석제 및 중앙정치국 상무위원회의 신설과 중앙서기처의 기능 전환이 이루어졌다.

이처럼 마오쩌둥 사상을 삭제한 것이나 마오쩌둥 1인 독재를 배제한 것은 한마디로 마오쩌둥의 당내 지위의 약화라고 볼 수 있을 뿐만 아니라 제1차 5개년 계획을 추진해 왔던 실무그룹의 부상 때문인 것으로 해석할 수 있다. 8차 대회에서 류샤오치가 정치 보고를 하였고, 덩샤오핑은 「당헌개정에 관한 보고」를 하면서 1인 독재와 개인 우상화의 배제 및 집단지도체제의 강화를 언급하면서 마오쩌둥의 영향력이 감소한 것이 표면적으로 나타났다.

반우파투쟁을 기회로 류샤오치와 저우언라이를 압박

마오쩌둥의 주치의 리즈수이李志綏는 당시 마오쩌둥의 심정을 전하면서 마오쩌둥은 모멸감을 느끼고 몹시 화가 나 있었다고 했다. 그리고 당내 대다수 고위지도자의 사고가 지나치게 보수주의적이기 때문에 혁명적 변화를 수립하는 과정에서 행동이 민첩하지 못하다고 비난하였다고 했다. 그리고 마오쩌둥은 전당대회가 끝난 후 류샤오치와 덩샤오핑이 공식적이면서도 표면적인 문제뿐만 아니라, 중요한 이해가 걸린 문제에서도 권력을 잡아 자신을 제2선으로 몰아내려고 획책하고 있다고 비난했다. 당시 마오쩌둥은 불안할 수밖에 없는 심정이었을 것이다. 흐루시초프의 예에 비추어 보면, 당이 집단지도체제 원칙을 고수하면 모든 고위 지도자들은 동등한 위치에 서게 되고 중요한 안건도 집단적 사고에 의해 결정되어야 하는데,

그렇게 되면 마오쩌둥의 역할은 자연히 축소될 수밖에 없었기 때문이었다.

특히 당헌 제37조의 '중앙위원회는 필요하다고 생각할 때 중앙위원회 명예주석 1인을 둘 수 있다'는 규정은 마치 마오쩌둥 자신을 위한 자리처럼 보였기 때문에 더욱 울화가 치밀 수밖에 없었을 것이다. 또한 1945년 5월 당 제7차 전국대표대회에서는 "마르크스주의의 보편적 진리를 중국의 구체적 혁명 현실에 결합시킨 것이 바로 마오쩌둥 사상"이라며, 이것을 앞장서서 당헌에 삽입시켰던 류샤오치가 11년이 지난 지금에 와서는 누구보다 앞장서서 이것을 삭제하는데 분통이 터졌을 것이다.

백화제방·백가쟁명 운동에 의한 공산당의 권위추락과 집단지도체제에 의한 류샤오치와 덩샤오핑 등 실용주의 지도부에 의한 노선 수정은 마오쩌둥에게 있어서는 자신의 권위 저하와 중국 사회주의의 위기로 받아들여졌다. 사태의 심각성을 인식한 마오쩌둥은 그때까지 "마르크스주의자는 어떠한 사람의 비판도 두려워하지 않는다"던 유연한 자세를 하루아침에 뒤바꾸어 '독초 뽑기 운동'이라는 별명의 '반우파 투쟁'에 착수한다.

1957년 6월 인민일보는 사설을 게재하여 대명대방에 참여한 지식인, 청년, 교수, 학생, 예술가들을 우파로 규정하고 이들을 숙청할 것을 명령한다. 전국적 규모의 대중적이며 폭풍우식의 반우파투쟁은 이렇게 맹렬하게 전개되었다. 대명대방운동기간에 반공 및 비공산주의적 사상을 발표했거나 그런 언동을 전개한 사람들은 모두 체포 투옥되었다. 장보쥔章伯鈞(민주동맹 부주석, 정협부주석, 국무원교통부장), 뤄룽지羅隆基(삼림공업부장), 유명한 사회학자 페이샤오퉁費孝通, 저명한 여류작가 딩링丁玲, 장쩌민江澤民 시기 국무원 총리 주룽지朱

鏴基도 이때 하방下放(공산당 간부였으나 지방의 공장이나 농촌 지역으로 좌천되는 것을 의미)되었던 공산당 지방 간부 중의 한 사람이다. 반우파투쟁은 1958년 전반에 수습되는데, 이때까지 '우파분자'의 딱지가 붙은 사람은 전국에서 55만여 명에 달했다. 이들은 그 후 20여 년에 걸쳐 감시상태에 놓이게 되고 오랫동안 침묵을 강요받았다.

물론 정권 수립 후 언젠가는 이런 바람이 한 번 불어 닥칠 것이라 예상한 터였지만 중국 속담에 있는 말처럼 "뱀을 잡으려면 뱀 구멍에서 나오게 한 후 잡아야 한다." 혹은 "미끼를 던져서 물고기가 낚싯바늘을 물게 한다"는 식으로 모습을 드러내게 하거나, 유인하여 덜미를 잡는 식의 숙청을 단행하리라고는 아무도 생각하지 못했다. 여기서 알 수 있는 것은 결국 대명대방운동이 상당히 인위적이었다는 것이다.

마오쩌둥은 "계급투쟁은 아직 끝나지 않았다"고 강조하였다. 그는 「인민내부의 모순을 올바로 처리하는 문제에 대하여」에서 원래 원고에 없던 한 구절을 추가했다. 계급투쟁의 존속에 주의를 환기시키고 소유제적 면에서의 사회주의적 개조는 일단 달성되었음에도 이데올로기 면에서는 "사회주의와 자본주의 사이에 어느 쪽이 이기고 어느 쪽이 질 것인가에 대한 문제는 아직도 완전히 해결되지 않았다."고 덧붙였다. 이는 "계급투쟁은 끝났다. 문제는 생산력 발전에 있다"는 불과 9개월 전의 당 8기 노선에 대한 전면적인 유턴이었다.

이상 쌍백운동 및 반우파투쟁을 통해 알 수 있는 것은 동구공산권의 자유화 물결 및 소련의 스탈린 격하 운동이 국제공산주의운동에 거대한 손실을 가져왔다는 인식이 중국 내에서도 수정주의가 출현할 수 있다는 급박감을 낳게 하였고, 이로 인한 좌경관점의 체계화

홍위병에 둘러싸인 마오쩌둥(출처: 구글)　　홍위병에 의해 공격받는 류샤오치(출처: 구글)

와 이론화가 좌경사조의 급격한 팽창을 추동시키고 있었다는 것이다. 특히 마오쩌둥이 이들 사태로부터 찾아낸 가장 기본적인 교훈은 '동구 몇몇 국가의 기본문제는 계급투쟁을 완료하지 못한 점'에 있다고 본 것이다.

다른 한편 마오쩌둥은 학생들을 홍위병으로 동원하여, 당 지도부를 공격하도록 요청할 수 있다는 사실이다. 이것은 자신의 통치권에 도전하려는 당내 지도자(적)들에게 칼날을 세울 수 있다는 사실을 확인시켜 줌으로써 암암리에 위협을 가한 것이다. 따라서 당시 대부분의 지도자들은 마오쩌둥의 요구에 발을 맞추었다. 마오쩌둥이 또다시 자신들에게 분노를 터뜨릴지 모른다는 공포가 그들로 하여금 마오쩌둥이 실현하려고 했던 지상낙원으로서 공산주의 이상의 실현이라는 꿈을 공유하도록 했다.

쌍백운동은 중국공산당이 민주당파 그리고 지식인에 대하여 또다시 사상개조를 위한 정풍운동을 강행할 수 있는 구실을 제공하는 결과밖에 안 되었다. 또한 반우파투쟁이 일단락되자, 곧이어 대약진운동이 추진된 것으로 봐서, 반우파투쟁은 대약진운동으로 가기 위한 사상적·문화적 정치작업으로 진행되었다.

중국공산당의 라이벌 관계였던 마오쩌둥과 류샤오치 사이에는 중국혁명의 실천 과정에서도 농촌 중심과 도시 중심이라는 차이가 있었고, 중국의 경제건설에 있어서도 계획경제와 시장경제라는 차이가 존재했다. 생전의 대결은 류샤오치의 비참한 최후에서 보여지듯이 마오쩌둥이 이긴 것으로 비춰지지만, 오늘날 중국의 부상은 시장경제의 발전 결과로 인정되는 것처럼, 류샤오치의 유산이 계승된 것이다.   _이광수

참고문헌

중국공산당중앙당사연구실 지음, 『중국공산당역사』, 서교출판사, 2021.

제 3 부
중국인의 삶의 공간

지역의 문학 공간과 인문환경

공간은 그릇이다. 사람을 담는다. 사람은 공간 안에서 행위하고 무언가를 창출한다. 공간과 사람이 콜라보를 이루어, 사람은 공간을 만들고 공간은 사람을 만든다. 여기에서 공간이란 물질적 공간이기도 하고 정신적 공간이기도 하다. 이런 면에서 볼 때, 지역 공간은 지리적 의미의 일반적인 장소이기도 하고, 사람이 경험하고 의미가 부여된 특별한 기억의 장소이기도 하다.

사람과 시대와 지역이 만나 하나의 인문환경을 형성한다. 하나의 지역은 해당 지역의 자연환경, 인문환경, 역사 경험이 혼합하여 특정한 지역문화를 형성한다. 산둥 지역을 중심으로 한 제로齊魯 문화, 장쑤江蘇·저장浙江 지역을 중심으로 한 오吳 문화, 쓰촨四川 지역을 중심으로 한 파촉巴蜀 문화권을 형성하기도 하고, 상하이上海·윈난雲南·시안西安 등 도시의 지역문화를 형성하기도 한다.

한편, 지역의 한 특정 공간은 특정 시대와 사람의 경험과 기억을 담고 있다. 공간은 역사성과 장소성을 동시에 갖는다는 것이다. 문학(예술) 공간은 작품의 배경이 되는 장소이기도 하고, 작가가 생활했던 실존 공간이기도 하며, 작품의 서사 공간이기도 하다. 작품과 연관된 현존하는 특정 장소는 작가와 작품에 대한 이해를 높여준다. 문학예술과 공간이 만나 만들어 낸 작품과 지역의 인문환경을 살펴본다.

🏮 사오싱紹興과 육유陸游

사오싱은 저장성 동쪽에 있는 도시이다. 춘추시대 월왕越王 구천句踐이 도읍으로 정한 곳이다. 수로가 발달하여 도시 곳곳에 작은 다리가 많아서 수향교도水鄕橋都라고도 한다. 남쪽으로 회계산會稽山과 동호東湖가 있다. 동진 왕희지王羲之(307-365)의 「난정서蘭亭序」로 유명한 난정은 남쪽의 회계산 기슭에 위

육유 초상(출처: 바이두)

치한다. 또한 중국 현대 문학가 루쉰魯迅(1881-1936)의 고향으로 루쉰기념관도 있고, 남송 시인 육유陸游(1125-1210)와 깊은 인연이 있는 심원沈園도 있다.

심원은 남송 시대에 부상富商 심沈씨의 사가私家 정원이어서 심원이라고 불렸다. 육유의 작품과 관련한 일화로 유명하다. 육유는 금나라에 대항하자는 주전론主戰論을 주장하면서 재상 진회秦檜(1090-1155) 등의 주화파主和派와 대치하였다. 후에 과거시험에 급제했지만 진회의 방해로 관직에 나아가지 못하였고, 결국 진회가 죽은 후에 벼슬길에 나갔다. 그 후로도 계속 금나라와 싸워 중원을 회복

할 것을 주장했다가 여러 차례 파직당하기도 했다. 1203년 관직을 사직하고 고향 산음山陰(현, 사오싱)으로 돌아와서 시 창작에 몰두하다가 85세로 세상을 떠났다. 중국 고대문학에서 대표적인 애국 시인으로 불린다.

육유는 20살 무렵 학문과 재능이 뛰어난 외사촌 여동생 당완唐婉과 결혼했다. 당완은 정주통판鄭州通判 당굉唐閎의 외동딸이었다. 육유의 어머니는 당완의 뛰어난 재주와 후사가 없는 것이 아들의 앞날을 막는다고 판단하여 당완을 못마땅하게 여겼고, 결국 그들은 헤어지게 되었다. 이혼 후 육유는 왕씨 성의 여자와 재혼을 했고, 당완도 조사정趙士程과 재혼을 했다. 그 후 약 10년이 지난 어느 날, 육유는 심원에 갔다가 그곳에서 우연히 당완과 마주친다. 육유는 그리워하던 마음을 심원의 벽에 사詞로 남긴다. 바로 「채두봉釵頭鳳」이다.

그대의 고운 손으로 황등주黃藤酒를 권할 적에
성안은 봄빛 가득하고 담장의 실버들은 너울거렸지
모진 동풍에 짧은 우리의 인연은 깨어지고
그리움만 품은 채 몇 해를 보냈든가
아, 돌이킬 수 없는 내 잘못이여

봄은 예와 다름이 없는데 사람만 속절없이 야위었고
연지 묻은 손수건, 눈물에 젖는구나
복숭아꽃 떨어진 연못의 누각은 쓸쓸한데
굳은 맹세는 여전하건만, 마음 담은 편지를 전할 길 없구나
아, 아서라, 아서라

이를 본 당완 역시 동일한 제목 「채두봉」으로 화답을 남겼다.

세상살이 고달프고 사람 마음도 삭막해라
비 내리는 황혼에 꽃잎 쉬이 떨어지고
새벽바람에 말려도 눈물 자국 남아있네
마음을 적어 보내려다 난간에 기대어 혼잣말하네
아, 어려워라, 어려워라

서로 남이 되어 지금은 전과 다르니
아픈 영혼은 늘 그넷줄처럼 흔들리네
수졸戍卒들의 호각 소리에 밤은 깊어 가는데
왜 우느냐 물을까 봐 눈물 삼키며 웃었다네
감추고, 감추었다네

　당완은 답시를 남긴 후 세상을 떠났다. 그 후 40여 년이 흘러 일흔
이 넘은 육유는 다시 심원을 찾았고, 당시를 회상하며 「심원」(2수)을
남겼다. "꿈같은 날 끊기고 향기 사라진 지 사십 년, 심원의 버들도
늙어 버들 솜도 날리지 않는구나. 이 몸도 회계산의 한 줌 흙이 되겠
지만, 아직도 옛 자취 잊지 못해 눈물을 떨구네."(제1수)
　현재 사오싱 심원의 채두봉시벽詩壁에 육유의 「채두봉」이 이렇게

「채두봉」(출처: 바이두)

남아있다.

심원의 한 부분인 남원南苑의 무관당務觀堂(무관, 육유의 字)에는 육유의 일부 작품이 탁본으로 전시되어 있다.

육유는 금나라에 대한 항전 의식과 잃어버린 송을 회복하려는 의지로 일관된 삶을 살았던 시인이다. 그의 우국憂國 의식과 주전主戰 행동은 주화파主和派와의 갈등으로 인해 매번 관직에서 파면되거나 멀리 좌천되기 일쑤였다. 비통한 시대를 구가한 우국시, 전원의 한가로움을 노래한 한적시 등 평생 1만 여수의 시를 남긴 다작 시인으로도 손꼽힌다. 저서로 『검남시고劍南詩稿』가 전한다.

이 외에도 사오싱에는 중국 유명한 서예가 서성書聖 왕희지의 난정이 남아있다. 난정은 월왕 구천이 이곳에 난蘭을 심었고, 한나라 때는 역참驛站을 세워서 '난정蘭亭'이라 불렀다고 한다. 난정 입구에 "후대 사람들이 현재의 우리를 보는 것은, 지금 우리가 옛사람들을 보는 것과 같다"라는 천하제일의 행서行書 「난정서」 중의 한 구절이 쓰여 있다. 「난정서」에는 총 20여 개의 '지之' 자가 나오는데 모양이 모두 다르다고 한다.

🏮 청두城都와 두보杜甫

청두成都는 쓰촨성의 성도省都이다. 한나라 때는 익주益州였고, 삼국시대 유비가 세운 촉蜀나라의 수도였다. 창강長江·민강岷江·퉈강沱江·자링강嘉陵江의 4대 강이 성내를 흐른다고 하여 '사천四川'이라고 했다. 두보초당杜甫草堂은 청두의 대표적인 문학 공간 중의 하나이다.

두보(712-770)는 성당盛唐의 대표적인 시
인으로 시성詩聖으로 불린다. 조부는 초당
初唐 시기의 시인 두심언杜審言(645-708)이
다. 두보는 벼슬길도 인생도 순탄치 않았
다. 당나라 현종玄宗(712-756 재위) 시기 746
년에 과거에 응시했으나, 당시 조정의 인
사를 좌지우지하고 국정을 전횡하던 재상   두보 초상(출처: 바이두)
이림보李林甫(683-753)의 농간으로 모든 응시자를 전원 낙방시키는
바람에 벼슬길이 막히고 말았다. 44세(755)에 하급 관직을 얻었지만
바로 안사安史의 난(현종 때 재상 이림보, 양귀비의 오라버니 양국충楊國忠
등의 국정 전횡으로 나라가 기울어지자, 절도사 안녹산安祿山과 사사명史思明
등이 일으킨 반란으로 755-763년간 이어짐. 이로부터 당나라는 서서히 쇠퇴해
갔다)이 일어나서 더욱 곤궁한 삶을 살게 되었다. 그 후 전란을 피해
이곳저곳을 떠돌다가 백성들의 참담한 생활을 보고 「삼리三吏」, 「삼
별三別」 등의 사회시를 많이 썼다. 759년 안사의 난을 피해 청두에
이르러 청두 절도사 엄무嚴武(726-765)의 도움으로 완화계浣花溪 옆에
조그만 초당 한 채를 짓고 살았다. 그 후 형저우衡州, 웨양岳陽 등을
전전하다가 59세(770)의 나이로 생을 마감했다. 두보의 작품은 우리
나라에도 많은 영향을 주었다. 고려 시대에는 채몽필蔡夢弼의 『두공
부초당시전杜工部草堂詩箋』 등이 복간되었고, 조선 시대에는 두보의
시를 번역한 『분류두공부시언해分類杜工部詩諺解』가 간행되었다.
    두보초당은 그가 안사의 난 이후에 청두로 내려와 759년부터 약
4년간 기거했던 곳이다. 당시 초막 한 채가 있는데, 명·청 시대에
확장 공사를 했다고 한다. 정문에 들어서면 시사당詩詞堂이 있고, 그
안쪽의 공부사工部祠(공부원외랑工部員外郎이란 벼슬을 하여 두보를 '두공

두보초당(출처: 바이두)

부杜工部'라고도 부름)에는 두보의 소상塑像과 석상石像이 있으며, 그 뒤로 정원이 있다.

두보의 시 작품은 전란으로 인해 고통받는 백성들의 처참한 생활과 폐허가 된 나라를 잃은 슬픔을 묘사한 시가 많다. "나라는 깨어져도 산하는 여전하고, 봄이 든 성안엔 초목만 우거졌네. 시절을 아파하니 꽃을 보아도 눈물이 나고, 이별을 서러워하니 새소리에도 놀란다."(「춘망春望」) 전란으로 인해 장안은 폐허가 되어 참혹한데, 속절없는 봄은 어김없이 찾아왔다. 시대의 아픔과 자신의 처지로 인해 봄이 전해주는 꽃을 보아도 눈물이 나고 새소리에도 깜짝 놀란다.

전란을 피해 청두에 내려와 있으면서 쓴 봄밤의 기쁜 비 「춘야희우春夜喜雨」를 보자.

> 좋은 비는 시절을 알아
> 봄이 되니 이내 내리네
> 바람 따라 몰래 밤에 들어와
> 소리 없이 만물을 적시네

들길은 온통 구름 끼어 어둑한데
강 위에 떠 있는 배 불빛만이 밝구나
새벽녘에 붉게 젖은 곳을 보니
금관성錦官城에 꽃들이 활짝 피었으리

두보가 초당에 거하면서 봄비 내리는 밤의 정경을 읊은 시이다. 봄비가 내릴 때 떠오르는 대표적인 시로 불린다. 시인은 봄비를 바라보는 '심정', 봄비 내리는 '광경', 봄비를 바라보는 '시간', 그리고 봄비로 인해 금관성(청두)의 변한 모습에 대한 '상상' 등을 자연스럽게 펼쳐나갔다. 특히 소리 없이 온 세상을 촉촉이 적셔준다는 "윤물세무성潤物細無聲"의 표현은 어지러운 시인의 마음마저 소리 없이 달래며 적셔준다. 안사의 난으로 황폐해진 고국의 현실 때문에 슬퍼하고, 실의로 점철된 고달픈 인생을 살아왔던 두보가 잠시 평안한 시간을 보냈던가 보다.

🏛 뤼산盧山과 소식蘇軾

뤼산은 장시江西성 지우장九江시에 있는 명산이다. 지우장시의 북쪽으로는 장강이 흐르고 동쪽으로는 파양호鄱陽湖가 있고, 남쪽으로는 장시성의 성도 난창南昌의 등왕각滕王閣이 있다. 뤼산은 8개의 지류가 파양호로 흘러 들어간다고 하여 "지우장九江"이라고 불렀다. 북동쪽으로는 송나라 때부터 지금까지 이어져오는 중국 제1의 요업窯業 도시 징더전景德鎭과 근접해 있다.

뤼산은 1982년 국가급 풍경명승구로 지정되었고, 1996년 유네스코 세계자연유산으로 지정되었다. 171개의 봉우리, 26개의 산맥, 20

곳의 깊은 골짜기, 16개의 동굴, 22곳의 괴석, 22곳의 폭포 등이 있다고 한다. 뤼산은 문학과 철학, 예술의 본고장이라 할만하다. 도연명陶淵明「귀거래사歸去來辭」, 이백李白「망여산폭포望廬山瀑布」, 백거이白居易「비파행琵琶行」등이 쓰여진 장소이다. 또한 중국 남방불교가 성행한 곳으로 동진東晉 시기의 혜원慧遠(334-416)이 거주하던 동림사東林寺가 있던 불교의 성산이기도 하며, 북송의 이학가 주돈이周敦頤(1017-1073)가 은거하면서 성리학의 기초를 세우던 곳이기도 하다.

우리에게 뤼산은 '여산진면목'(뤼산은 여산의 중국어 발음)으로 잘 알려져 있다. 이 말은 북송 문인 소식蘇軾(1036-1101)의「제서림벽題西林壁」에서 나왔다. 소식은 당송팔대가(당·송시기 8명의 문장가. 당나라의 한유韓愈·유종원柳宗元, 송나라의 구양수歐陽修·소순蘇洵·소식·소철蘇轍·증공曾鞏·왕안석王安石)의 한 사람으로, 그의 문장과 학문은 널리 인정받았다. 아버지 소순, 동생 소철과 함께 '삼소三蘇'라 불린다. 왕안석의

뤼산(출처: 바이두)

신법에 반대하다가 쫓겨나 항저우 등의 지방관을 역임했다. 당쟁으로 인해 후이저우惠州, 단저우儋州로 유배되었다가 송 휘종徽宗 때 사면 소식을 받고 돌아오던 중, 창저우常州에서 객사했다. 「제서림벽」은 '서림사 벽에 쓴 시'라는 뜻이다.

> 앞에서 보면 산줄기, 옆에서 보면 봉우리
> 멀리서 가까이서 높은 데서 낮은 데서 그 모습 각각일세
> 여산의 참모습을 알지 못함은
> 단지 이 몸이 산속에 있기 때문이네

이 시는 소식이 뤼산을 유람하고 마지막으로 서림사西林寺에 들러 감회를 읊은 것이다. 뤼산을 유람하면서 총 7수의 시를 지었는데 「제서림벽」이 그 중의 한 수이다. 동진 시대에 세워진 서림사는 뤼산의 북서쪽 기슭에 있는 유명한 고찰이다.

소식은 1079년 후저우湖州 지사로 부임되었다. 임지에 도착한 후 신종神宗에게 후저우지사로 부임하게 해주셔서 감사하다는 「호주사표湖州謝表」를 올렸는데, 이것이 화근이 되었다. 소식과 정치적 견해를 달리하는 신법파들은 그 내용이 자신들을 비웃고 조정을 우롱한다고 여겼다. 이 일로 황저우黃州로 유배되었다. 그 후 1084년 루저우汝州로 다시 발령이 나서, 황저우를 떠나 루저우로 가던 중 지우장九江을 지나다가 뤼산을 유람하면서 지은 것이다.

가로로 보면 험준한 준령이 구불구불 이어져 있고, 옆으로 보면 괴이한 산봉우리가 우뚝우뚝 솟아있다. 먼 곳과 가까운 곳, 높은 곳과 낮은 곳에서 본 뤼산의 특색은 각각 달랐다. 이렇게 횡橫·측側·원遠·근近·고高·저低의 위치에서 볼 때마다 각각 다르게 보이는 것은 내 몸이 그곳에 있기 때문이라는 것이다. 달리 표현하자면, 뤼

산을 멀리 떠나서 뤼산을 바라보아야 제대로 보인다는 말이기도 하다. 사물에 대한 관찰을 평이한 언어로 표현하고 있지만, 그 뒤에는 삶에 대한 깊은 이치가 담겨있다.

송나라 때는 성리학과 선종禪宗의 영향으로 시 속에 이치를 논하는 설리시說理詩가 많았다. '여산진면목'은 참모습을 파악하기 어려움을 비유한 말이다. 실제로 뤼산은 171개의 봉우리, 26개의 산맥으로 이루어져 있는 데다, 특히 당시 안개에 싸여 있는 산을 보고 있는 것이다. 그러니 뤼산은 참모습을 드러내지 않을 뿐만 아니라 어디에서 어떤 각도로 보느냐에 따라 매번 다른 모습으로 다가오는 것이다. 제한된 각도에서는 한정적인 부분만 보이므로 대상을 제대로 파악할 수 없다. 나 안에 갇혀 있으면 나를 못 보는 것과 같은 이치이다.

🏯 리장麗江의 동파문東巴文

윈난雲南은 중국의 서남부에 위치한 소수민족이 가장 많이 밀집한 곳이다. 윈난성은 중국 남서부 운령雲嶺의 남쪽에 위치한다고 하여 운남이라 부르며, 성도 쿤밍昆明은 사계절이 따뜻하다 하여 '봄의 도시(춘성春城)'로 불린다. 윈난성의 리장麗江은 쿤밍의 북부에 위치하며, 1997년 12월 유네스코에 의해 세계문화유산도시로 지정되었다. 그곳에는 세계문화유산의 리장구청麗江古城, 세계기억유산의 나시족동파고적문헌納西族東巴古籍文獻 등이 있다. 또한 자연의 형상을 본뜬 상형문자인 동바문東巴文, 모계 씨족공동체 생활을 하고 있는 머우쉬인摩梭人 등의 민족문화가 보존되고 있다. 구청古城은 위롱쉐

리장 구청(출처: 필자 촬영)

산玉龍雪山 아래에 위치한 성벽이 없는 고성이다.

리장에서 특히 눈길을 끄는 것 중의 하나가 바로 동파문자이다. 동파문자는 시짱西藏 동부와 윈난성 북서부의 나시족納西族들이 사용하는 상형문자이다. '동파'는 '지자智者'를 의미하며 그 칭호는 남자에게만 세습된다고 한다. 동파문자는 동파들이 신과 교류할 때 사용하던 매개 언어이자, 교도들에게 전수용 자료를 만들기 위해 사용한 문자이다. 나시족의 종교 경전인 『동파경東巴經』에서 그 근원을 찾을 수 있다. 동파문은 본래 나무나 돌 위에 그린 문자인 '목적석족木跡石跡'이며 현재 약 1,500개의 문자가 있다고 한다.

동파문자로 쓰인 '고대 나시 동파문화 필사본Ancient Naxi Dongba Literature Manuscripts'은 2003년 유네스코 세계기록유산에 등재되었다. 그리고 리장시 동파문자연구원에서는 동파문자의 어음, 어의 등에 대한 국제표준화 작업을 진행하고 있다고 한다.

인류의 역사 속에서 문자는 연속적인 진화를 거듭한다. 한자는 상형象形문자를 이어 지사指事·회의會意·형성形聲·전주轉注·가차假借문자가 생성되는 과정에서 조자造字의 원리가 변해왔다. 하지만 약

3,000여 년 전 은殷의 갑골문에서 시작하여 청동기의 금문金文을 이어 전국시대 6국의 문자를 통일한 진나라의 소전小篆을 거쳐, 예서·해서·초서·행서 등에 이르기까지 자체字體의 변모는 비교적 점진적인 변화와 연속적인 궤적을 보여 왔다.

그렇다면, 한자와는 다른 동파문자는 어떤 특성을 지니고, 그 특성은 어떠한 연속성을 가질 수 있을까.

동파문자의 형태는 간단한 선으로 사물의 형상과 특징을 표현한 상형 그림에서부터 비교적 섬세한 감정표현까지 전달할 수 있는 글자도 있다. 언어로서의 의미와 조형적인 회화성을 동시에 갖춘 문자이다. 비록 현대 언어와 같이 완정한 구조와 특징을 지니고 있지는 않지만, 언어적 기호로서의 기능과 특히 예술적 이미지로서의 심미성을 지니고 있다.

이런 면에서 볼 때, 동파문자가 예술적 가공을 거쳐 현대적인 시각언어로 재창출된다면, 그 본연의 원시적 미감은 문자 기능뿐만 아니라 예술적 상징으로서도 발현될 수 있을 것이다. 고대의 그림 문

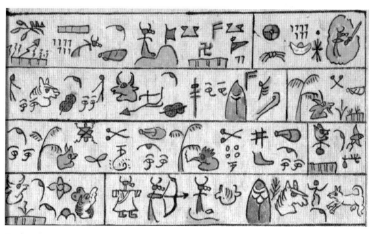

동파문자(출처: 바이두)

자가 현대의 디자인 언어로 재활용되고, '과거' 종교의 '경전 언어'가 '현대' 조형적 '시각언어'로 재탄생됨으로써, 새로운 문자의 연속성을 유지해나갈 수 있을 것이다.

이를 위해서는 무엇보다도 상상과 융합의 시도가 필요하다. 이를테면, '인문'이란 '인간의 무늬文=紋'를 의미하며 그 무늬는 시대의 변화와 요구에 따라 다양한 방식으로 표현·재현되어 왔고, 그것을 탐색하는 영역이 바로 인문학일 것이다. 인문학의 역할 가운데 하나는 인간 무늬의 원형을 탐색하는 것은 물론, 그를 뛰어넘어 현재적으로 체환替換 또는 재생시키는 일이다. 인문학이 상상과 융합을 통해 다양한 경계를 넘나들며 새로운 영역으로 확장해나갈 때, 동파문자의 '잠든 미학'은 '활용의 콘텐츠'로 재생산될 수 있을 것이다.

이상에서 살펴본 사오싱·청두·뤼산·리장의 지역 공간은 옛사람들이 만들어 낸 작품과 예술을 담고 있다. 이러한 장소는 작품과 사상, 이야기 속의 실제 '배경'이기도 하지만, 시대의 변화와 요구에 따라 공간의 명소, 콘텐츠의 재생으로 '거듭'나기도 한다. 즉 지역 공간은 인문 환경을 탄생시킨 실제적 '무대'이지만, 인문 환경은 지역 공간을 재창출하는 문화적 '요인'이 되는 것이다. 이처럼 장소의 역사성과 현재성은 상호 연동 속에서 단절과 연속을 거듭하면서 문화적 커뮤니티를 형성해 나간다.

_박영순

참고문헌

박영순, 「중국 도시 읽기, 원난성」, 『인민일보 한국어판』, 2013, 12.
허핀정和品正 저, 쉔친宣勤 역, 『東巴常用字典』, 운남미술출판사, 2004.
권석환 등, 『중국문화답사기 3 - 파촉 지역의 천부지국을 찾아서』, 다락원, 2007.

중국 서원의 전통과 계승

🏯 천년 역사의 서원, 다시 소환되다

　서원은 중국 특유의 교육조직이다. 당말오대唐末五代에 형성되어 송원宋元시기의 전성기를 거쳐 명明시기에 새롭게 발전하면서 청대까지 지속되었다. 특히 송대 이학理學의 발전에 따라 이학이 추구하는 교육 목적에 부합하는 서원이 발전했고, 명대에 들어 다시 한 번 발전하게 된 점으로 볼 때, 서원과 유학의 흐름은 밀접한 관련이 있다. 전국적으로 확대된 서원은 명대 이후에는 중국을 넘어 한국, 일본, 동아시아, 동남아 및 유럽에까지 전파되었다.

　특히 청대에는 초기 사학私學으로서의 특징보다 관학官學적 성격이 강해졌는데 이는 서원이 과거제도를 준비하는 기관으로 변질되었기 때문이다. 그 후 근대교육의 필요성에 따라 1901년 대중소 3급 학당으로 개편되면서 학당의 근간이 되었다.

　근대교육으로 전환된 이후 서원에 대한 관심이 사라졌는데, 이는 서원이 봉건적인 유학사상의 온상으로서 유학을 연구하고 교육하던 기관이었기 때문이다. 그러나 개혁개방 이후 서구의 근대 교육 역시 병폐가 드러나면서 전통 서원에 대한 관심이 다시 고조되었다. 1981년 후난湖南대학에 악록서원문화연구소岳麓書院文化硏究所가 설립되었고, 장시江西에도 백록동서원연구실白鹿洞書院硏究室이 설립되었으며, 1984년에는 베이징대학에 중국문화서원이 창설되면서 '서원열書院熱'이 일어났다. 개혁개방 이후에는 정부차원에서의 적극적인 지원도 있었다. 정부는 사회주의 이데올로기가 약화되는 것을 우려하여 유학을 통해 중국과 중국인의 통합을 강화하고자 했다. 유학의 연구와 교육기관으로서 서원에 대한 관심은 이러한 맥락 속에서 커져 갔다. 그렇다면 천년의 역사에서 지속되어 온 서원의 운영 정신과 교육방식은 어떻게 현대에 적용될 수 있을 것인가. 오늘날 다시 주목받는 서원에 대해, 대표적 서원으로 알려진 4대서원(혹은 6대서원)을 중심으로 서원의 변천과 서원교육의 구체적인 내용 및 함의를 살펴보자.

사학私學에서 관학官學으로

사학의 성격이 강한 서원은 중국의 교육제도와 연결하여 그 의미를 생각해 볼 필요가 있다. 중국의 교육제도는 관학과 사학으로 분류할 수 있다. 보통 공자孔子와 묵자墨子 집단이 사학발전의 전성기를 이루었고 전국시대의 제자백가 역시 사학이라고 본다면, 사학의 역사는 더 오래되었다고 할 수 있다.

한漢대에도 공립학교라 할 대학大學보다 사학이 더 발전했다. 당시 관학은 금문경今文經을 교재로 한 것에 비해 사학은 고문경古文經을 주요 교재로 했다. 그 후 동한말 정현鄭玄에 의해 금고문경이 통합되어 갔다. 하지만 위진남북조시대에는 관학이 더 발전하고 사학은 쇠퇴하다가 수당隋唐에 이르러 관학과 학당이 병립하여 발전한다.

서원이란 명칭은 당대에 처음 나오게 되었으며, 당시는 책을 보관하던 도서관을 의미했고 교육기관은 아니었다. 당대의 대표적인 서원으로 여정서원麗正書院, 집현서원集賢書院 등이 있으며, 현종玄宗 연간(712-756)에는 관의 승인을 얻은 민간 서원이 점차 세력을 형성해 나갔다. 그리고 교육기관의 성격을 띤 서원은 오대말五代末 장시江西의 여산국학廬山國學(백록국상白鹿國庠이라고도 함. 상庠은 은주殷周시기 학교를 지칭)에서 시작되었다고 한다. 이렇게 당오대唐五代 서원은 내부에 각종 직제를 갖추는 등 행정체계도 완비했으며, 학술과 교육 기능 외에 초기부터 지녀왔던 도서관의 기능, 출판의 기능, 선현에 대한 제사 기능도 유지했다.

사학으로서의 성격을 띤 서원은 특히 송대부터 발달했다. 하지만 남송에 이르러 점차 관학화 되어가면서 지방 주현의 교관들이 서원의 산장山長을 겸하게 되었다. 이러한 현상은 원대 이후 더욱 강화되고 명청시기에는 관학의 성격이 더욱 강해진다. 이는 과거제科擧制와 관련이 있으며, 서원이 과거시험 준비기관으로 변해갔기 때문이다. 또한 지방사회에 대한 통치와도 관련이 있다. 당시 서원은 향촌사회의 영향력있는 교육 조직으로서 민지民智를 계발하고 의례를 전파하는 기구로서의 특성을 지녔기 때문에, 지방사회는 이런 점을 활용하고자 했다. 청대 1773년(옹정雍正 13년)에 이르러 전국 각 성省에 서원을 설치하도록 하자, 관학의 성격을 띤 서원이 2천여 개가 건립되기에 이르렀다. 이러한 서원에 대한 개혁이 요구되면서 이후 신식학교로 전환되었다. 천년간의 서원의 변천과정을 보면, 비록 중국의 서원은 관학으로 변모해 갔지만 본래 사학에 뿌리를 두고 있었고 교육과 연구의 중심이었다는 점에서 서원 정신으로의 회귀를 모색하는 근간이 될 수 있었다.

🏯 4대(6대) 서원

중국에서 4대 서원 혹 6대 서원으로 불리는 대표적 서원은 석고서원石鼓書院(후난湖南 헝양衡陽), 숭양서원崇陽書院(허난河南 정저우鄭州), 응천부서원應天府書院(허난 상치우商丘), 악록서원岳麓書院(후난 창사長沙), 백록동서원白鹿洞書院(장시江西 싱쯔현星子縣), 모산서원茅山書院(장쑤江蘇 마오산茅山)으로 모두 북송시기 건립되었다. 하지만 남송 마단임馬端臨의 『문헌통고·학교고文獻通考·學校考』에 의하면 송대의 4대 서원은 응천서원, 악록서원, 석고서원, 조래서원徂徠書院이라고 한다. 이러한 대표적인 서원은 이학의 학파형성과 긴밀하게 연관되어 있다. 주희朱熹의 백록동서원, 장식張栻의 악록서원, 여조겸呂祖謙의 이택서원麗澤書院(장시), 육구연陸九淵의 상산정사象山亭舍(저장浙江)에서 민학閩學, 호상학湖湘學, 강서학江西學, 무학婺學의 학파가 각각 형성되었다.(朱漢民, 2011)

석고서원

(출처: 바이두)

석고서원은 당대(810년)에 건립되어 1200여년의 역사를 지닌 서원으로, 후난 헝양의 석고산에 위치한다. 송 태종이 이름을 석고서원

으로 하사하였고 주희, 장식이 가르쳤던 곳이다. 1035년 송대 숭양
서원, 백록동서원, 악록서원과 함께 전국의 4대 서원으로 불려졌고,
이중 가장 오래된 것으로 남송시기에 다시 복원되었고 청대에는 관
학화 되었다. 1902년에는 형양관립중학당으로 민국시기에는 호남
성립 제3사범학교로 전환되었다가 2006년에 복원되었다.

숭양서원

(출처: 바이두)

허난 정저우에 위치한 숭양서원은 북위北魏시기 효문제孝文帝(484)
때 숭양사라는 명칭으로 창건되었다. 그 후, 수양제(605-618) 때 숭양
관이라는 도교의 활동지였고, 당 고종 때에는 행궁行宮이었다가 오
대시기에 이르러 태을太乙서원이라 불렸다. 북송 신종神宗시기 정호
程顥와 정이程頤 형제 이정二程이 여기에서 수업을 하면서 유명해졌
다. 이들의 낙학洛學이 여기에서 창시되었고 이후 장재張載, 범중엄
范仲淹 등의 학자들이 이곳에서 학술을 전파하였다. 신종의 변법시
기에 왕안석王安石의 신법新法에 반대했던 사마광司馬光이 머물기도
했다.

숭양서원은 교육의 기능과 학문연구의 기능을 모두 갖추었고 강

회講會를 도입하여 토론과 논쟁을 활성화했다. 공부의 목적을 고상한 품격의 도야에 두었다. 명말 훼손되었다가 청대 강희제 때 중건되었으며, 현재 아름다운 자연경관으로 세계문화유산으로 지정되었다.

응천부서원

(출처: 바이두)

송대 초에 새로 건립된 22개 서원 가운데 하나였던 응천부서원은 허난 상치우에 위치한다. 941년 양각楊愨이 설립한 사학인 남도학사南都學舍에서 유래하였고, 그 후 척동문戚同文이 휴양학사睢陽學舍를 운영해 수십 명의 과거급제자가 나오면서 유명해지기도 했다. 척동문 사후 응천부 사람 조성曹誠이 학사를 150칸으로 늘이고 서적을 갖추면서, 이를 조정에 알려 송 진종이 응천부서원으로 이름을 내린 후 관학이 되었다. 조정에서 교사를 파견하고 학전學田을 수여하며 도서를 보내주면서 남경국자감으로 승격되어 동경 변량汴梁, 서경 낙양洛陽과 함께 전국 삼대 교육기관의 하나가 되었다. 범중엄이 1027년 교사로 파견되어 「남경서원제명기南京書院題名記」에서 교학의 목적을 제창했는데, 천하를 근심하는 마음과 옛사람의 도를 즐기는 현명한 사대부를 배양하는 것이었다. 하지만 정부의 재정적 지원에 의지할 수밖에 없었고 과거급제자 배출이 주요한 목적이 되어갔다. 구양수와 왕안석도 이곳에서 배출되었다.(范豔敏, 2013)

악록서원

악록서원은 호상학파湖湘學派의 거점으로 후난 창사에 위치하며 북송 초 973년에 건립되었다. 처음에는 강당이 5칸이고 기숙하는 곳이 52칸이고 공자당孔子堂이라는 서고가 있었다. 송 진종이 악록서원의 편액을 하

(출처: 바이두)

사했다. 송대 이학은 이정二程의 학문이 주희로 이어지는 민학閩學의 한 흐름과 사량좌謝良佐에서 호안국胡安國, 호굉胡宏을 거쳐 장식에게 이르는 호상학湖湘學으로 나눠진다. 호안국은 악록서원에서 『춘추전』을 연구했으며, 군신부자의 핵심을 갖춘 예의도덕이 있는 것이 화하문화의 우월한 점이라고 주장했다. 호안국은 당시 왕안석의 신법에 반대하였고 불로사상에 대항하였으며 의리를 내세워 공허한 심성의 폐단을 고치려 했다. 호안국과 호굉은 서원을 운영하며 이득과 녹봉에 연연하지 않고 학문의 도를 닦고, 스승을 존경할 것을 강조했다. 이후 호굉의 제자였던 장식이 산장山長이 되면서, 선善으로 나아가는 데는 교육 방법 외엔 없다고 주장하였다. 교육 방법은 훈고방식이 아닌 의리에 대한 변별을 중시하여, 소학小學의 공부로 윤리도덕을 경험하고 대학大學을 공부하여 이성의 자각까지 이르

러야 한다고 보았다. 주희나 육구연과 다르게 아는 것과 행동하는 것의 일치, 공부와 사고의 병행 등을 강조했고, 치우치지 않고 사물의 도리를 탐구해야 한다고 주장하였다.

1167년 주희는 악록서원으로 와서 장식과 회강을 했었다. 주희는 정이를 따랐고, 장식은 정호를 따라서 서로 계보가 달랐다. 주희가 학생을 데리고 장사에 도착했을 때 수 천 명이 몰려들었다고 한다. 당시 이런 상황으로 인해 악록서원이 널리 알려지면서, 소상수사瀟湘洙泗(소상은 호남을 가리킴. 수사는 공자가 노나라의 수수와 사수 사이에서 강학을 했다고 하여, 공자·유학을 가리킴)라는 명예의 칭호를 받기도 했다. 당시 주희가 두 달 정도 머물고 떠나려 할 때 장식이 남악을 주유하자고 하여 함께 둘러보다가 시를 읊었는데, 당시 4~5일 동안 무려 140수를 나누었다고 한다. 형양에서 서로 헤어져 각기 푸젠福建과 후난으로 돌아갔는데, 당시 주희는 "예전에 나는 얼음과 숯불처럼 모순을 안고 있었는데 그대를 통해 건곤乾坤을 알게 되었다"라고 총평하였다. 당시 서로 격의 없는 토론을 통해 학문을 발전시켜 나간 것을 알 수 있다.

한편 주희와 육구연도 당시 이학을 발전시켰다. 주희는 다양한 책을 폭넓게 보는 박博을 중시했고, 육구연은 스스로 마음을 깨달아 밝히는 '발명본심發明本心' 즉 약約을 중시했다. 1175년에는 장시江西에서 아호지회鵝湖之會(육구연과 주희가 1175년과 1188년 두 차례 아호사鵝湖寺란 절에서 두 차례 벌인 논쟁)가 열렸다.

여기에서 주희는 격물格物과 궁리窮理로 기본원리를 찾는 것을 강조한 반면, 육상산은 심즉리心卽理를 주장하여 마음으로 사물과 우주를 관통하는 원리를 깨달아야 한다고 강조했다. 각기 주장하는 바가 달라서 결국 서로 불쾌한 마음으로 헤어졌다고 한다. 이러한 아호지회의 상황을 전해들은 장식은 박博과 약約 두 가지 모두를 중시해야 한다는 주장했다. 장식은 배워야 할 것이 많으므로 약으로 돌아와서 요점을 파악하는 것도 필요하고, 널리 관찰하고 두루 취하는 박도 중요하다고 했다. 장식은 이외에도 수양과 성찰이 모두 중요하며 빠름과 느림을 모두 중시해야 한다고 하였다. 1180년 장식이 별세한 후 주희는 장식의 방식을 수용했으며 악록서원에서 와서 두 차례 강학을 하였다.

악록서원은 원대와 명청시기에 두 차례 불이 났지만 후에 증수되었다. 강희 연간에 편액을 받았고 건륭 연간에 다시 부흥했다. 그러나 이후 관학화의 길을 걸었고 건륭 연간 고거학考據學(고증학)이 발전하면서 학습내용이 이학에서 점차 경사經史를 고증하는 것으로 바뀌어 갔다. 최후의 산장이었던 왕선겸王先謙은 경세가였고 위원魏源, 증국번曾國藩, 당재상唐才常, 마오쩌둥의 스승 양창지楊昌濟 등은 모두 이곳 출신이다. 당시 호상학파는 경세치용을 특징으로 하였으며 청말 호남고등학당, 사범학당, 공업전문학교, 호남대학으로 바뀔 때까지 천년을 지속했다. 현재 고대 서원건축의 모습을 잘 갖추고 있다.

백록동서원

백록동서원은 천 년 간 지속된 서원으로 장시 뤼산盧山 우라오펑五老峰의 동남쪽에 위치한다. 당대 785년 사슴 백 마리를 키워 사슴 선생으로 불리는 이발李渤이 건축을 하면서 시작되었다. 그 후 여산국학盧山國學으로, 백록국학白鹿國學으로 불리다가 나중에는 금릉국자감金陵國子監으로 불렸다. 특히 남송 시기 주희 때 크게 부흥하였

(출처: 바이두)

다. 주희는 「백록동서원게시白鹿洞書院揭示」에서 5조 규칙 "박학博學, 심문審問, 신사愼思, 명변明辨, 독행篤行"을 교육방침으로 하였고 "격물格物, 치지致知, 성의誠意, 정심正心, 수신修身, 제가齊家, 치국治國, 평천하平天下" 등 유가 경전의 주요 내용을 교육사상으로 삼았다. 명대에는 육상산陸象山과 왕양명王陽明이 이곳에서 강학을 하였고 1910년 학당으로 전환되었다.

모산서원, 조래서원

북송 6대 서원에는 장쑤성 마오산茅山의 모산서원이 포함되는데 1024년 건립된 것으로 현존하지는 않는다. 조래서원은 산동에 소재하며 태산泰山학파의 형성지로 알려져 있다.

🏯 서원의 교재와 교육내용

유학의 교재는 기원전 136년 『시詩』·『서書』·『역易』·『예禮』·『춘추春秋』오경五經이 전국 학생들의 필수교재가 되었다. 그 후 당 태종 시기 공영달孔穎達의 『오경정의五經正義』가 653년 최종 완성된 후 이를 국자감에서 교육과정에 활용하면서 동아시아 학교교육의 표준이 되었다. 당대 한유韓愈는 『예기禮記』에 포함되어 있던 『대학大學』을 끌어내어 불교와 대항하기 위해 수기치인修己治人의 윤리체계를 세우면서 『대학』이 핵심경전이 되었다. 또한 유학의 도통을 세우기 위해 경원시했던 『맹자孟子』를 중시하여 북송시기 유가의 도통 반열에 오르게 했다. 한유의 제자 이고李翶는 불교의 심성론에 보다 체계적으로 대응하기 위해 『중용中庸』을 이론적 근거로 삼고, 불교의 심성 이론을 일부 수용하여 유가의 심성론을 형성했고, 송대 신유학의 기초 개념인 도道, 성誠, 명明, 허虛, 정靜, 성聖, 신독愼獨을 주장했다. 이후 정호, 정이 형제가 사서四書를 유학의 핵심교재로 만들게 되었는데, 이는 공부의 목적을 성인이 되는데學爲聖人 두었기 때문이었다. 군자의 학문은 성인이 되고 나서야 끝나는 것이라고 주장하면서, 문장을 쓰거나 훈고에만 얽매이지 말고 도道로 나아가는 공부가 중요하다고 하였다.

『맹자』를 사서에 포함시켜 정식 유학교재로 자리매김하게 한 것은 주희에 이르러서이다. 주희는 『대학』을 먼저 공부한 이후 『논어』, 『맹자』, 『중용』의 순서로 나아가야 한다는 방법도 제시했다. 『대학』을 읽어 큰 틀을 잡고 다음 『논어』로 근본을 세우고 『맹자』로 기상을 보고 『중용』으로 옛 사람들의 정밀하고 심오한 도리를 알아가야 한다고 했다. 1227년 사서가 정식 교육과정으로 편입된다는 조서가 발표되었고 원대 1313년 과거시험의 정식 과목이 되었다. 이러한 사서 교육이 중요한 이유는 성인의 도덕과 학문에 입문하는 것이 교육목표로 정해지면서, 내면의 자기완성을 중시하는 내성지학內聖之學, 수기修己의 학문이 강조되었기 때문이다. 과거시험의 합격을 목표로 하여 명리와 공리를 추구하는 위인지학爲人之學이 도덕적 자기완성과 의리를 우선시하는 위기지학爲己之學으로 전환된 것을 의미한다. 이학과 서원, 학술과 교육의 연계를 통해 사서가 중요한 교재가 되었고, 성인이 되기 위한 공부를 하는 주요 내용이 된 것이다.

서원의 학습 교재와 교육 목표 외에도 서원의 주요 학술활동으로는 명대에 시행되었던 강회講會를 들 수 있으며, 왕양명은 이를 적극적으로 시행했다. 또한 동림서원東林書院에서도 시행하였는데, 주로 경서를 강론하고 자유로운 토론을 하는 것 외에도 시를 읊기도 하는 등 삶과 학문의 진정한 공동체를 지향하는 활동이었다. 이러한 서원의 인재양성의 방식, 유학의 창신과 계승, 사학으로서의 역할 등이 내재된 서원 정신은 천 년간 지속되면서 오늘날 중국 대학의 교양교육通識敎育에서 다시 소환되어 계승되고 있다. _최은진

참고문헌

朱漢民 저, 박영순 역, 『湖湘學派와 嶽麓書院』, 학고방, 2011.
김유리, 『서원에서 학당으로』, 한국학술정보, 2007.
李國鈞, 『中國書院史』, 湖南敎育出版社, 1998.
范豔敏, 『應天府書院硏究』, 河南大學碩士論文, 2013.
박종배, 「중국 서원 연구의 동향과 전망」, 『한국교육사학』 제30권 제2호, 2008.
田志光·楊國珍, 「北宋嵩陽書院名師講學考論」, 『保定學院學報』 第30卷 第1期, 2017.

문답으로 풀어보는 양안兩岸관계

🏯 '양안관계'는 무슨 뜻인가요?

중국과 타이완 사이에는 '타이완해협'이 가로놓여 있습니다. 해협 양쪽에 있다고 해서 양안이라고 하죠. 우리가 보통 동해안, 서해안 할 때 쓰는 의미와 같습니다. 양안이라는 용어는 국제사회에서 1971년 유엔에 중국을 대표하는 정치적 실체로 인정받은 중화인민공화국 즉 중국이 타이완을 국가로 인정하는

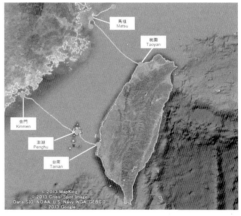

타이완해협을 사이에 둔 중국과 타이완(출처: 구글)

것을 꺼리기 때문에 쓰는 용어입니다. 그래서 양국관계라는 용어가 아닌 '양안관계'라는 용어를 사용하고 있습니다.

용어와 관련하여 설명을 덧붙이자면 중국은 자신을 '내지內地' 혹

은 '조국', '대륙'으로 호칭하고, 상대방인 타이완을 '타이완섬', 타이완정부를 '타이완 당국'으로 부릅니다. 반면에 타이완은 자신을 '중화민국' 혹은 '타이완'으로 부르고, 상대방인 중국을 '대륙', 중국정부를 '대륙 당국'으로 호칭합니다.

정부로 부르지 않고 당국이라 하는 것은 타이완은 중국의 일부분이며 국가로 인정하지 않기 때문입니다. 또한 타이완 총통President을 타이완 지구 영도인Taiwanese Authorities이라는 호칭으로 부르고 있습니다.

🏛 중국과 타이완은 언제부터 대립하게 되었나요?

1945년 이전의 타이완은 중국 역사에서 중요한 위상을 차지하지 않고 '변방'지역 중의 하나로 간주되어 미개발상태의 황무지가 대부분이고, 간혹 죄인들을 귀양보내는 유배지로 취급하였습니다. 그렇기 때문에 1895년 청일전쟁에서 패배한 청나라는 (아편전쟁 패배이후에 홍콩을 영국에게 양도하듯이) 일본에게 '타이완'을 넘겨주어 타이완은 50년의 식민지역사를 경험하게 됩니다.

그러나 중국과 타이완의 관계는 1945년 2차 세계대전의 종전을 기점으로 복잡하게 변해갑니다. 2차대전에서 패전한 일본은 청나라를 전복한 중화민국 정부에 타이완을 반환했는데, 당시 중화민국 정부 수반인 장제스는 자신의 부하를 타이완총독으로 보내어 위임통치를 합니다. 그런데 국공내전에서 패배한 장제스는 타이완으로 이주한 뒤에도 중화민국의 법통을 계승하였다고 하면서, 미국의 힘을 빌어 다시 본토 수복을 준비하는 한편 중국과 일체의 접촉, 담판,

협상을 거부하는 봉쇄정책을 펼치고 있었고, 중국은 당시 건국 이후 국내 안정을 위해 경제재건에 힘쓰는 동시에 한국전쟁에 참전하게 되면서 타이완수복에 신경 쓸 여력이 점점 없게 됩니다. 이때부터 중국과 타이완의 정치 이데올로기에 따른 체제 대립과 군사적 대치를 하게 되면서 양안으로 고착화가 이루어졌습니다.

🏛 '하나의 중국'은 무엇을 의미하나요?

'하나의 중국'은 중화권 특히 중국에서 사용하는 용어를 쓰면 '양안 삼지' 즉 '대륙과 타이완, 홍콩, 마카오'를 의미하고, 이 세 지역은 '하나의 중국'이라는 의미입니다. 즉 중국을 대표하는 유일한 실체는 대륙의 중화인민공화국이라는 의미이죠.

그런데 '하나의 중국'이라는 의미는 타이완에서는 조금 다르게 보고 있습니다. 즉 '중화민국'을 의미하고 있다는 것입니다. 그래서 최근 들어 언론매체에 양안 사이 '92공식九二共識'의 준수라는 말이 많이 나오고 있습니다. 지난해 11월 양안 지도자가 66년 만에 역사적인 만남이 있었는데, 여기서도 '92공식'을 존중한다는 언급이 나왔습니다. 92공식이라는 말은 92합의라는 의미로, 1992년 중국과 타이완이 처음으로 반정부차원의 교섭을 진행한 결과 "양안은 하나의 중국 원칙에 동의하지만, 그 표기는 각자가 알아서 한다."는 인식을 공유한다고 발표합니다. 당시 타이완 정부는 국민당 소속의 리덩후이李登輝 총통시기였죠. 때문에 독립지향성인 민진당民進黨은 당시 92공식은 정식 합의사항이 아니라며 법적 준수 의무가 없다고 주장하고 있습니다.

그러나 '하나의 중국'이라는 원칙은 중화인민공화국이든 혹은 중화민국이든 상관없이 하나라는 것에 방점을 두고 있습니다. 따라서 '타이완 독립'은 절대 허용할 수 없다는 것이 중국의 공식 입장이고, 양안 관계에서 가장 뜨거운 이슈가 되는 것이죠.

2016년에 한국의 걸그룹 중의 타이완출신 여가수가 타이완 국기를 들었다고 하여, '타이완 독립을 지지하는 행위'라고 무차별적인 비난을 받고, 당사자는 "중국은 하나이다."라며 사과한 사건이 발생했습니다. 타이완인들로 하여금 국가로 인정받지 못하는 현실을 새삼 느끼게 한 사건이었는데, 공교롭게도 타이완 총통선거와 겹치면서 분노한 타이완 젊은 유권자들이 중국과의 교류협력을 확대했던 국민당을 친親중국 입장으로 비판하고, 중국과 거리를 두고자 하는 민진당의 차이잉원蔡英文 후보에게 몰표를 던지기도 했습니다.

🏛 타이완 내부는 양안관계에 대한 입장이 같은가요?

아닙니다. 타이완 내부는 중국과의 관계나, 통일 및 독립에 대한 입장에 따라 크게 두 가지로 나뉘고 있습니다. 먼저 중국과의 관계에서 보자면 중국과의 교류협력의 강화를 통해 타이완의 경제발전과 평화환경을 구축하자는 입장이 하나이고요. 반면에 중국과의 교류확대와 관계의 강화는 결국 중국에 종속되는 결과를 낳을 것이라고 비판적으로 보는 입장이 다른 하나입니다.

다음으로 양안관계의 미래를 결정하는 데 있어서 한쪽은 통일지향적 입장으로, 물론 지금 당장 홍콩이나 마카오처럼 중국이 제시하는 '한 국가 두 체제' 형식으로 중화인민공화국의 틀 안에 들어가겠다는 것은 아니지만, 통일을 위해 중국 역사, 문화를 배격하지 않고 계승 발전시키면서 중국인으로서의 정체성을 지키자는 입장을 보이고 있고, 다른 한쪽은 독립지향적 입장으로 이들은 타이완의 독자성을 강조하면서 타이완의 역사, 문화를 교육하여 결국에는 타이완을 중국으로부터 독립하자는 지향점을 보이고 있다고 할 수 있습니다.

보통 상징색상을 기준으로 전자는 국민당을 중심으로 한 '범람泛藍진영', 후자는 민진당을 중심으로 한 '범록泛綠진영'으로 부릅니다.

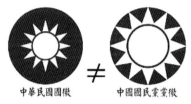

남색의 중국국민당 심볼, 중화민국 국기와 비슷
(출처: 구글)

녹색의 민주진보당 심볼, 타이완섬을
강조(출처: 구글)

🏛 국제법상으로 타이완은 국가인가요? 아닌가요?

타이완은 국제법상으로 국가이지만 국가로 인정받지 못하는 상태에 있는 미승인 국가라 할 수 있습니다. 국가의 3요소 중의 영토와 국민은 있지만, 주권은 인정받지 못하고 있다는 점에서 국가가 아닌 것이죠.

1970년대 동서 데탕트(긴장완화) 분위기에 따라 미국 닉슨 대통령이 중국을 방문하는 등 공산당이 통치하는 중화인민공화국을 중국의 대표자로 승인하게 되면서, 1971년 당시 유엔 안전보장이사회 상임이사국이던 중화민국(타이완)은 유엔에서 자의반 타의반으로 탈퇴를 선언하고, 중국이 유엔에 복귀하면서 상임이사국으로 국제사회에서 유일하게 대표성을 지닌 하나의 중국이라는 지위를 향유하게 됩니다. 이후 중국은 국제무대에 복귀하여 외국과 수교를 할 때는 '하나의 중국'원칙에 입각하여, 타이완과의 외교단절을 요구합니다. 2021년 기준으로 중국은 180개 국가와 외교관계를 맺고 있으며, 타이완은 15개 국가와 맺고 있습니다. 타이완은 중국의 유무형의 압력으로 유엔 산하기구나 국제기구에 가입이나 회의 참여를 거부당하는 등 국제무대에서의 활동을 상당히 제약받고 있습니다.

때문에 마잉주馬英九 총통 시기 정식외교관계(대사관 설립)가 아닌 준외교관계(대표부 설치) 수립을 방향으로 외교를 하고 있고, 중국의 동의하에 세계보건기구WHO에 옵서버를 파견하는 등 제한적으로 국제기구에 참여하기도 했습니다. 그러나 차이잉원 정부 시기에는 타이완에서 스스로를 중국인이라고 생각하기보다는 타이완인으로 생각하는 경향이 높아지고, 타이완독립을 지향하는 민진당이 정권을 획득하면서 중국과의 갈등이 심화되어 가고 있습니다. 특히 코로나 팬데믹 시기에 중국의 견제로 세계보건기구 총회 참석을 거부당하는 등 국제무대에서의 활동이 제한받고 있습니다.

한국과 타이완의 관계는 어떤가요?

대한민국과 타이완은 1992년 우리와 중국과의 국교 수립과 동시에 외교관계를 단절했다가, 상호협상을 통해 1993년과 1994년에 타이베이와 서울에 대표부를 설립하여 준準외교관계를 형성하고 있습니다. 2017년 기준으로 타이완은 한국의 7위 교역 파트너입니다. 한국의 8위 수출 대상국(2.6% 비중), 7위 수입 대상국(3.8% 비중)입니다. 역으로 한국은 타이완에게 있어서 6위 교역 파트너입니다. 2020년 기준으로 수출은 151억 달러로 4.4%, 수입 206억 달러로 7.2% 비중을 차지하고 있습니다.

한국과 타이완의 경제무역 교류는 긴밀해지고, 문화관광을 비롯한 인적교류도 증가추세에 있습니다. 2018년 기준으로 타이완 방문 한국인 102만 명, 한국방문 타이완인 111만 명으로 증가했는데, 타이완은 한국 방문자 수로 3위 국가이며, 인구수 대비로 보면 1위 국가입니다.

문화교류 측면에서는 타이완의 55개 대학과 한국의 92개 대학이 자매결연, 정기 문화학술 교류 진행, 타이완정부 장학금, 타이완연구 방문학자제도, 고등교사 타이완연구 방문, 여러 학술기관 사이의 정기 학술회의, 상호방문, 포럼, 정보교류 등의 협력을 하고 있습니다. 관광 교류도 지리적으로 가깝고, 비자 면제 협정이 체결되어 있는 등 상호방문이 용이하여 교류가 증가하고 있습니다. 반면에 정치교류는 제한적으로 이루어지고 있습니다. 양측은 서로 자유민주적 가치와 선거를 통한 자유로운 정권 교체 등 많은 부분을 공유하지만,

일국양제 방식의 통일을 주장하는 중국(출처: 구글)

삼민주의 통일방식을 주장하는 타이완
(출처: 구글)

중국과의 관계로 인해 제한적입니다. 그러나 경제무역의 증대, 문화 관광 교류의 협력, 정치영역의 협력 강화를 통해 동북아시아의 평화와 발전에 중요한 협력관계를 유지하고 있습니다.

🏯 타이완과 중국은 대립하면서 왜 교류를 하고 있나요?

1981년 중국이 타이완에게 타이완인에게 대륙 방문과 거주의 자유를 보장한다면서 양안교류 의사를 표시했습니다. 중국은 3년 전 1978년 개혁개방정책을 실시함으로써 시장경제로 전환을 하였죠. 중국의 양안교류 의도에는 타이완의 경제발전 경험과 기술인재와 자본의 유치 의도도 내포되었습니다.

그러나 1980년대 초 타이완은 여전히 계엄상태에 있었고, 중국과는 접촉, 담판, 타협하지 않는다는 '삼불三不정책'을 유지하고 있었죠. 이런 단절 시기는 1987년 계엄해제를 통해 민주화가 진행되고, 국민당 노병老兵들에게 이산가족 상봉과 고향 방문 조치가 발표되고, 분단 38년 만에 약 200여만 명의 중국 대륙 출신 타이완인들이 대륙을 방문할 수 있게 되면서 양안교류도 시작됩니다. 이후 학술문화교류, 관광교류가 이루어지고, 타이완경제인들의 대륙 투자가 이어지면서 양안교류는 활성화되기 시작했죠.

그러나 2000년 천수이볜陳水扁 민진당 총통 집권 시기에는 잠시 정치·경제적 교류가 중단되거나 축소되는 정체 상태를 경험하기도 했습니다. 그러나 민간교류는 지속적으로 유지되었습니다. 중국의 학생들이 타이완으로 단기 연수를 올 수 있었고, 타이완학생들은 중국 대학의 정식 학위과정에 입학할 수 있었습니다.

타이완독립을 주장하는 시위대 깃발(출처: 중시신문망中時新聞網)

그러다가 2008년 국민당의 마잉주 총통이 집권하면서 양안교류는 본격적으로 확대되었습니다. 하지만 양안교류의 급속한 확대가 타이완의 중국 종속을 가속화할 것이라는 우려가 타이완 내부에서 젊은 세대를 중심으로 확산되었습니다. 타이완의 탈脫중국화 분위기는 2016년 민진당의 차이잉원이 재수 끝에 총통에 당선되도록 작용했고, 2020년 연임에도 성공하는 배경이 되었습니다. 따라서 차이잉원 정부는 집권 이후 중국과의 인적교류를 타이완인에 대한 포섭을 목적으로 통일전선공작을 하려는 중국의 불순한 의도가 있다고 판단하면서, 경제교역 이외의 인적교류는 소극적, 제한적으로 하겠다는 입장을 보이고 있습니다. 특히 2020년 초부터 시작된 코로나 팬데믹과 미국과 중국의 패권경쟁은 양안관계를 더욱 경색시키고 있습니다. _이광수

중국정치의 지역주의와 상하이

오월동주吳越同舟는 사이가 나쁜 사람이 함께 같은 배를 타고 있다는 뜻이다. 중국의 병법서인 『손자·구지孫子·九地』편에 "아홉 가지 지형(상황, 처지)"에 대한 이야기가 나온다. 그 중에서 마지막 지형이 "사지死地"인데, 과감히 일어서서 싸우면 살 수 있지만 기가 꺾여 망설이면 패망하고 만다는 필사必死의 상황을 이르는 말이다. 그러면서 인용하고 있는 고사성어가 오월동주이다. 사이가 나쁜 '오나라 사람과 월나라 사람이 한 배를 타고' 강을 건넌다고 치자. 강 한복판에 이르렀을 때 갑자기 강풍이 불어와 배가 뒤집히려고 한다면, 그들은 평소의 적개심을 접고 서로 왼손과 오른손이 되어 필사적으로 도울 것이라는 것이다. 원수와 같은 배를 탔지만 상황에 따라 공동의 목적을 위해서는 서로 협력해야 한다는 말이다. 정치라는 것은 동서고금을 막론하고 불가피하게 정치적 적수가 있게 마련이다. 권력을 얻으면 모든 것을 얻을 수 있고 그것을 잃으면 모든 것을 잃게 되는 것이기에 정치인들은 권력을 얻기 위해 싸우고, 상대방을 쓰러뜨리려고 온갖 방법을 동원한다.

중국정치에서도 마찬가지이다. 중국의 정치인들은 중국공산당이라는 한 배를 타고 있지만 그 안에서 한 치의 양보도 허락하지 않는 권력투쟁을 매시간 벌이고 있다. 타고 있는 배가 순항할 경우에는 그 배를 차지하기 위해 그리고 그 안에서의 권력을 얻기 위해 죽음을 불사하는 전투를 벌이지만, 배가 커다란 풍랑을 만나 위기에 처하게 되면 서로서로 도와 그 위기를 극복하려고 한다. 중국공산당은 1949년 집권 이후 여러 번 위기에 처한 적이 있었다. 그 때마다 오나라 사람과 월나라 사람들이 협력했듯이 인맥이 다르고 파벌이 다르다 할지라도 협력해 왔다. 중국공산당이 분열되지 않고 세계 경제강대국으로 부상할 수 있었던 원인 중의 하나는 위기 상황에서 정치인들 간의 협력이 존재했기 때문이다. 다시 말해 중국 정치인들 사이에 "분열은 공멸"이라는 인식이 깊이 자리하고 있다는 것이다. 중국공산당의 분열이 자신이나 자신의 파벌에 결코 이롭지 않기 때문에 어떻게든 파국으로 치닫는 것을 막아냈던 것이다.

중국정치에서 가장 대표적인 '파벌' 중의 하나는 상하이지역을 근거로 한 정치인 그룹이다. 오월동주에서 나오는 오나라는 상하이 인

상하이 황푸강黃浦江 전경(출처: 필자 촬영, 2018.2.)

근의 지역인 쑤저우蘇州가 도읍지였다. 춘추전국시대의 상하이는 아주 작은 오나라의 어촌이었을 것이다. 오나라는 양쯔강과 서해와 접해 있다. 반면 월나라는 오나라의 남쪽에 위치해 있었다. 지금의 푸젠성 북동지역에 해당한다. 춘추전국시대의 오나라는 월나라에 패망한다. 그러나 700년이 지나 비슷한 지역에서 즉 지금의 쑤저우의 상하이 지역에서 또 다른 오나라가 등장하게 되는데 이 나라가 바로 유명한 『삼국지』에 나오는 손권의 오나라인 것이다. 양쯔강에 접해 있어 조조의 위나라나 유비의 촉나라에 비해 물산이 풍부했다. 오나라는 제갈공명의 도움을 받아 조조의 80만 대군을 적벽대전에서 물리치고 현재의 장쑤성江蘇省, 저장성浙江省 일대에 근거지를 확립한다. 이렇듯 상하이 지역은 역사적으로 오나라 문화의 영향을 많이 받았다. 정치적으로 중국의 북부나 서부와는 다른 정치문화를 가지고 있다고 할 수 있다. 그럼 현대 중국에서 상하이지역의 정치세력은 어떻게 등장했고 유명한 정치인들은 누가 있는 지에 대해 살펴본다.

🏛 중국의 지역주의와 상하이지역 파벌의 등장

중국의 지역주의

중국은 땅이 넓어 지역마다 다른 정권이 등장했다 사라지곤 했다. 지역의 분열과 갈등이 중국의 전통적인 '지역주의'를 낳게 하는 요인이 되었던 것이다. 천하의 분열보다는 통일을 우선 가치로 여기는 전통은 자연발생적으로 생겨나는 지역주의 정치를 약화시키는 측면이 존재하지만, 각 지역이 갖는 정치적 야망과 비전을 완전히 없앨

상하이 전경(출처: 필자 촬영, 2018.2.)

수는 없다. 중국정치에서 가장 기초적인 권력구조는 '인맥'에 있다. 이는 유가전통에서 출발하는 현상으로서 개인적 유대가 가족관계를 토대로 하기 때문이다. 중국에서 가족은 권력구조의 기본단위일 뿐만 아니라, 모든 단체와 사회조직의 기본이 된다. 중국은 진한秦漢의 통일 이후 '천하통일'이 통치자의 가장 주된 관심사였다. 따라서 여러 차례 분열의 시기를 거치면서도 여전히 초안정적인 봉건사회의 전통을 유지해 왔다. 통치자는 지방관을 파견할 때도 회피제回避制라고 하는 장치를 마련하여, 관리들이 자신의 고향으로 부임하여 사사로운 인맥을 조성하는 것을 금지시키기도 하였다. 이러한 제도는 청대까지 이어졌다.

중국정치에서 인간관계를 중시하는 전통은 지역과 '인맥'의 문화를 발전시켰다. 이러한 '인맥'은 '지역주의'와 결합하게 되면 때로는 자신의 정치 세력을 확장하는 근거가 되기도 하고, 한편으로는 중앙의 권위에 도전하는 발판이 되기도 하였다. 따라서 어느 정치가라도 중앙 정권에 도전하지 않는 한 '인맥' 형성을 용인하였다. 중국의 '지역주의'는 이러한 '인맥' 전통과 매우 밀접하게 연관되어 있다.

청말 홍수전洪秀全이 이끌었던 태평천국 군대를 격파할 수 있었던 것은 이른바 청조 '중흥의 명장' 증국번曾國藩을 우두머리로 하는 탄탄한 후난湖南 인맥이 기초가 되었다. 그는 아예 지역적 색채를 강조하여 후난성 출신들로만 군대를 조직하여 상군湘軍('湘'은 후난성을 의미함)을 조직하였다. 이들을 선발하고 훈련시키는 것을 증국번이 직접 지휘하였다. 이렇게 함으로써 상군은 오합지졸의 정부군보다도 훨씬 전투력이 강한 군대로서 결국 승리하였다. 한편 이홍장李鴻章도 같은 방식으로 자신의 고향 안후이성 출신자들을 중심으로 조직한 회군淮軍('淮'는 안후이성을 의미함)을 지휘하여 태평군을 공략하여 승리한다. 특히 당시 베이징은 중앙과 지방의 인맥을 연결시키고 강화하며 배양하는 곳이었다. 그 방식은 각 출신 성省의 회관會館의 활동을 통하여 이루어졌다. 그곳은 인맥 형성에 있어서 중요하였고 또한 인간 '관계'를 확대하는 곳이었다. 따라서 증국번은 베이징에서 최고위직 관리였음에도 불구하고 고향 후난성 회관을 관리하는데 매우 적극적이었다. 중국에서 '지역주의'의 뿌리 깊은 정서를 엿볼 수 있는 점이다. 그러나 이러한 '인맥'은 청조의 정권을 연장하는데는 유용하였을지 모르지만, 이후 중국의 지역주의 폐해의 전형인 군벌이 탄생하는 기초가 되었던 점도 간과해서는 안 된다.

때로는 정치집단 내부에 지속적으로 '지역주의'의 갈등이 존재하고 있음을 볼 수 있다. 1911년 봉건 왕조를 타도하고 새로운 공화정을 열었던 신해혁명辛亥革命도 이를 주도하는 세력간의 '지역주의'와 '인맥'의 문제를 노정하였다. 다시 말해서 혁명을 추진하는 혁명파 내부에서 쑨중산孫中山을 중심으로 하는 광동성廣東省 출신 인맥과 황싱黃興을 중심으로 하는 후난성湖南省 출신간의 지역적 갈등으로 인한 혁명파 내부의 분열도 있었다. 이러한 갈등은 혁명을 성공하고도 정권을 다시 군벌에게 넘길 수밖에 없는 상황을 초래하고 말았다.

중국의 '지역주의'는 지리적인 지역에만 한정하지 않았다. 궁극적으로 중국 정치에 있어서 다양한 파벌의 형태를 지닌 이중적인 구조를 갖고 있다. 그렇기 때문에 다양성을 인정한다는 차원에서 우리의 '지역주의'와는 차별성을 갖고 있다. 다시 말해서 우리의 지역주의의 출발이 이른바 한 지역의 정치적 맹주를 중심으로 형성되면서 정권 탈취를 위한 '제로섬zero-sum'의 논리라면, 중국의 '지역주의'는 다양한 정치적 파벌을 인정하면서 상호 그 존재를 인정해 주며 타협과 조정을 통하여 정치적 안정을 추구한다는 점에서 차이가 있다.

과거 정치적 파벌들이 비록 노선 투쟁을 통하여 정책적 견해의 갈등을 겪었으나 그것은 '지역주의'를 볼모로 권력을 쟁취하려는 목적에서 이루어진 것이 아니었다. 그것은 권력 투쟁이 아니라 노선 투쟁으로 보아야 한다. 따라서 노선 상에서의 갈등이 존재하더라도 권력을 쟁취하기 위한 투쟁이 아닐 경우에는 파벌을 인정하고 묵인해 왔다는 점에서 그 근거를 찾을 수 있다.

마오쩌둥毛澤東과 덩샤오핑鄧少平 등이 자기 출신 지역을 중심으로 깃발을 꽂고 사람들을 불러 모았던 것이 아니라 정치적인 이념, 정책 혹은 동일한 직무 단위의 경험을 중심으로 하고 있기 때문이다. 따라서 정치적 인물도 어떠한 기준에 따라 '지역주의'적인 파벌로 분류하느냐 하는 점도 종적으로 뿐만 아니라 횡적으로도 연결되어 있기 때문에 이중, 삼중으로 중첩되는 것이 특징이다.

중국은 일인 지배가 아닌 일당인 중국공산당이 지배하는 국가이다. 따라서 중국 공산 혁명을 성공시키는 과정에서 마오쩌둥은 상대적으로 다른 고위 혁명 지도자보다 권력적으로 우위에 있었고 권력과 권위를 모두 확보하고 있었더라도 그것이 '권력의 거리'를 느낄 정도로 커다란 차별성이 있었던 것은 아니었다. 따라서 비록 이미 연안延安 시기부터 류샤오치劉少奇를 중심으로 한 중국 지도부가 '마오쩌둥 사상'을 내세워 마오쩌둥의 카리스마를 강화하였지만, 그것은 진정한 의미의 배타적인 일인 지배를 의미하는 것은 아니었다. 그 이면에는 중국 혁명의 성공은 여러 혁명 지도자들이 함께 노력했다는 공통된 인식이 존재했음을 의미한다.

과거 50년에 걸쳐 벌어진 중국의 권력 문제를 살펴보면 '권력'과 '권위'를 한 몸에 지녔던 마오쩌둥, '권력'의 실체를 보유하지는 않았으나 누구보다도 커다란 '권위'를 행사했던 덩샤오핑, 그리고 그러한 덩샤오핑에 의하여 발탁되어 명확한 자기 색깔을 갖지 못하고 '권력'을 행사해 온 장쩌민 체제로 구분할 수 있다. 소위 혁명 1세대인 마오쩌둥과 덩샤오핑이 카리스마를 무기로 중국을 이끌었다면

상하이 전경(출처: 필자 촬영, 2018.2.)

장쩌민은 비록 주요 3대 권력을 장악하고 있지만 비교적 제한된 구도에서 권력을 행사했다고 할 수 있다. 그러나 절대 권력의 이면에서 적절한 권력 분담이 이루어져 마오쩌둥 시대에는 마오쩌둥 - 주더朱德 - 저우언라이周恩來의 권력 구도가 중심이 되었고, 덩샤오핑 시대에는 후야오방胡耀邦 - 자오쯔양趙紫陽 - 리펑李鵬, 자오쯔양 - 리펑 - 후치리胡啓立, 포스트 덩샤오핑 시대에는 장쩌민 - 리펑 - 주룽지朱鎔基 시스템이 권력 구도의 중심 축을 이루는 모델로 형성되어 온 것도 사실이다.

따라서 중국 혁명에 공헌한 초기 지도자들

은 각자가 '가치의 권위 있는 분배'를 할 수 있는 인물이 되었으며, 이들을 중심으로 정치적 파벌이 형성되었다. 정치적 파벌은 "어떤 이유로든 서로 친밀한 관계를 가지고, 상호 신뢰와 충성을 공유하고 있다고 믿으며, 공동의 적대 세력을 가지고 있는" 사람들의 '관계망'이라고 정의할 수 있다. 이러한 파벌이 형성되는 동기는 자신들의 '지위의 보존과 상승'에 대한 사적 욕구에서 출발한다고 보았다. 더욱이 중국의 정치 파벌은 '충성 – 보호'의 이해 관계를 통하여 강력한 응집력을 갖고 있다. 이렇게 볼 때 중국의 '지역주의'는 파벌로 나타나면서 그들이 지역적인 하나의 세력으로만 존재하는 형태이다. 따라서 그들의 활동 지역을 중심으로 분류해 온 것이 하나의 관례였다. 상하이방上海幇·베이징방北京幇·산둥방山東幇이 대표적인 경우이다. 현재 중국 최대의 정치 파벌인 상하이방의 경우 출신 지역은 다르지만 상하이라고 하는 지역에서 공직생활을 하면서 형성된 인맥으로 구성된 파벌이다. 역대 중국 정치에 있어서 상하이는 매우 중요한 지역이다. 상하이방은 1989년 천안문 사태가 발생하고 장쩌민이 일약 당 총서기로 등용되면서 주룽지, 우방궈吳邦國 등 상하이시 당위원회 제1서기 출신들이 중앙의 정치 무대에 진출하면서 상하이 인맥을 형성하게 되었다. 따라서 이후로 중앙 정계에 장쩌민 인맥이 대거 포진하게 되었고 이러한 정치 지도자들을 상하이방이라고 부른다.

  베이징방은 리펑을 중심으로 전 베이징시당위 서기였던 천시통陳希同과 베이징시 부시장 왕바오썬王寶森 등이다. 이들 가운데 천시통과 왕바오썬이 1994년 부패 혐의로 숙청을 당하면서 현재는 눈에 띄는 파벌은 아니지만 중국 정치에 있어서 보수 세력을 대표하고 있다고 할 수 있다. 산둥방은 주로 군부 주요 인사들로 전통적으로 산둥성 출신들이 군부를 장악하고 있기 때문에 붙여진 명칭이다. 예를 들면 현재 전체 당중앙군사위원회의 7명의 위원 중 부주석 장완녠張萬年, 국방부장 츠하오톈遲浩田, 군사위원회 위원이자 총정치부 부주임 왕루이린王瑞林 3명은 모두 산둥 출신으로 산둥방을 형성하고 있다. 한 예로 소위 상하이방의 방주幇主인 장쩌민의 정치적인 후견인은 왕다오한汪道涵으로 전임 상하이 시장이었다. 왕다오한은 안후이安徽 사람이고 장쩌민은 장쑤성 양저우揚州 사람이다. 하지만 장쑤성 양저우는 장쩌민이 태어난 곳일 뿐 그 조상들의 고향은 안후이성이다. 따라서 장쩌민과 왕다오한은 안후이라는 지역적 공통점을 가진 관계이다. 또한 국무원 총리 주룽지도 처음에는 자오쯔양에게 발탁되었지만 이후 그를 천거한 사람은 당의 조직부장을 지낸 쑹핑宋平이다. 그는 주룽지와 같은 칭화淸華대 출신이고, 주룽지와 동베이 지방에서 함께 근무하였던 인연이 주요하게 작용한 경우이다.

장쩌민으로 대표되는 제3세대 지도자들은 이미 과거 마오쩌둥,

중국공산당계파

태자당 + 상하이방		공산주의청년단
• 시진핑 국가부주석. • 리장춘 상무위원, 왕치산 부총리, 보시라이 충칭시 당서기	주요 인물	• 후진타오 국가주석, 리커창 부총리, 리위안차오 공산당 조직부장. 왕양 광둥성 당서기
• 태자당은 혁명 원로의 자제들로 구성 • 상하이방은 상하이에서 간부를 하다 당 중앙이나 정부고위층으로 옮겨갔거나 장쩌민 주석 시기에 기용된 인물 • 공청단에 맞서기 위해 상하이방이 태자당을 지원	계파의 기원	• 1980년대 당 원로들이 후야오방 총서기가 공산주의청년단 출신을 중용한다고 비판하면서 '공청단파'라는 용어 사용 • 2002년 후진타오 주석이 등극하면서 급부상 • 대부분 평범한 집안 출신
• 연안지역 중심 발전에 무게 • 지속적인 경제성장과 효율 중시 • 기업가와 중산층에 관심	노선 차이	• 균형발전, 허셰(和諧 · 조화)사회, 사회통합 강조 • 환경문제 중시, 농민 및 농민공 문제 관심

(출처: 동아일보. 2012.2.10.)

덩샤오핑과 같은 중국 정치 지도부가 공인하고 있던 통치방식과는 거리가 있다. 따라서 비록 자신의 권위와 권력을 장악하기 위한 파벌의 세력을 강화하고 있지만 그의 '지역주의'의 색채만으로는 권력을 강화하기가 쉽지 않다는 점이다. 더욱이 과거 중국의 전통적인 권위와 권력으로 통치하던 시기로부터 다양한 경력을 가진 지도부로 권력의 힘이 옮겨가고 있기 때문이다. 이러한 조짐은 제4세대 지도부를 선출하는 과정에서도 나타나고 있다.

상하이 인맥의 출현과 발전

문화대혁명 이전까지 중국의 권력자들은 오랜 혁명과정을 거치면서 높은 일체성을 유지하였다. 이렇게 유지되어 오던 내부의 일체성은 대약진운동과 문화대혁명을 경험하면서 무너지기 시작했다. 특히 문화대혁명은 장칭江靑, 장춘차오張春橋, 야오원위안姚文元, 왕홍원王洪文과 같이 과거 중국지도부와 전혀 다른 경력을 가진 집단이 권력을 장악하면서 정치지도부 사이의 이질성이 높아지게 된 것이다. 이러한 이질성은 파벌간 권력투쟁과 정책논쟁 그리고 노선투쟁이라는 복합적인 갈등을 띄게 되고 생사를 건 투쟁으로 전개되는데, 그 중심에 상하이 인맥이 존재했다.

상하이 인맥이 중앙정치무대에 등장하게 된 배경은 1960년대 초 중국 정치지도자들 사이에 벌어졌던 이른바 숨은 노선투쟁으로부터 시작된다. 1950년대 말 대약진운동이 실패한 후 당내외에서 마오쩌둥의 리더십에 대한 회의가 급속히 확산되면서 대약진 정책에 대한 수정이 필요하게 되었다. 당시 류샤오치와 덩샤오핑을 중심으로 한 그룹들은 당내외 마오쩌둥 비판세력에 대해 지원을 하게 되는데, 대표적인 사람이 류샤오치의 인맥으로 연결되어 있던 펑전彭眞과 그의 부하 덩퉈鄧拓였다. 그들은 마오쩌둥에 대해 비판적인 지식인들을 앞세워 마오쩌둥을 공격하였다. 특히 우한吳晗이라는 작가는 명나라 청백리淸白吏였던 해서海瑞를 파면한 황제를 마오쩌둥에 빗대어 공격하기도 하였다.

상하이 인맥은 수세에 몰려있던 마오쩌둥을 구하고 그를 등에 업고 중국공산당 내 권력을 장악하려는 의도를 가지고 있었다. 먼저 마오쩌둥을 비판한 우한의 작품 『해서파관海瑞罷官』을 공격하면서 중앙 정치무대에 등장하게 된다. 이는 자신을 지원하고 지지해줄 수 있는 세력을 확보할 수 있다는 마오쩌둥의 정치적 이해관계와 일치했기 때문이다. 당시 마오쩌둥의 부인이었던 장칭은 마오쩌둥의 동의를 얻어 문화계의 반 마오쩌둥 세력을 비판하기 위해 체계적인 작업에 착수했다. 그럼 장칭은 왜 상하이에서 시작했는가?

상하이에서 장칭이 마오쩌둥 비판세력을 비판하게 된 계기는 당시 상하이시 당최고 지도자였던 커칭스柯慶施가 마오쩌둥과 친숙한 관계에 있었고, 장칭 자신도 1930년대 상하이지역에서 좌익운동에 종사하면서 상하이시 문화계와 넓은 인맥을 구축하고 있었기 때문이었다. 장칭은 상하이 선전부장이었던 장춘차오와 협의하여 야오원위안과 함께 마오쩌둥 비판세력에 대한 대대적인 반격을 준비했는데, 이는 류샤오치 등 반 마오쩌둥 세력이 장악하고 있던 베이징에 대한 상하이의 반격이기도 했다. 이처럼 장칭을 매개로 하여 마오쩌둥과 연결된 장춘차오, 야오원위안 등의 상하이 인맥은 문화혁명을 일으키는 본격적인 권력투쟁을 전개한다. 이들은 당시 권력을 장악하고 있던 반 마오쩌둥 세력에 대한 반대세력造反派을 규합하여 상하이에서 새로운 권력을 세우려고 했다. 이를 '상하이코뮌'이라고 하는데, 일종의 상하이 인맥의 총사령부라고 할 수 있다. 그리고 1967년 1월 상하이에서 혁명을 일으켜 성공하게 된다. 마오쩌둥이 전국적인 혼란을 염려하여 이들을 주저앉히는 바람에 전국적으로 확산되지 못했지만, 이를 계기로 상하이 인맥은 중앙정계에서 영향력을 확대할 수 있었다. 그리고 1973년에 개최된 중국공산당 당대회에서 상하이 인맥들이 대거 주요 직책에 오르게 되는데, 정치국이라는 최고위직에 상하이인맥 4명이 들어가 권력을 장악하게 되었다. 이를 중국에서는 '4인방四人帮'이라고 불렀다.

상하이는 경제적으로나 정치적으로 매우 중요한 지역이라고 할 수 있다. 과거에도 그렇고 현재에도 그렇다. 문화대혁명이 실패하고 개혁개방이 실시되면서 문혁 4인방이 중심이 된 상하이 인맥은 중국정치계에서 물러났다. 그리고 1989년 천안문사건 이후 장쩌민이 중앙정계에 등장하게 되면서 다시 한 번 상하이 인맥이 중앙정계를 장악하게 되는데, 약 20년 만에 재등장하게 된 것이다. 장쩌민, 주룽지, 우방궈가 중심이 된 신 상하이 인맥은 문혁

중국 공산당의 계파 분류

※원자바오 총리는 독자노선이지만 범후진타오 계열로 분류. 장더장 부총리는 공청단파로 전향설

(출처: 한국경제. 2012.3.15.)

상하이파와는 정치적 성향이 전혀 다르다. 그러나 기존 정치질서에 불만을 품은 최고권력자의 개혁의지에 힘입어 일거에 정치계에 깜짝 등장했다는 측면에서 구 상하이파와 일부 같은 측면이 있다고 할 수 있다.

장쩌민은 후야오방과 자오쯔양이 실각한 후 상하이에서 순간 중앙정계로 위치가 이동되었다. 그래서 중앙정계의 기반이 약했다. 물론 덩샤오핑이라는 후원자가 존재했기 때문에 점차적으로 입지를 확대해 갈 수 있었으나, 여전히 불안한 형국이었다. 장쩌민은 덩샤오핑의 지원을 받아 먼저 중국군을 장악하기 시작했다. 중국군의 총참모부, 총정치부, 총후근부總後勤部 등 중국군 핵심조직과 일선 부대인 7대 군구의 주요 지휘관들을 자신의 인맥들로 채우기 시작했다. 당시 29명의 상장(최고 계급) 중 25명을 직접 임명했고, 군예산을 대폭 늘려 군심을 장악했다고 한다. 상하이 정치세력은 중국정치의 주요 세력으로 자리잡았다. 시진핑이 집권한 후 상하이 인맥으로 분류되는 주요 정치지도자로서는 부총리인 장더장張德江, 톈진시天津市 서기인 장가오리張高麗, 당 선전부장인 류윈산劉雲山, 공안부장이었던 멍젠주孟建柱, 그리고 베이징 서기였던 류치劉淇 등이 있다.

_서상민

참고문헌

금희연, 「중국 엘리트의 갈등 분석과 후원자 - 추종자 관계」, 『중소연구』 겨울호, 제16권 4호, 1992.
한인희, 「호남 인맥의 어제와 오늘」, 『중국연구』 여름호, 1994.
서진영, 『중국정치론』, 서울: 나남, 1997.

중국 경제의 심장, 선전深圳 이야기

선전, 중국 최초의 실험도시

중국에 '돌을 더듬어가며 강을 건너다摸着石頭過河'라는 말이 있다. 새로운 것에 대해서 대담하게 탐색하되 신중을 기해야 한다는 말이다. 중국이 계획경제 시기의 종말을 고하고, 시장경제 체제를 도입하고자 했을 때, 실험을 통해 점진적으로 개혁하고자 했던 당시 중앙정부의 태도를 잘 묘사한 말이다. 선전深圳은 중앙정부의 그러한 실험이 진행되었던 최초의 도시다. 중국 동남부 연안에 위치한 선전은 화웨이華爲, 텐센트騰訊, 중싱통신中興通訊 등 대형 인터넷 및 통신장비 기업을 탄생시킨 곳이자, 혁신 주도 성장 정책을 적극적으로 시행하고 있는 도시다. 이 글은 중국이 계획경제에서 중국 특색의 시장경제로 이행하는 실험 속에서 과거의 유산과 새로운 이념이 상충되는 상황을 어떻게 조율했는지를 선전의 사례를 통해 설명하고자 한다. 이를 잘 설명하기 위해 먼저 개발도상국의 경제적 도약 경로를 파악하는 데 도움이 되는 산업정책 이론을 소개하고 이를

선전의 경관, 롄화산蓮花山공원에서(출처: 은종학 촬영)

통해 선전의 산업정책 특징을 알아보고자 한다. 선전은 개혁개방 초
기에는 비교우위 전략을 받아들였고 서서히 첨단산업을 육성하기
시작했다. 그리고 도시 내 혁신 시스템을 구축하여 장기적인 경제발
전의 길을 모색하고 있다. 산업정책 관점에서 선전의 사례는 이미
정부의 역할이 너무나도 컸던 중국이 그것을 한 번에 내려놓지 않고
도 성공적으로 시장경제를 도입하고 하나의 어촌에서 혁신 도시가
될 수 있었는지를 이해하는 데 도움이 되리라 생각한다.

🏛 산업정책 이론

한 국가가 장기적인 경제발전을 도모하기 위해서는 산업정책이
필요하다. 산업정책은 자원의 분배와 축적, 기술 선택에 영향을 주
는 정부의 정책 수단이다.(노먼·스티글리츠, 2018) 산업정책은 적어도
개발도상국의 초기 경제 성장에 정부 개입이 필수적이고 효과적이

라고 보는 제도 및 구조주의 경제학의 관점을 취한다. 그리고 두 가지 관점에서 효과적이다. 우선, 경험적으로 오늘의 선진국들도 그들의 경제 정책에 제도와 공공정책을 수반한다. 심지어 자유 시장을 옹호하는 미국조차 초기 산업발전에서 영국 정부의 공공정책을 벤치마킹해 정부가 시장에 관여하도록 했다. 더욱이, 개발도상국의 경우 정부가 시장에 개입해 경제 성장을 견인할 필요가 있다. 다음으로, 시장 체제도 실패가 만연하다. 산업정책을 옹호하는 학자들은 지구상에서 시장의 완벽한 균형을 찾기 어렵고 실업이 곳곳에서 일어나고 있기 때문에 시장에 전적으로 의존할 수는 없다고 말한다. 무엇보다 세계 경제에서 비교우위에 입각한 자유 무역은 단기적으로는 유효할지 몰라도(국내총생산을 단기적으로 증가시킬지 몰라도) 장기적으로는 국가의 새로운 산업 육성 잠재력을 방해할 수 있다. 다시 말해, 생산자가 새로운 상품, 서비스 그리고 공정을 끊임없이 혁신해야만 더 많은 부가가치를 창출할 수 있는데, 그를 위해서는 기존의 비교우위를 넘어 새로운 비교우위를 만들어야 한다

선전 곳곳에서 볼 수 있는 다장(大疆, DJI)사의 드론 스토어(출처: 은종학 촬영)

는 것이다. 이때 정부의 역할은 발전 가능성이 큰 산업을 선택해 기업들에 새로운 경제 신호(시장 진입 신호)를 주고 새로운 과학기술 지식을 창출하는 시스템과 기초 인프라를 구축하는 데 있다.(노먼·스티글리츠, 2018)

산업정책에 리스크가 전혀 없는 것은 아니다. 정부가 육성할 산업을 선정하는 데 오류가 있을 수 있기 때문에 정부는 육성 산업 선정과 같은 자원 배분 결정에 신중해야 한다. 새로운 과학기술 지식을 창출하기 위해서는 기업의 참여뿐만 아니라 대학, 연구기관, 기술단체, 노조 등 정부와 비정부기관 간의 상호작용 또한 요구된다. 그들 사이의 상호작용은 산업 정보와 과학기술지식을 빠르게 전파하여 상업화할 수 있다는 장점이 있다. 동아시아 몇 개 국가들은 정부의 산업정책이 성공을 거둔 사례로 꼽힌다. 한국의 경우, 산업발전 초기 정부는 비교우위에 입각한 전략을 취했지만, 그로 인해 축적된 자본을 다른 산업의 학습기회에 활용하고 '재벌'이라는 한국 특색의 대기업 집단을 육성하는 데 가혹한 징벌제도(예를 들어, 기술 수준이 정부의 요구에 미치지 못하면 정부 지원 자격을 박탈하는 것)를 적용해 이들 기업이 정부에 의존하지 않고 기술 개발에 박차를 가하도록 정부가 조치를 취했다. 일본은 기업의 발전을 위해 경쟁 구도를 형성하고 수출 지향적 정책을 시행했다. 또한, 수입 및 외국인 투자를 제한하는 보호주의 전략을 구사했다. 한국과 일본 모두 비교우위 전략을 넘어 혁신 지향 성장을 위해 정부가 직접 나서 성공적으로 산업의 육성을 도운 사례다.

🏛 선전의 산업정책

중국의 첫 번째 개혁개방 실험도시로서, 선전은 어떻게 지금의 혁신 도시가 되었는가? 그 배경에는 수출 주도 성장, 외국인 투자, 금융체계, 과학기술체계, 고등교육체계의 발전 전략이 있다. 여기에서는 선전의 초기 경제발전을 추동했던 비교우위 전략으로서 수출 주도 성장과 외국인 투자 그리고 그 후의 첨단산업 육성 정책으로서 금융체계, 과학기술체계, 고등교육체계를 소개한다.

수출 주도 성장

개혁개방 후 계획경제에서 사회주의 시장경제로의 노선 전환은 풍부하고 저렴한 노동 자원을 비교우위로 활용하여 수출에 유리한 조건을 갖추게 하였다. 선전이 중국의 첫 번째 실험도시라고 해서 도시 전체가 개혁개방의 대상이었던 것은 아니다. 1979년 7월 서커우蛇口 공업지구를 먼저 대외에 개방했다. 그리고 1년 뒤 선전은 경제특구特區로 승인되면서 선전 전체가 개혁개방의 대상이 되었다. 선전뿐만 아니라 같은 동남 연해 지역에 위치한 주하이珠海, 산터우汕頭, 샤먼廈門 4개 도시가 모두 경제특구로 승인됐다. 경제특구란, 해외 투자 유치를 위해 각종 세제 혜택을 제공하는 곳으로 투자기업이 낮은 생산 비용으로 이곳에서 제조한 후 제3국에 수출하는 일종의 수출기지다. 특히 선전은 지리적으로 홍콩 및 마카오와 인접해 있어서, 세계 무역 분업 구조가 뿌리내린 당시 국제적 상황에서 수출 기지로서의 역할이 더욱 부각되었다. 경제특구라는 것이 중국에서 처음 생겨난 것은 아니다. 구체적인 형태와 목적에 따라 다르지

선전의 전자상가(출처: 은종학 촬영)

만, 동아시아 몇 개 국가들이 수입 대체 전략으로서 건설하기 시작한 것이었다. 서구에서도 경제특구라는 개념이 존재하는데, 서구의 경제특구는 투자 장벽을 허물고 자본을 유치해 새로운 성장 동력을 얻는 데만 목표가 있던 반면, 중국의 경제특구는 계획경제에서 시장경제로 이행하는 데 드는 충격을 완화해줄 완충지대 역할도 했다. 홍콩 및 마카오와 근접해 있다는 지리적 이점을 가졌던 선전은 대외 개방에 실패할 확률이 낮았다. 선전은 가공무역을 통한 수출기지 역할을 했다. 소비재를 주로 생산하는 해외 기업들이 원료나 부품, 혹은 디자인을 들여와 선전 공장에서 조립 및 생산한 후 다시 제3국으로 수출하는 이른바 '삼래일보三來一補' 방식으로 산업 인프라와 서비스 체계를 갖추게 되었다. 그 결과, 오늘날 선전은 컴퓨터, 통신 등의 첨단산업 분야에서 원스톱 산업 사슬을 갖춘 도시가 되었다.

외국인 투자

선전이 경제특구로 승인된 이후, 홍콩, 마카오 그리고 중국 화교가 설립한 동남아시아 기업들은 중국의 값싼 노동력과 풍부한 내

수 시장을 염두에 두고 투자에 나서기 시작하였다. 특히 선전 초기 투자 자본의 상당수는 홍콩에서 유입된 것이었다. 홍콩의 소규모 제조업체들이 선전 경제특구로 공장을 옮기기 시작했고 1992년 덩 샤오핑鄧小平이 톈안먼天安門 사건 후 움츠러든 개혁개방 열기를 다시금 되찾기 위해 동남 연해 도시를 순회하며 의지를 다졌던 남 순강화南巡講話 이후 외국인 직접투자가 급증했다. 1980년대 20 억~30억 달러였던 외국인 직접 투자규모가 1997년 450억 달러로, 약 15~22배 증가하였다. 1994년에서 1997년 사이 중국 고정 투자 비율 중 외국인 직접투자 비율은 6분의 1수준이었으며, 중국이 WTO에 가입하던 시점인 2001년 중국 수출량의 절반 이상이 외국 기업 제품이었다.(크뢰버, 2017) 이는 개혁개방 초기 외국 자본의 유 입이 상당했음을 반증한다.

금융체계

선전의 금융체계는 지리적 이점을 통해 빠르게 발전하였다. 홍콩 에 있어 선전은 중국 내륙으로 통하는 창구였기 때문에 홍콩의 금 융 기업들은 선전에 자회사를 설립하기 시작했다. 제조업의 발전이 물류산업의 발전으로, 물류산업의 발전이 금융산업 발전으로 이어 지는 일반적인 루트와 달리, 선전은 제조업, 물류산업 그리고 금융 산업이 동시에 발전하는 현상을 보였다.(國際·國世平, 2020) 이러한 특 이한 상황은 홍콩의 투자에서 비롯된 것이었다. 하지만 지금의 선 전이 상하이를 잇는 국제금융시장이 된 것은 국가의 전략과도 관련 이 있다. 중앙정부는 선전에 상하이를 잇는 증권거래소를 설립하도 록 하였다. 1990년 12월 선전증권거래소에서 거래가 시작되었다.

게다가 선전은 일찍이 보험업이 발전한 도시였는데, 그 배경에는 개혁개방 초기 중앙정부가 홍콩 등 외자 보험회사에 선전 보험시장을 개방한 데 있다. 외국계 보험사가 선전에 진출하도록 허가해 로컬 보험업이 빠르게 성장할 수 있도록 기반을 만든 '외부효과external effect'가 발생한 것이다. 그 첫 로컬 기업이 현재 중국에서 가장 유명한 핑안不安보험 회사다. 최근 선전은 중앙정부의 계획에 따라 디지털 화폐 시범구로 지정되어 개발에 박차를 가하고 있다. 화웨이를 비롯한 선전 기반의 대형 인터넷 기업들이 블록체인 기술 개발에 투자하고 있다.

과학기술체계

1990년대 초 선전의 첨단 제품 생산액은 겨우 146억 위안(약 23억 달러)에 불과했다. 그러나 2000년에 이르러 첨단 제품의 생산액은 1,000억 위안(약 150억 미달러)을 돌파하여 선전의 공업 총생산액 비중의 42%를 차지하였다. 개혁개방 이전, 한 어촌에 불과했던 선전은 대학과 연구 인프라가 부족한 상황에서 어떻게 빠르게 첨단산업 발전을 이루었는가? 여기에는 민영 과학기술 기업의 육성이 있다. 개혁개방에 어느 정도 진전이 있자, 선전시 정부는 가공기업 중 발전 잠재력이 큰 기업들을 조사하여 그들의 산업을 전자정보, 신에너지, 신소재, 바이오 등 첨단산업으로 전환했다. 선전시 정부는 1998년 「고신기술산업 발전을 더욱 지원하는 것에 관한 규정關於進一步扶持高新技術産業發展的若干規定」을 발표하여 이들 기업에 세수, 토지사용, 호적등기와 관련한 혜택을 주었다. 또한, 첨단산업을 발전시키기 위해 과학기술기업 인큐베이터를 설립하기 시작했는데, 2005년까지

32개에 이르렀다. 과학기술 인큐베이터는 중소기업에 필요한 과학기술산업 서비스, 지역 산업구조 개선 등의 서비스를 제공해 창업시기를 잘 넘길 수 있도록 돕는 역할을 한다. 이 밖에도, 기존에 없던 과학기술 교역시장을 전국 최초로 설립하였다. 과학기술성과교역센터科學技術成果交易中心, 남방국제기술교역시장南方國際技術交易市場, 기술시장촉진센터技術市場促進中心 등의 과학기술 교역시장이 그것이다.(葛洪, 2008)

첨단산업에서 민영기업이 차지하는 비중은 꾸준히 증가해, 2003년 첨단산업에 종사하는 전체 기업 중 59%를 차지했다. 선전은 과학 연구소와 대학이 부재했기 때문에 기업 스스로 연구개발을 해야했다. 이것이 선전 과학기술체계의 특징이다. 기업들은 자체적으로 연구소를 설립하거나 중국 내 다른 도시의 대학 및 연구소와 협력하여 연구소를 설립하기도 하였다. 대표적인 사례로 선전칭화연구원深圳淸華硏究院, 선전-홍콩산학연기지深港産學硏基地를 들 수 있다.(葛洪, 2008)

고등교육체계

중국 내 대표성을 가진 경제특구 및 개혁 실험지로서 선전은 혁신 추동의 중요한 요소인 고등교육기관이 발달하지 못했다. 이러한 가운데 선전은 고등교육지식이 산업화에 직접적으로 연계되는 고등교육체계를 마련하였고, 그 결과 선전의 고등교육기관은 독특한 특성을 갖게 되었다.(은종학, 2021) 그 특성은 두 가지로 요약할 수 있다. 첫째, 선전 내 자체 대학을 설립하기보다 이미 교육 경험이 많은 국내외 대학을 유치하여 캠퍼스를 설립하였다. 2013년 선

전시 정부는 「특색학원 설립 발전 가속화에 관한 의견關於加快高等
教育發展的若干意見」을 발표해 중국과 해외 대학의 합작 설립을 승
인하였다. 국내외 합작 대학으로는 칭화-버클리 선전학원, 톈진대
學天津大學-조지아 이공대 선전학원 등이 있다. 홍콩중문대학, 칭
화대학, 베이징대학, 중국런민대학中國人民大學, 우한대학武漢大學,
중국과학원대학中國科學院大學, 베이징중의약대학北京中醫藥大學 등
홍콩 및 중국 내 유수 고등교육기관이 선전 내 캠퍼스를 설립하였
다.(賈秀險, 2019)

둘째, 대학-기업-연구소가 협력하여 인재 양성에 나서고 있다.
앞서 말했듯이, 선전의 과학기술 연구개발은 민영기업이 주도하고
있다. 민영기업이 연구개발 기관을 직접 설립하여 소유하고 있다.
국립대학과 연구기관이 발전해 기업과 독립되어 있는 베이징과는
다르다. 선전시 정부는 화웨이, 중싱통신 등 200여 개 기업이 연구기
관을 설립해 대학원생 인턴 제도를 시행하도록 하였다. 선전대학은
화웨이, 텐센트, 중싱통신, 다쟝大疆 등 60여 개 대기업과 긴밀한 협
력관계를 맺고 있고 시대에 맞는 종합적이고 수준 높은 기술을 가진
인재를 발굴하기 위해 노력하고 있다. 기업이 핵심적인 역할을 하는
기업-대학 협력 체제는 대학생과 대학원생이 학습한 지식을 산업
화하여 혁신을 모색하도록 하고 있다.(賈秀險, 2019)

🏛 선전이 주는 시사점

선전은 산업발전 초기 비교우위에 입각한 전략을 추진하였지만,
곧 비교우위를 뛰어넘어 혁신 주도 성장의 산업정책을 사용하였다.

앞서 논의한 수출 주도 성장과 외국인 투자는 비교우위에 입각한 전략, 금융체계, 과학기술체계, 고등교육체계는 비교우위를 뛰어넘는 전략이다. 선전의 사례를 통해 두 가지 시사점을 얻을 수 있다. 우선, 중국은 동아시아나 서구 국가의 경험을 그대로 수용하지 않고 국가와 각 도시의 사정에 따라 신중하게 받아들이는 방법을 택했다. 한국과 일본 등은 국내 값싼 노동력을 활용하는 수입 대체 전략을 썼지만, 선전은 반대로 도시에 입주해 있는 해외 기업들에게 값싼 노동력을 제공하였다. 결국, 같은 비교우위 전략을 썼지만, 구체적인 전략은 달랐다. 또한, 선전은 비교우위 전략에서 벗어나 일찌감치 첨단산업 육성에 나섰다. 외국 기업의 기술을 습득하고 외국 기업이 세운 공장 인프라를 사용하여 효율성을 빠르게 높일 수 있다. 더 나아가, 민영기업이 자본을 조달하는 금융시스템을 구축하고, 고등교육이 산업에 직접적으로 연계될 수 있도록 하는 대학 – 기업 – 연구소 협력 시스템을 구축하였다.

다음으로, 선전은 산업정책에 시장요소와 비시장요소를 충분히 활용했다. 시장요소로는, 기술을 투명하게 거래할 수 있는 기술 시장 시스템을 구축하였다. 그러나 이러한 시장 시스템은 서구의 전통적인 시장 시스템과는 분명 다르다. 선전의 시장 시스템은 정부가 직접 개입하여 통제한다. 비시장요소로는, 지식을 산업화할 수 있는 네트워크와 시스템을 구축하였다. 이는 시장보다 정부가 잘 할 수 있는 일이다. 혁신은 단순히 기업의 역할에만 의존해서 되는 것이 아니라 기업과 정부, 대학, 연구기관, 금융기관, 비정부기관 등의 협력에 의해 더 잘 추동된다. 선전 사례는 정부 개입의 산업정책 하에 시장 시스템이 적절하게 활용될 수 있음을 보여준다.

🏛 산업정책의 유효성과 시장만능주의의 한계

중국은 같은 사회주의 계획경제 노선을 따랐던 구소련이나 동유럽 국가와는 달리 체제 전환을 안정적으로 이끌어낼 수 있었다. 그 배경에는 과감하지만 신중한 어쩌면 모순적인 개혁개방 실험에 있었다고 하겠다. 한 어촌에 불과했던 선전은 중앙정부가 승인한 경제특구로서 다양한 실험이 가능한 곳이었다. 따라서 중국 내 가장 역동적인 현장이었다고 할 수 있다. 중국은 기존의 계획경제 체제를 한 번에 뒤집기보다 홍콩 및 마카오와 근접한 선전에서 우선 체제 실험을 시행했다. 그리고 그 실험이 성공하면 그 모델을 다른 도시로도 확대 적용하였다. 따라서 선전은 중국 경제의 심장과도 같은 곳이다. 하지만 더욱 중요한 것은, 중국의 개혁개방 실험은 서구 국가 모델도 동아시아 국가 모델도 아닌 중국 특색의 모델이었다. 중국 특색의 모델이었다. 선전의 사례가 이를 잘 설명해준다.

중국 특색의 경제체제는 서구 자본주의 국가의 공격을 자주 받곤 한다. 중국 정부의 산업정책이 국제 경쟁에서 공정하지 못하다고 여기기 때문이다. 또한, 산업정책은 특정 산업의 성장을 돕는 동시에 기업이 전적으로 정부에 의존해 빚어지는 지대추구행위 rent-seeking 문제를 발생시킬 수 있다. 그러나 제도 및 구조주의 경제학자들은 선진국도 과거에 정부가 개입하는 산업발전 시기를 거쳤다고 말한다. 선진국이 세계 경제 대국이 되는 목적을 달성한 뒤 개발도상국이 추격하지 못하도록 발목을 잡는다고 말하기도 한다. 시장만능주의의 처방은 라틴아메리카와 같은 개발도상국에 실패를 가져오기도 했다. 선전의 사례는 정부와 시장이 적절히 조

화를 이뤄 중국 체제 전환의 위험성을 최소화할 수 있었음을 보
여준다.

_김민지

참고문헌

아서 크뢰버Arthur R. Kroeber 저, 도지영 역,『127가지 질문으로 알아보는 중국
　　경제』, 시그마북스, 2017.
아크바르 노먼Noman, Akbar · 조지프 스티글리츠Stiglitz, Jpseph E 저, KDB미래전
　　략연구소 역,『산업정책의 효율성, 다양성, 그리고 금융: 지속성장으
　　로 이끄는 자원, 학습, 기술정책』, 한국산업은행. 2018.
은종학,『중국과 혁신: 맥락과 구조, 이론과 정책 함의』, 한울아카데미, 2021.
葛洪,「深圳高新技術産業發展的特徵與啓示」,『南方論叢』第4期, 2008.
國際 · 國世平,「金融——深圳經濟40年快速發展重要支撐點」,『特區經濟』,
　　第6期, 2020.
賈秀險,「中心城市高等敎育發展模式硏究——以深圳爲例」,『敎育評論』第5
　　期, 2019.

산둥山東문화와 산둥인

새해에 타이산泰山 일출을 보며 국태민안을 기원하는 중국인

　"동산에 오르니 노나라가 작아 보이고, 타이산에 오르니 천하가 작아 보인다登東山而小魯, 登泰山而小天下." 이는 『맹자·진심盡心 상』에 나오는 공자의 말이다. 당시 혼란스러웠던 중국 천하를 인仁으로 경영하고자 했던 공자의 큰 포부가 느껴진다.

　5,000년 동안 타이산은 중국인들에게 아주 특별한 산이다. 사실 타이산은 중국의 명산 중에 높은 산이라 할 수 없다. 타이산의 정상인 옥황정玉皇頂의 높이는 1,532미터 밖에 되지 않는다. 이는 3,000미터가 넘는 어메이산峨眉山과 우타이산五臺山, 2,000미터가 넘는 화산華山이나 형산恒山, 그리고 황산黃山이나 우당산武當山에 비해도 낮다. 그런데 왜 중국 사람들은 타이산을 영험한 산이라고 생각하고 타이산에 올라 소원을 기원하는가.

　먼저 타이산은 중국문화의 고향이라고 하는 산둥의 타이안泰安에 위치해 있기 때문이다. 공자의 고향인 취푸曲阜와 멀지 않다. 예로부터 산둥은 관중管仲이 재상으로 있었던 제齊나라의 땅이다. 그리고 맹자, 손자, 묵자 등 뛰어난 사상가들을 배출한 곳이며, 강태공과 제갈공명의 고향이기도 하다. 이렇듯 산둥은 중국문화의 뿌리이자 중국사상의 발원지이므로, 타이산은 중국인의 마음속에 영원히 신성하게 느껴지는 것이다.

타이산泰山(출처: 바이두)

봉선封禪은 고대 제왕들이 타이산에서 천지에 제사를 지내던 국가대전이다. "봉"은 타이산 산정에서 제단을 쌓고 제를 지내면서 하늘의 공덕에 보답하기 위한 것이고 "선"은 타이산 아래 작은 산에 제단을 쌓고 제를 지내면서 땅의 공덕에 보답하는 것이다.

사마천의 『사기史記』에 따르면, 봉선을 행한 제왕은 72명이며 관중이 기억하는 제왕은 12명뿐이라고 한다. 기록에 의한 최초의 봉선은 시황제 28년(BC 219)에 행해졌다. 특히 한나라 무제의 원봉元封 1년(BC 110)에 행해진 봉선제에 관한 기록을 보면, 제왕은 정치적인 성공을 하늘에 보고하는 의식도 함께 수반했다고 한다.

봉선대제는 중국 역사상 가장 강성했던 시대의 봉선 장면을 재현한 공연이다. 봉선대전 쇼는 타이산문화의 핵심으로 성장하였으며, 자연산수를 배경으로 하여 독특한 문화를 체험할 수 있는 계기를 제공한다.

중국 오악五岳 중에 가장 으뜸이라는 타이산은 중국 산둥성 중부 타이안시에 위치하며 세계자연유산과 세계문화유산으로 지정된 곳이다. 타이산은 중국인들이 가장 많이 찾는 산 중의 하나로 "천하제1산"이라고 불리며, 중국 10대 명산 중의 하나로 알려져 있다.

그리고 자연경관이 수려할 뿐만 아니라 수 천 년의 정신 문화가 스며들어 있는 중국 인문 문화의 산 현장이라고 할 수 있다. 타이산은 중국인들의 마음속에 "정신이 깃든 산"으로 인식되기 때문이다. 타이산은 크고 웅장함으로 세상에 알려진 산이지만, 사람들에게는 교만보다는 겸손, 좌절보다는 희망이라는 메시지를 전해준다. 또한 인내와 불굴의 의지를 갖고 있는 산이자 국태민안의 정신이 깃든 산으로 여겨지고 있다.

타이산에 오르면 천하가 태평해진다고 하여 중국 고대 제왕들은 이곳에서 하늘에 제를 올리는 봉선제를 시행하였다. 『사기』에도 타이산은 하나의 "제왕의 산"으로 불리며 72명 제왕들이 타이산에서 봉선했다는 기록이 있다. 따라서 중국을 최초로 통일한 진시황이 왕위에 오른 후에 제일 처음 한 것이 타이산 봉선제였다. 한 무제는 8번이나 타이산에 올라 봉선제를 거행하였으며, 당 고종高宗, 송 진종眞宗, 청 건륭乾隆 등 중국의 황제 중에서 나라를 태평으로 이끌어 왔던 황제들은 다양한 형식으로 봉선제를 시행하였다.

타이산은 황제와 하늘이 통하는 신성한 산인 동시에 중국문화의 보고이다. 공자, 이백, 두보 등 중국을 대표하는 명인들도 타이산에

진시황秦始皇(출처: 바이두)　　　　　　한무제漢武帝(출처: 바이두)

올라 시와 노래를 남겼으며, 다양한 중국문화의 역사를 타이산의 비문을 통해서 만날 수 있다. 타이산에는 진태산각석秦泰山刻石, 경석욕각석經石峪刻石, 마애각석磨崖刻石의 명작－대관봉大觀峰 등 1,500여 곳의 석각이 중국 5,000년 문화를 말해주고 있다.

산둥성은 왜 중국 문화의 고향인가?

첫째, 인仁과 예禮, 공자의 고향 취푸曲阜

취푸라는 지명은 수나라 때부터 쓰이기 시작하였으며 춘추전국시대에는 노국魯國이라 했고, 주대周代 이전에는 엄국奄國이라 했다. 취푸는 중국 정부가 국가역사문화명성으로 지정했으며, 1994년에는 유네스코세계유산에도 지정되었다.

중국전설에 의하면 삼황오제三皇五帝 중의 염제炎帝(신농씨神農氏), 황제黃帝와 그의 아들 소호少皞가 취푸의 땅을 도읍으로 정했다고 한다. 하夏나라 때는 엄奄국에 속했다. 주나라의 무왕武王이 주 왕조를 열었을 때, 건국 공신이었던 아우 주공周公 단旦이 이 땅에 분봉

되었다. 주공 단은 아들 백금伯禽에게 노나라를 맡기고 본인은 노나라에 머무르지 않고 조정에 있으면서 무왕 사후의 불안정한 정치를 보좌했다고 한다. 이때 이후로 이 땅은 873년의 긴 세월에 걸쳐 노나라의 도성이 되었으며, 주나라 제후의 수도 중에서 가장 길게 영속된 곳이라고 한다. 당시의 취푸는 성벽의 길이가 약 12km로, 사면에 각 3개의 성문이 있었다. 성의 서남쪽은 궁전이나 사당 등 왕의 건물들이 있는 내성이며, 성의 서쪽은 도자기를 만드는 지구, 성의 북쪽은 야금 공업의 지구, 성의 동쪽은 군영, 나머지는 시민의 주거나 시장 등으로 구성되어 있었다. 성은 주나라 예법에 따라 좌단우사左壇右社(왕궁 밖의 왼쪽은 종묘를 두고, 오른쪽은 사직단을 둠), 면조후시面朝後市(앞에는 조정을 두고, 뒤에는 저자를 둠) 방식으로 정돈하여, 예禮의 나라 중국의 모범이 되었다.(『주례·고공기周禮·考工記』)

춘추시대에 이르러 중국의 문성文聖, 대성지성선사大成至聖先師라고 칭하는 위대한 사상가이자 교육가인 공자가 이 지역에서 탄생하였다. 그의 사상은 후에 중국 문화의 정수인 유가로 집대성되었는데, 유가는 중국 뿐만 아니라 동아시아에 수천 년에 걸쳐 큰 영향을 미쳤다. 공자의 사후 1년 뒤에 노공은 공자에 대한 제전을 실시했다. 전한前漢시대에 이르러 한고

공자孔子(출처: 바이두)

조 유방劉邦은 한층 더 대대적으로 공자에게 제사 지내는 의식을 거행하게 했다. 공자의 자손들은 취푸에 대대로 거주하면서 역대 조정으로부터 연성공衍聖公이라고 하는 칭호를 세습받아, 점차 중국 제일의 명가가 되었다. 공자의 영향이기도 하지만 중국 옛말에 "제로

공부孔府(출처: 바이두百度)

(제나라와 노나라)에서는 성인聖人이 아니면 천하제일의 고수가 나온
다"라는 말이 있다.

공자의 일족은 오늘날 21세기에 이르기까지 계속 이어지고 취푸
주변에는 10만 명 이상의 공씨 성을 가진 사람들이 살고 있다고 한
다. 취푸에 있는 공자를 기리는 사당인 공묘孔廟, 공자와 그 후손들
이 거주했던 공부孔府는 역대 황제의 보호 아래 끊임없이 확장하여
오늘날에는 거대한 건축물이 되었다. 또 취푸의 북쪽에 위치한 약
10만 개의 무덤이 있다고 하는 공림孔林은 공가의 묘지와 일가족의
묘지로서 단일 규모로는 세계 최대로 알려져 있다.

둘째, 의義와 협俠, 『수호지水滸誌』의 배경 타이안泰安, 둥핑호東平湖
『수호지』의 역사적 배경인 양산박梁山泊 역시 산둥성에 있다. 『수
호지』는 명대明代의 장편무협 소설이다. 원말 명초元末明初의 시내암
施耐庵이 쓰고, 나관중羅貫中이 손질한 것으로 4대 기서奇書 중의 하
나로 알려져 있다. 수령인 송강宋江을 중심으로 108명의 유협遊俠들
이 양산梁山(현 산둥성 서우장현壽張縣 남동쪽) 산록 호숫가에 산채山寨

를 만들어 양산박이라 일컬었으며, 조정의 부패를 통탄하고 관료의 비행에 반항하여 민중의 갈채를 받는 이야기다.

『수호지』의 인물은 실제 인물과 가공의 인물을 조합하여 창조된 인물들이다.『수호지』는 체제에 저항하는 영웅호걸을 담아 낸 소설로서 노지심魯智深·이규李逵·무송武松 등과 같은 신분이 낮은 정의남이나, 임충林沖·양지楊志·송강 등과 같은 지주 출신자 또는 봉건정권을 섬긴 적이 있는 활발하고 용감한 사나이들이 중심인물을 이룬다.

산둥대학의 양돤즈陽端志 교수에 따르면, 산둥성 사람들은 인문적 소양을 가지고 있지만 성격이 "정직하고 호방하며 직선적이다"라고 한다.『수호지』는 이러한 산둥성 사람들의 호방한 성격과 정직하고 직선적인 성격이 의와 협으로 대표되는 중국의 서민문화를 잘 보여 주고 있다고 할 수 있다.

셋째, 예藝, 왕희지王羲之의 예술의 고향

천하명필의 '서성書聖'으로 불리는 왕희지의 본가 역시 산둥에 위치해 있다. 그만큼 산둥의 서예 역사는 매우 오래되었다. 산둥은 제, 노나라가 탄생한 지역으로 전서篆書 유적과 수장품이 매우 풍부하며 춘추전국시대에 납작하고 평평한 필획이 특징인 예서隸書가 탄생한 곳이기도 하다. 왕희지를 대표로 한 실용적이고 빠른 필체 초서草書, 그리고 한나라 말에 유행한 해서楷書 등 다양한 필체가 발전했다.

왕희지王羲之(출처: 바이두)

왕희지는 오늘날 산둥성 임기臨沂현 낭야琅邪 출신이다. 동진東晉 시기에 공적이 컸던 왕도王導의 조카이다. 그에 못지않은 서예가로 알려진 일곱번째 아들

왕희지의 「난정서」(출처: 바이두)

왕헌지王獻之와 함께 '이왕二王' 또는 '희헌羲獻'이라 불린다. 왕희지는 서진西晉의 위부인衛夫人으로부터 서예를 배웠다고 한다. 이후 비문碑文을 연구하기 시작하면서부터 해서·행서·초서의 각 서체를 완성함으로써 예술로서의 서예의 지위를 확립하였다. 역대 왕들은 왕희지의 작품을 모으는 것을 좋아했다. 왕희지 작품을 특히 좋아했던 왕은 양梁 무제武帝이다. 왕희지가 죽은 지 100년 후 양나라에서 왕희지 열풍이 불었는데, 중국인의 마음 속에서 왕희지라는 이름이 이때 기록되었다고 한다. 양 무제는 왕희지 작품과 그의 아들 작품을 약 15,000점이나 모았다고 한다. 그러나 왕희지를 그야말로 중국 최고의 명필자리에 올려놓은 황제는 당 태종이었다고 한다. "한자에 천금"을 주더라도 천하의 왕희지 작품을 모아 무덤으로 가져갔다는 말까지 있다. 『구당서·저수량전舊唐書·褚遂良傳』의 기록에 의하면, 당 태종은 "돈과 비단으로 왕희지의 서예작품을 구입하라"고 명했고, 2,290점의 왕희지 작품을 소장했다고 한다. 이로 인해 시중에는 왕희지 작품이 거의 자취를 감추게 되었고 후대에 왕희지 작품을 감상하는 것이 어려웠다고 한다. 특히 왕희지의 최고 작품인 「난정서蘭亭序」를 유달리 좋아했다고 한다. 「난정서」는 "천하제일행서"로 꼽힌다. 「난정서」에 대해 왕희지 본인도 "모방은 가능하지만 추월할 수 없는" 작품이라고 평하면서 후대에 "전가지보傳家之寶"로 소장하라고 했다고 한다. 「난정서」는 왕희지가 회계내사會稽內史를 지내던 353년 늦봄에, 회계의 난정에서 유상곡수流觴曲水의 연회에 참석했던 41명 명사들의 시를 모았고, 그날의 일을 별도로 기록한 서문이다.

🏯 산둥인의 특징은?

산둥에서 중국 인물이 많이 난 이유는 무엇인가? 산둥은 중국문명을 가능하게 한 유교문화의 발원지이므로, 중국의 어느 지역보다 유가의 가르침이 성행했던 곳이기 때문일 것이다. 양돤즈 교수는 "산둥인의 성격 때문인지 아니면 나중에 전해진 유가의 가르침인지 모르겠으나 산둥 사람들의 풍속은 대단히 인문적이다"라고 평가했다. 호방하면서도 정직하고 직선적이라는 것이다. 이는 중국을 대표하는 인문학의 기초를 쌓은 지역이라는 자부심과 자긍심이 강하게 작용했다는 것으로 해석할 수 있다.

산둥대학의 텅셴후이騰咸惠 교수는 제나라와 노나라를 포괄하고 있는 산둥성의 문화는 복합적이라고 설명한다. "제나라는 춘추전국 시대 오패五霸 중의 하나로 일찍이 상업문화가 발전했으며 실용적인 문화를 가지고 있다. 또한 노나라에서 발원한 유가문화는 봉건 체제와 종법질서를 중요시하는 완고한 유가문화를 지켜왔다"고 한다. 이러한 실용적이고 원칙주의적 문화가 현재의 산둥사람들에게 공히 전해 내려오고 있다는 것이다.

오늘날 중국 사람들은 산둥사람들을 "돈후하며 질박한 옛 분위기를 그대로 간직하고 있다"고 평가한다. 특히 다른 지역 사람들과는 달리 생파와 생마늘을 즐겨 먹으며 남과 시비가 벌어지면 몇 마디 하지 않고 주먹부터 나간다고 한다. 이러한 특징은 산둥성의 지방연극에서도 잘 나타난다. 베이징의 경극이 귀족적인 분위기이고, 저장성의 월극越劇이 부드러운 문인풍의 분위기라면, 산둥성의 지방극인 산둥쾌서山東快書는 직선적이라고 한다. 예를 들어 『수호지』의 무송武松의 이야기를 극화한 것을 보면 반주는 모두 생략한 채 무송이 호랑이를 때려잡는 대목부터 노래가 나온다고 한다. 중국의 유명한 영화배우인 공리巩俐(산둥성 출신)의 연기를 보면 비슷한 느낌을 받는 이유도 이와 같은 산둥성 사람들의 특징 때문이라고 할 수 있다.

중국문화의 고향 산둥은 중국 전통의 인문학 원리인 인의예지와 예술 그리고 서민들의 의와 협이 공존하는 중국를 대표하는 문화를 가지고 있는 지역이다. 이러한 산둥지역의 지역문화의 특징과 산둥

『수호전 삽화』. 호랑이 잡는 무송左, 술에 취해 사람을 때리는 무송右(출처: 바이두)

사람들의 기질인지 모르겠으나 최근 중국 고위급 지도자들이 이 지역에서 제일 많이 배출되고 있다는 점은 산둥에 대해 더 깊이 생각해 봐야 할 여지를 제공하고 있다고 할 수 있다.

🏯 산둥출신의 정치엘리트

시진핑習近平 집권기의 많은 산둥성 출신 고위정치엘리트들이 중국 정계에서 활발하게 활동하고 있다. 중국은 중국공산당의 나라이다. 그렇기 때문에 중국공산당 내에서 고위직을 맡고 있다면, 곧 중국이라는 국가의 요직을 장악하고 있는 경우가 대부분이다. 그 중에서도 중국공산당 중앙위원회 위원은 중국 국가권력의 최상층부를 장악하고 있는 그룹이다. 2012년 11월 시진핑이 권력을 장악하면서 새롭게 정위원 205명과 후보위원 171명을 선출하였다. 그런데 정위원 205명 중 산둥성 출신이 무려 30명이나 선출되었고 이들 중 3명이나 중앙정치국 위원을 맡고 있다. 산둥성이 중국 전체 31개 성 중 가장 많은 중앙위원을 배출한 것이다. 산둥성에서 왜 정치인물이 많이 배출되는지를 살펴보기 전에 과연 누가 산둥성 출신인가?

시진핑 집권 1기의 산둥성 출신 중국공산당 중앙위원회 위원 30명 중에, 가장 먼저 눈에 띄는 특징은 인민해방군 장성들이 많이 포진되어 있다는 점이다. 중국군 최고위직 중의 하나인 중국공산당 중앙군사위원회 부주석인 쉬치량許其亮을 비롯하여, 중앙군사위원회 위원 웨이펑허魏鳳和, 인민해방군 총참모장인 치젠궈戚建國, 군사과학원 원장 류청쥔劉成軍, 인민해방군 총장비부 정치위원인 왕홍야오王洪堯, 중국인민무장경찰대 정치위원인 쑨쓰징孫思敬, 란저우蘭州군구 사령원인 류웨쥔劉粤軍 등 7명이나 산둥성 출신이었다.

산둥성 출신 정치엘리트 가운데 우리나라에 가장 많이 알려진 인물 중의 한 명이 바로 현 중국공산당 중앙정치국 상임위원 왕후닝王滬寧일 것이다. 중국의 "살아있는 제갈량"이라 불리고 있는 왕후닝은 시진핑의 외교브레인이다. 그는 산둥성 라이저우萊州 출신으로 상하이의 푸단復旦대학 국제정치학과 교수를 거쳐 장쩌민과 후진타오 시기에 쭉 국가정책을 연구하는 정책연구실에서 활동했으며, 시진핑 시기의 이데올로기 분야를 총책임지고 있다.

산둥성은 공자가 태어난 유가의 본 고장이며, 춘추시대 관중管仲이 활약했던 부국강병과 실용주의가 면면히 내려오는 지역이다. 공자가 예와 인으로써 정치를 바로 세우고자 했던 덕치의 정신과 부국강병을 통해 강대국을 꿈꿨던 관중의 실용주의 정치문화가 여전히 현재 산둥인에게 큰 영향을 주고 있다. 이러한 정치를 중심으로 당면한 국가의 문제를 풀려고 했던 정신은 현대 중국을 이끌어 가는 산둥 출신의 정치엘리트들에게도 큰 자산이 되었다. 뿐만 아니라 그런 산둥성의 특별한 문화적 요소는 현재까지도 산둥지역에서 많은 정치 지도자들이 배출되고 있는 요인일 것이다.   _서상민

참고문헌

維基百科 https://zh.wikipedia.org/wiki
百度百科 https://baike.baidu.com
이중톈易中天 저, 심규호 역, 『독성기: 국가보다 도시에 맹세하는 중국인』, 서울: 에버리치홀딩스, 2010.
박영호, 『산동이야기』, 서울: 씨에디터, 2019.
서상민, 「중국 도시읽기: 중국문화의 고향 산둥」, 『인민일보 한국어판』, 2012. 12.30.

이주민의 땅

쓰촨四川과 충칭重慶 이야기

🏛 중국의 도시 읽기

　이중톈易中天은 중국의 여러 곳을 돌아다닐 때 현지의 역사, 건축물, 풍습에 대해 알아보고, 맛집을 찾아다니거나, 지역 사투리나 속담을 사람들에게 묻기도 한다고 말했다. 중국의 도시들은 팔색조 같다. 베이징은 위풍당당한 황제의 기상이, 상하이는 점잔빼는 상인의 총명함이, 광저우廣州는 호의호식하는 트렌드세터의 감각이, 샤먼廈門은 아름다운 소녀의 수줍음이, 청두成都는 세상 근심 없이 뛰어노는 아이의 행복이, 우한武漢은 의리 있는 동네 형의 듬직함이, 선전深圳은 이제 막 태어난 아기의 순수함이 느껴진다고 이중톈은 말했다.

　도시민에 대해서도 재미있게 얘기했다. 즉 베이징 사람은 정치 이야기를 좋아하는 정치인이고, 상하이 사람은 이해타산이 빠른 인간 계산기이며, 광저우 사람은 무엇이든 잘 먹는 대식가, 더운 고장인

쓰촨과 충칭의 위치(출처: 구글)

샤먼 사람은 게으름뱅이, 차 마시는 문화가 일상적인 청두 사람은 수다쟁이라는 등의 표현으로 도시민의 특징을 말하고 있다. 이중톈은 한마디로 도시는 펼쳐진 책과 같다고 말한다. 여기서는 중국 지도를 보면 정중앙에 있는 쓰촨과 충칭에 대해 알아보고자 한다. 쓰촨과 충칭은 본래 하나의 행정구역이었다. 1997년 이후 충칭시가 직할시로 승격되면서 분리되었다.

🏯 쓰촨과 충칭의 이주 문화

쓰촨과 충칭

쓰촨성은 면적 486,000km²로 중국 전체 면적 가운데 5% 정도를 차지하고 있는 넓은 성이다. 전체 32개 성급 지역 가운데 다섯 번째로 큰 성이며, 인구는 9,000만 명(2019년 기준) 정도로 네 번째로 많지만, 인구밀도는 181명/km²로 22위에 불과하다. 즉 대부분의 인구는 광대한 쓰촨평원이 위치한 동부지역에 집중적으로 거주하고 있다.

쓰촨성의 중심지는 역사 유적지가 많은 청두成都이다. 청두는 부용화芙蓉花가 많이 피어나기 때문에 '용성蓉城'이라고 부르며, 비단 생산지로 유명하여 '금관성錦官城'이라고도 부른다. 쓰촨분지 서부의 청두평원에 위치하면서 중국 서남부지역의 물류, 교역, 과학기술, 금융, 교통, 통신의 중추적 역할을 담당하는 문화, 교육의 중심지이다. 서부대개발 프로젝트를 수행하는 과정에서 충칭, 시안西安과 함께 핵심적 역할을 담당하고 있다.

청두시내 찻집에서 차를 마시며 담소를 나누는 시민들
(출처: 쓰촨신문四川新聞)

충칭 시민들이 즐겨 먹는 훠궈(출처: 충칭시상무위원회
重慶商務委員會)

충칭은 4대 직할시 중의 하나로 서부지역의 중심도시이다. 중국 내륙의 서남쪽에 위치하며, 장강長江 상류지역에 있으며 쓰촨성의 동쪽에 붙어있다. 동서로 470km, 남북으로 450km로, 총면적은 8만km²이며 성급 행정단위 중 26번째이다. 직할시인 베이징, 톈진天津, 상하이를 합친 것보다 2.4배 더 넓다.

또한 국가역사문화로 이름난 도

양쯔강과 자링嘉陵강이 흐르는 충칭시 전경(출처: 신화왕新華網)

시이며, 양쯔강 상류지역의 경제중심도시이자, 서남부 종합교통망의 중추도시이다. 충칭은 험준한 산과 언덕 위에 형성되었기 때문에 '산의 도시山城'라고 불린다. 또한, 양쯔강으로 인해 안개가 자주 쌓이기 때문에 '안개도시霧都'라고도 한다. 충칭은 시내 지역과 외곽지역으로 나뉘는데, 전체 인구는 3,200여만 명으로, 도시 지역으로는 중국에서 가장 많다.

파촉巴蜀의 이주문화

충칭이 분리되기 이전의 쓰촨 지역은 고대에는 파촉巴蜀이라고 불렀다. 파는 충칭을 가리키고, 촉은 쓰촨을 의미한다.『삼국지』에서 유비가 세운 촉나라에서 유래한다. 쓰촨은 물산이 풍부하고 풍광이 아름다워 제갈공명이 이곳을 '하늘의 땅天府之國'이라고 불렀다고 한다. 쓰촨과 충칭은 역사가 오래되었고, 민족도 다양하게 구성되어 있으며, 찬란한 문화와 문명을 지닌 전통을 자랑하고 있다. 파촉은 중국의 서부에서 양쯔강 상류의 고대 문명의 중심지였으며, 중국 문명의 중요한 발원지이기도 하다. 유구한 역사와 독특한 문화모델 및 문명 형태를 갖고 있다.

쓰촨 분지는 고대부터 사방이 높은 산으로 둘러싸여 있기 때문에 이른바 사방이 꽉 막힌 나라四塞之國로 유명한 곳이다. 고대에는 지금과 달리 도보나 우마차를 이용하거나, 험한 곳은 우마도 이용할 수 없었기에 당연히 교통이 매우 안 좋았다. 우리에게도 익숙한 당나라의 대시인 이백은 '촉나라로 가는 길이 너무 험난하여 하늘에 올라가는 것만큼 어렵다蜀道之難, 難於上靑天'라고까지 탄식하였다. 쓰촨의 폐쇄형 지형은 한편으로는 농업문명을 특징으로 하는 파촉문화가 외부의 간섭에 크게 휘둘리지 않고 독자적인 색채를 띠면서 발전할 수 있도록 지대한 영향을 미쳤다. 다른 한편으로는 파촉의 옛 원주민들이 외부로의 통로를 개척하도록 하는 의지와 용기를 갖도록 자극하였다. 이렇듯 쓰촨이 지닌 자연환경과 고유문화의 상호 결합은 파촉문화가 폐쇄 속의 개방, 개방 속의 폐쇄라는 역사적 성격을 형성할 수 있도록 했다. 시대의 흐름에 따라 '개방'과 '포용'은 쓰촨지역의 가장 큰 문화적 특징이 되었다.

파촉문화가 중국문화의 중심인 중원中原과 진秦과 교류하는 데 있어서 최대 난관은 쓰촨 북부에 위치한 높은 산맥 진령秦嶺이었다. 파촉 선민은 '잔도棧道(절벽 옆으로 사람이 다니도록 만든 길)'를 통해 분지지형의 봉쇄를 주도적으로 열고, 좁다란 폐쇄성을 극복하였다. 고촉古蜀시대 촉왕은 진秦나라 혜문왕惠文王이 친선의 의미로 보낸 황금소와 다섯 미녀를 받기 위해, 수천의 부하들을 보내서 결국에는 새로 길을 만들었다는 신화 속 이야기가 내려오고 있다. 이는 상고시대에도 산에 길을 내어 교류했다는 사실을 생생하게 보여준다.

'잔도'는 파촉인의 발명품이다. 잔도의 발명으로 인해 파촉이 사방이 꽉 막힌 곳이 아닌 장소로 바뀌었기 때문에, '잔도의 천리길, 통하지 않은 곳이 없네栈道千里, 無所不通'라는 말이 나왔다. 쓰촨문화는 이를 통해 폐쇄형에서 개방형으로 바뀌게 되었다.

산을 만나면 반드시 길을 만들고, 강을 만나면 반드시 다리를 놓는다. 고촉의 선민들은 폐쇄형 지형을 타파하기 위하여 잔도를 만드는 것과 함께 좁은 다리를 만들었다. 착교窄橋는 처음에는 노끈을 꼬아서 만든 다리였고, 점차 다양한 종류의 다리가 세워졌다. 현재까지 볼 수 있는 짱藏족 거주 지역의 동아줄을 엮어서 만든 등교藤橋, 민산岷山의 다리 죽삭교竹索橋, 윈난雲南성 서북쪽의 대나무 껍질을 이어 만든 다리 멸교篾橋, 두장옌都江堰에 있는 주포교珠浦橋, 고대시기의 판즈화攀枝花에 있던 철사로 만든 다리 등 모두가 파촉사람들이 외부로 나가기 위한 개방적 성향을 드러낸 사례이다.

잔도(출처: 바이두)

멀리 3,000여 년 전, 파촉지역
은 윈난, 구이저우貴州와 양광兩
廣(지금의 광둥, 광시)지방을 통하
여 버마, 인도차이나 그리고 연
해로 빠져나가는 통로를 개발하
였다. 광한廣漢의 삼성퇴三星堆와
청두의 금사金沙유적지에서 출토

삼성퇴에서 발굴된 청동얼굴상(출처: 구글)

된 조개, 상아 그리고 마오茂현과 충칭의 도산에서 출토된 유리구슬
은 인도양 북부와 남해 바닷가에서 생산된 것이다. 이러한 유물들은
고촉국 사람들이 남방세계와 교통로가 개설되었고 일찍부터 교류를
통해 가져왔음을 증명하고 있다. 한 무제 때 장건張騫이 서역을 발견
하면서 공죽장筇竹杖(대나무 지팡이)과 촉포蜀布(촉나라 옷감)를 발견했
다는 이야기가 나오는데, 이는 고대부터 파촉지역은 인도와 중동,
서아시아까지 교류의 통로가 있었음을 보여주고 있다. 이 길이 바로
남방 비단길이다.

파촉문화는 강력한 확산성을 갖고 있다. 중원 문화, 초楚문화와 상
호 영향을 주고 받았고, 윈난과 구이저우와 쓰촨 서남쪽에 위치한
남중국과도 문화적으로 교류하면서, 쓰촨문화는 대외적으로 동남아
시아까지 이르렀다. 금속기의 출토나 분묘 매장 방식 등에 있어서
동남아 지역에 큰 영향을 미쳤는데, 이러한 파촉문화의 확산 특징은
바로 이민과 연관이 있다는 것이다.

선진시기부터 파촉지역은 외부로부터의 이민을 허용하였다. 이민
은 주로 외지에서 쓰촨으로 유입되는 방향으로 이루어졌고, 쓰촨인
이 외부로 나가는 것은 소수였다. 진한시기 파촉으로의 이민은 다원
문화의 융합을 가져왔다. 촉한시기 이민의 특징은 상층에서는 징저

우荊州지역에 거주한 사대부계층이 집단이주를 함으로써 파촉문화와의 융합을 가져왔고, 하층에서는 소수민족이 대량 유입되어 인구가 급증하고 민족융합과 교류를 촉진시켰다고 한다. 당·송대에는 주로 문인들이 촉으로 유입되었고, 커자客家, Hakka인들도 들어왔다. 청 초 건륭제 시기에는 후광湖廣(후난·후베이, 광둥·광시)지역에서 이주해 왔는데, 황무지를 개간하여 농사를 짓거나 장사를 하러 온 사람들이 다수였다. 이러한 대규모 이주는 문화의 교류와 접촉을 가져와 풍속이 뒤섞이는 문화적 특징을 형성하여, 파촉문화의 다양성과 풍부성을 높여 주었다.

선진시기에서 위진남북조시기까지 중남부 지역의 구리, 주석, 납을 연료로 사용하여 삼성퇴의 청동기 문명의 물질적 기초를 세웠다. 서남부의 여러 민족의 밀접한 접촉은 파촉이 고대문명의 중심이 되게끔 하였고, 이로써 깊은 문화적 토양을 구축할 수 있었다. 파촉과 초나라는 강을 사이에 두고 아주 가까운 위치에 있었기 때문에 파촉의 풍속은 일찍이 초문화와의 교류가 빈번했고, 이른바 파산초수巴山楚水는 역사적으로 파촉문화와 초문화의 밀접한 관계를 일컫는 생동적인 비유이자 상징이다.

한당 이후 문화교류는 더욱 인물의 쌍방향 교류로 구현되었다. 명대明代의 학자 양신楊愼은 "예로부터 촉나라 사대부의 다수는 외지에서 이주해 온 사람들이다"라고 했으며, 청대淸代 학자 조희趙熙는 "옛날부터 촉나라로 수많은 시인이 이주했다"라고 하였다. 쓰촨인은 두 부류의 집단으로 나뉜다. 고생을 잘 견디고 근면하다고 하는데 이는 농촌에 사는 농민이고, 어떤 쓰촨인은 한가로움과 어울려 놀기를 좋아하는데 이는 도시민을 말한다.

쓰촨문화는 이민문화이다. 쓰촨은 내륙 깊숙한 곳에 위치하여 상대적으로 폐쇄적이지만 매우 기품이 있다. 쓰촨농민은 다수가 시를 외우는데 이 또한 전국에서 보기 드문 사례이다. 이는 청대 말기 쓰촨의 향신鄕紳들은 학교교육을 중시하였기 때문이며, 항일전쟁 시기 난징 정부가 충칭으로 천도하면서 베이징에 있던 적잖은 대학들이 쓰촨에서 대학교육의 명맥을 이어갔다.

쓰촨문화는 매우 큰 포용성을 지니고 있어, 모든 것을 흡수하는 스펀지와 같고, 모든 문화를 아우르는 '잡종雜種 문화'라고 하였다. 청두사람의 여유와 한적함은 청대의 만주족 문화와 연관이 있다. 쓰촨의 한 역사연구가는 삼성퇴와 사마상여司馬相如 전설에도 쓰촨인의 개방적 태도와 낭만적 사고가 바탕에 깔려있다고 하였다. 쓰촨인은 움직이기 좋아하여, 외부로 발전을 추구하며, 새로운 것을 추구하고, 창조적으로 사고하고, 엄격하게 따지지 않으며, 오래 끌기를 싫어하는데, 모두가 이러한 사고방식의 특징이라고 한다. 쓰촨인의 사고방식을 잘 반영한 표현으로 '외바퀴손수레雞公車' 문화가 있다. 바퀴가 하나뿐이라 오로지 한 사람의 힘이 절대적인데, 여전히 농촌에서는 많이 사용하고 있다. 현대 문명에는 적합하지 않지만, 쓰촨 사람들은 옛 것을 고집하며, 우직하게 사고하기 때문이라고 한다.

쓰촨 사람들은 쓰촨문화는 포용성이 크다고 했다. 쓰촨은 강물이 흘러 모여드는 저수지이고 바다라고 표현했다. 즉 외부 문화가 유입된 이후에는 쓰촨이라는 용광로 안에서 쓰촨의 전통과 합체되어 쓰촨의 술, 쓰촨의 요리, 쓰촨의 연극이 된다는 것이다. 또한 쓰촨인은 자원이 풍부한 환경에서 생활해 온 덕택에 기본적인 생활 욕구만 충족되면 소소한 일상에 만족하며 살아갈 수 있다고 보았다.

쓰촨인의 성격에는 부족한 점도 있다. 그들은 새로운 것에 대한 탐구열과 모험심이 강하여 어떠한 문제도 서슴지 않고 제기하면서 앞서나가는 진취성은 있지만, 이를 지속해 나가는 연속성이나 꾸준함은 부족하다고 한다. 때문에 쓰촨사람은 개인은 뛰어나지만, 집단은 뒤떨어지는 현상이 존재한다고 한다. _이광수

참고문헌

이중톈易中天 저, 심규호 역, 『독성기』, 에버리치홀딩스, 2010.

20세기 티베트와 중국

이 글에서는 20세기 티베트와 중국의 관계를 주요 인물을 중심으로 살펴본다. 주요 인물이란 달라이라마, 장제스蔣介石, 마오쩌둥毛澤東을 가리킨다. 이들은 각각 티베트, 국민당, 공산당을 대표하는 인물로서 티베트와 중국의 관계를 둘러싸고 전개된 주요한 사건들의 중요 행위자들이다.

13대 달라이라마

출생과 개혁시도

티베트 불교에서 최고 지위를 가진 승려는 달라이라마이고, 다음으로 높은 지위를 가진 승려는 판첸라마이다. 달라이라마가 죽으면 판첸라마는 어린 소년을 찾아서 달라이라마의 환생자로 지정하고 자신은 스승이 되고 소년을 제자로 지도하며 보살핀다. 세월이 흘러서 판첸라마가 죽으면, 달라이라마는 역시 어린 소년을 찾아서 판첸라마의 환생자로 지정하고 자기가 어렸을 때처럼 그 소년과 스승과 제자의 관계를 유지하며 보살핀다. 달라이라마는 티베트의 수도인 라싸拉薩에 자신의 근거지를 두었으며, 판첸라마는 두 번째 도시인 시가체日喀則에 자신의 근거지를 두었다.

13대 달라이라마의 본명은 나왕 롭상툽덴갸초로 티베트 동남부 닥뽀達布지역에서 태어났다. 그도 소년이었던 1878년 12대 달라이라마의 환생자로 확정된 후, 다음 해 정식으로 달라이라마가 되었다. 권력을 장악한 후 그는 관료제도를 개혁하여 귀족가문들이 관료지위를 독점하던 것을 혁파하는 개혁정책을 펼친다.

영국의 제2차 티베트 침공

13대 달라이라마가 개혁정책을 펼치고 있던 시기, 1902년 영국의 식민지 인도에서 주둔해있던 프란시스 영허스번드Francis Younghus-band가 이끄는 영국군이 티베트를 침공한다. 티베트군은 영국군과 갼체성江孜城을 둘러싼 치열한 공방전을 벌이지만, 갼체성이 결국 함락되자, 13대 달라이라마는 몽골로 피난을 떠난다. 1904년 8월 3일 영국군은 라싸를 점령하고, 같은 해 9월 6일 티베트-영국 사이에 「라싸조약」이 체결된다. 그런데 이 조약을 두고 청나라가 티베트의 독자적 외교권을 부인하며 조약 체결에 반발하자, 1906년 4월 중국-영국 간에 다시 조약이 체결되고 「라싸조약」을 그 부속조약으로 하기로 결정한다. 이 조약은 티베트에 대한 중국의 종주권을 인정하지만 동시에 티베트에서의 영국의 이익과 특권을 승인하는 불평등 조약이었다.

베이징에서 청나라 자희태후(서태후)와 회견 중인 13대 달라이라마
(출처: 바이두)

베이징, 라싸, 그리고 인도 망명

1908년 9월 13대 달라이라마는 베이징에서 광서제 및 자희태후
(서태후)와 몇 차례 회견하는데, 이 과정에서 청 조정은 13대 달라이
라마가 광서제 및 자희태후에게 머리를 조아릴 것을 요구하나 13대
달라이라마는 이를 거부하고, 1908년 11월 베이징을 떠나 라싸로 돌
아온다. 1909년 주장대신駐藏大臣(티베트에 주재하던 청나라의 대신)이
티베트의 전통문화에 반하는 정책을 펼치기 시작하고, 쓰촨四川 총
독 조이풍趙爾豊이 개토귀류改土歸流 정책을 강행하고, 1910년에는
천군川軍이 티베트에 진주하자 위기의식을 느낀 달라이라마는 또다
시 인도로 망명한다.

개토귀류란 중국 전통왕조가 변경지역에 대한 기존의 간접통치를
폐기하고 직접통치 방식을 취하는 것을 가리킨다. 명나라와 청나라
는 서북과 서남의 변경지역 민족들을 회유하기 위해서 해당 지역의
유력자를 토사土司로 임명하고 이들의 지배권을 인정하는 대신, 이
들 유력자를 통해서 해당 지역을 간접통치하는 방식을 취했다. 그런

데 나중에는 이들 토사를 폐지하고 황실에 직접 임명하는 관리인 유관流官이 통치하게 하는 개토귀류 정책을 펼치기 시작한다.

쓰촨 총독 조이풍이 티베트와 쓰촨 경계지역에 있던 토사를 폐지하고 유관을 임명하는 토사귀류 정책을 취한 것은 곧 티베트와 중국의 경계지역에 대한 청나라의 직접통치를 강화하려는 것이었고, 이는 곧 달라이라마의 망명을 초래하였다.

'공시供施' 관계

13대 달라이라마는 인도 망명 후, 청 조정이 자신의 지위를 박탈하고 새로운 후계자를 찾고 있다는 소식을 듣고 티베트 스스로의 자강自强에 관심을 돌리게 된다. 그는 청나라를 무너뜨린 신해혁명辛亥革命 발발 후인 1912년 12월 인도에서 라싸로 다시 귀환한다. 그는 1913년 신년조례를 발표하여, 티베트와 중국의 관계를 '공시'관계라고 주장하고, 중국 측이 주장하는 원나라 이후 중국과 티베트의 관계에 관한 역사를 부정한다. 그는 주장대신을 지지하는 티베트인 관료를 처벌하고 천군川軍(쓰촨 총독이 티베트에 파견한 군대)과의 전쟁에서 공을 세운 관료를 중용하는 등 일련의 근대화 정책을 추진한다.

공시관계란 승려와 시주 관계를 가리키는 것으로, 티베트는 불교로써 청 황실의 안녕을 빌어주고 청나라는 티베트에게 막대한 물자를 지원하고 티베트를 외침으로부터 보호해주는 역사가 존재했다. 문제는 중국정부의 공식 입장은 청나라를 비롯한 역대 왕조와 티베트의 관계는 단순한 종교적 공시관계가 아니라 중앙정부와 지방정부의 관계이며, 티베트의 지배자는 역대 중국 왕조의 책봉과 명령을 받아들이고 티베트가 중앙정부가 관할하는 중국에 속한 일부분이라는 점을 승인했다는 것이다. 따라서 쓰촨 총독 조이풍이 천군을 티베트에 보내고 청 황실이 개토귀류를 실시한 것은 곧 이러한 관점에 입각해서 이뤄진 것이다.

신정新政과 국민당 대표단의 방문

13대 달라이라마는 신해혁명으로 청조가 무너지고 중화민국이 들어서지만, 군벌이 난립하던 1910년대 중국의 세력이 약화된 틈을 타서 자주적 근대화를 위한 신정新政을 펼치기 시작한다. 그는 1914년 티베트군의 현대화를 위해서 일본군 장교와 러시아 군사학교 출신 몽골인을 초빙하여 군사훈련을 담당하게 한다. 또한 무기생산을 위한 기계창을 설치하고, 영국에 유학생을 파견한다. 아울러 근대적 학교를 설립하고, 현대적인 산업과 행정기구 발전에 필요한 새로운 징세제도도 수립하지만, 판첸라마의 본사本寺인 타쉴훈포 사원의 저항에 부딪힌다.

1930년에 들어서 난징국민정부南京國民政府는 티베트에 오래 거주하여 티베트어에 능한 한족인 류만칭劉曼卿과 베이징 융허궁雍和宮 주지를 내세운 대표단을 라싸로 파견하여 13대 달라이라마와 회담을 가진다. 난징국민정부가 대표단을 파견한 것은 당시 사실상 이미 티베트에 대한 영향력을 상실한 상황이지만, 과거 청나라와 티베트의 관계를 상기시키면서 티베트가 영국, 러시아 등 다른 외세의 세력권에 편입되는 것을 막기 위한 차원에서 이뤄진 것이다.

13대 달라이라마는 대표단과의 대화 도중 영국에 대한 부정적인 입장을 드러내고 자신은 영국 측에 '주권'을 조금이라도 양보한 적이 없다고 말하며, 사절단을 보내온 국민정부에 깊은 감사를 표하고 상호 선린관계 구축을 기대한다고 말한다. 그는 식민지 인도를 기반으로 호시탐탐 티베트로의 진출을 기도하고 있던 제국주의 영국에 대한 경계심을 국민당 정부 대표단에게 공개적으로 표하고, 티베트와 중국의 오랜 역사적 관계를 존중하지만, 어디까지나 티베트와 중국은 대등한 관계를 가진 다른 나라라는 점을 강조한다.

13대 달라이라마의 사망과 국민정부 조문단

1933년 12월 17일 13대 달라이라마가 58세로 사망하자, 1934년 5월 20일 황무쑹黃慕松을 대표로 하는 국민정부 조문단이 라싸에 파견된다. 조문단을 통해서 난징국민정부는 '티베트가 중국 영토의 일부분이고 외교권은 중앙정부에 귀속되고 중앙정부는 티베트의 자치권을 인정하고 상주 인원을 티베트에 파견한다'는 원칙을 제시하는데, 티베트는 중국 측의 관리를 일정하게 수용하지만, 영토와 주권을 둘러싼 구체적인 문제에 있어서는 중국 측의 주장을 거부한다.

🏛 장제스와 국민당

몽장위원회蒙藏委員會

몽장위원회는 중화민국 시기 몽골과 티베트 지역의 문제를 담당한 중앙기관이다. 신해혁명 다음 해인 1912년 중화민국은 청나라 때의 이번원理藩院을 폐지하고 몽장사무처를 설치하는데, 이후 몽장사무국, 몽장원 등으로 개명되었다. 1928년 난징국민정부는 몽장위원회를 설치하고 몽골과 티베트의 행정사무 및 각종 개혁업무를 담당하게 했다.

몽장위원회 위원들은 매년 몽골과 티베트를 순시했는데, 위원들 중에는 공식적으로는 13대 달라이라마와 9대 판첸라마도 포함되었다. 몽장위원회는 나중에 행정원 직속이 되고, 그 아래에 몽사처蒙事處, 장사처藏事處, 몽장교육위원회, 편역실, 조사실 등이 설치되었다. 1940년 4월 라싸에도 몽장위원회 라싸판사처가 설치된다.

몽장위원회는 청나라 멸망 이후에도 중화민국 정부가 기존 몽골과 티베트 등지에 대한 영향력을 유지하기 위해서 설치한 부서인데, 신해혁명부터 중화인민공화국 건국까지의 약 40년간 이들 지역에 대한 실질적인 영향력을 행사할 수 없었던 중화민국 정부로서는 사실상 우호친선협회에 불과한 몽장위원회라도 설치하여 이들 지역과의 관계를 최대한 유지하려고 했던 것이다. 하지만, 이 시기는 신해혁명과 청나라 멸망에 뒤이어 중화민국이 성립했지만, 실질적으로는 국내에서 각지에서 군벌들이 할거하고, 동북지역에서는 일본의

난징 국민정부 몽장위원회(출처: 위키피디아)

침략으로 만주국이 건국되고, 그 외에도 각 지역에는 제국주의 국가들이 할거하고 있었기 때문에, 중화민국은 몽골과 티베트에 대한 영향력을 제대로 행사할 수 없었다.

이러한 현실에도 불구하고, 1912년의 중화민국 임시약법(임시헌법)은 티베트를 중화민국의 한 지방으로 규정하고, 이후 반포된 중화민국의 모든 헌법의 관련 조항들은 티베트를 중국의 불가분한 영토이고 중앙정부가 티베트 지역에 대한 주권을 행사한다고 규정하고 있었다.

항일전쟁과 내전시기

장제스는 휘하의 군벌 마부팡馬步芳에게 칭하이青海 위수玉樹의 비행장을 수리하여 티베트의 독립을 저지하게 했다. 또한, 1943년 장제스는 티베트가 중앙정부의 명령에 따라 중국과 인도 간의 도로를 놓는데 협조하고 몽장위원회와 직접 연락하고 티베트의 외교부를 거치지 않도록 요구하기까지 한다. 이후, 1949년 공산당이 내전에서 최종 승리할 때까지 티베트와 중국은 티베트의 외교부가 아니라 몽장위원회만을 통해서 의사소통한다.

1949년 이후 국민정부가 타이완으로 건너간 이후에도 티베트와 몽골(몽골인민공화국으로 독립한 외몽골을 포함)이 중국의 영토라고 주장하지만, 이후 시간이 지나면서 타이완정부는 이러한 영토 주장을 점차 포기하게 되고, 최근에는 14대 달라이라마가 타이완을 방문하고 티베트 망명정부의 타이완대표부를 설치하기에 이른다. 현재 몽장위원회는 타이완과의 친선협회로 성격이 바뀌었다.

🏛 14대 달라이라마와 마오쩌둥

14대 달라이라마의 출생

14대 달라이라마의 본명은 텐진 갸초로, 1935년 칭하이성 아무드 지방 타크쉘 마을에서 출생한다. 그는 1939년 13대 달라이라마의 환생으로 인정되어 라싸로 와서, 1940년 2월 14일 14대 달라이라마로 즉위한다. 1940년 4월에는 국민정부 몽장위원회 티베트 대표처가 설립된다.

중화인민공화국 건국과 티베트

1949년 10월 중화인민공화국이 성립을 전후하여, 베이징 라디오 방송은 인민해방군이 중국과 내몽골 인민을 해방하였고, 지금은 신장新疆의 회교도回敎徒 인민을 해방하는 중이기 때문에 곧 티베트인을 해방할 것이라고 알린다. 이에 위기의식을 느낀 티베트 외교부는 독립국임을 선언하고 중국의 군사적 행동을 인정할 수 없다는 서신

14대 달라이라마와 마오쩌둥(출처: 위키미디어)

을 마오쩌둥에게 보내고, 이 서신의 사본을 영국, 미국, 인도 정부에게도 보냈으나 이들 국가는 티베트의 독립을 기본적으로 지지하는 것 이상의 적극적인 행동에는 미온적인 반응을 보였다.

1949년 말부터 1950년 말까지 중국 인민해방군이 티베트로 진군하고, 1950년 10월 초에는 장궈화張國華 장군이 이끄는 4만의 인민해방군이 티베트의 참도를 공격하여, 8천명의 티베트군은 패배한다. 중국의 군사행동에 인도, 미국, 영국 정부는 유감을 표하는 것에 그치고, 미국도 티베트에 대한 군사원조를 하지는 않는다.

'17조 협의'와 티베트의 '평화해방, 티베트 사회의 개조'

참도 전투 승전을 배경으로 중국은 티베트 정부에 베이징의 협상 무대에 나오도록 압박하였고, 티베트 정부는 즉각 베이징에 협상단을 파견한다. 1951년 4월 29일부터 5월 21일까지 티베트 정부 대표단과 중국 정부 사이 진행된 회의 결과, 양측은 5월 23일 '17조 협의'에 합의하는데, 이후 '17조 협의'는 중국 측이 티베트의 '평화해방'을 주장하는 논리적 기초를 제공한다.

중국은 티베트 고유의 정부체제를 해체하고 티베트 영토를 분할 통치하며, 티베트의 외교 국방권을 장악하고 티베트의 경제 문화 교육 등을 중국에 통합하는 한편, 사회경제적 개조를 강행한다. 또한, 14대 달라이라마를 중국 전국대표자대회에 참석시킨다.

티베트인의 저항과 달라이라마의 망명

중국에 의한 티베트 사회 개조는 티베트인의 지속적인 저항에 부

1959년 3월 17일 히말라야를 넘어 인도로 도피하는 14대
달라이라마(출처: dalailama.com)

딪히게 된다. 1956년 여름부터 캄과 암도에서 중국에 저항하는 유격
전이 발발하고, 1959년 3월 10일부터 수도 라싸에서는 매일 대중집
회가 열려 중국인이 티베트에서 떠나고 티베트의 충분한 독립을 회
복시킬 것을 요구한다. 한편, 티베트 남부와 동부 및 캄지역에서 유
격대가 지속적인 활동하는 가운데, 티베트 정부 내각의 이름으로
'17조 협의'를 거부하는 선언문도 발표되고, 뒤이어 라싸에서 티베
트군과 중국군 사이에 대규모 전투가 발생하고, 티베트군이 패배하
자, 달라이라마 14대는 라싸를 떠나서 인도로 망명한다.   _박철현

참고문헌

박철현, 『티베트, 1만년의 이야기』, 새물결, 2011.

화교의 삶과 여정

인류의 역사는 이주의 역사라고 해도 과언이 아니다. 자연적인(환경) 요인과 인위적(정치, 사회) 요인으로 인한 불가피한 이주가 있는가 하면, 동일한 이유로 자발적 이주를 선택하기도 한다. 현대적인 의미의 '중국인'이라는 범주가 발생하기 전에 중국 내에서도 이 같은 이유로 수많은 인구의 이동이 발생하였다. 그중에서도 오늘날 우리가 알고 있는 '중국'이라는 국경을 벗어나 타지로 이주한 사람들을 중국에서는 해외화인海外華人이라고 부른다.

중국인의 해외 유랑기

특히, 바다를 건너 이주한 사람들은 중국과 지리적으로 인접한 동남아로 내려갔다고 해서 당시에는 이러한 풍조를 '하남양下南洋(동남아로 가기)'이라고 불렀다. 초기 동남아로 이주한 사람으로는 상인과 해적, 의거義擧 실패자, 외교관, 학자, 왕조가 교체될 때 패망 왕권의 관원 등이 있었다. 이 중, 가장 주된 이주자는 역시 상인과 해적과 같이 경제적인 목적을 가진 사람들이 대부분이었다. 하지만 이들도 '이주移住'의 성격보다는 '이동移動'을 통한 소기의 목적달성(이윤추구)이 가장 큰 동인이었다.

배를 타고 동남아南洋로 떠나는 화공華工(출처: 스쉐샤먼視覺廈門)

19세기 초반, 아편전쟁(1840)을 전후로 중국의 노동인력華工이 대거 해외로 이동하면서 또 다른 이주의 물결을 형성하지만, 시기와 규모 및 동인動因의 차이가 있을 뿐 대내외적 상황에 의해 경제적인 이유로 잠시 거주지를 옮겼다는 점에서 오늘날의 '이민移民'과는 차이가 있다. 즉, 당시 중국인이 목숨을 걸고 국경 밖을 떠난 이유는 돈을 벌어 다시 '고향'에 돌아오기 위해서였다. 따라서, 시대적 특성상 초기의 이주는 대부분 '남성'에 의해서 이루어졌으며, 소위 지식계층이 아닌 평민계층의 이주가 대부분이었다.

초기 이주는 중국인이 동남아에 진출했었다는 흔적은 남아 있지만, 사회를 형성할 정도의 규모는 아니었다. 기존의 간헐적인 상업 이주와 19세기 이후 대량의 노동이민이 남성 위주로 이루어졌기 때문에 현지인과의 통혼으로 동남아시아에 중국계 혼혈(중국남성과 현지여성의 후손)이 발생하기도 했다.

비록 돈을 벌기 위해 해외로 떠났지만, 자국문화에 대한 자부심이 강한 중국인들은 화이사상華夷思想의 영향으로 주변국을 오랑캐로 취급했다. 따라서 중국계 남성과 현지여성의 통혼으로 탄생한 페라나칸 문화도 동남아적인 요소보다는 중국적인 요소가 더 강하다. 이는 현지에서 정착한 중국인들도 문화적 정체성과 뿌리는 항상 중국에 있었다는 것을 의미한다.

페라나칸Peranakan의 혼례(출처: 아시아문명박물관 Asian Civilisations Museum)

한편, 아편전쟁(1840)을 전후로 중국의 국내외적인 요인에 의해 중국인들의 해외 진출이 늘어나면서, 당시 먼저 남양南洋에 정착해 있던 해상무역상들의 동향사람(동남연안지역)을 중심으로 동남아 진출이 증가하면서, 기존의 산발적인 이주가 대량이주로 이어졌다.

주지하다시피, 아편전쟁은 '아편'이 원인이 되어서 발생한 전쟁이다. 문제의 '아편'은 외국선박이 정박할 수 있었던 중국의 동남연안지역(광둥과 푸젠지역)을 중심으로 유행하였다. 아편문제를 해결하기 위해 청 정부가 임칙서林則徐를 파견한 곳도 대표적인 화교의 고향인 광저우廣州지역이었다. 하지만, 아편전쟁으로 어쩔 수 없이 돈벌이를 위해 목숨 걸고 동남아로 떠난 이들은 혹독한 노동환경과 외로움을 견디기 위해 아편에 의지했고 이런 악순환은 계속됐다.

고된 하루를 마감하는 화공華工의 모습(출처: 말레이시아 화인 박물관 Malaysian Chinese Museum)

당시 사회환경이 보여주듯이, 일찍이 동남아에 진출해 있던 무역상들과 식민정부(서구열강)의 노동력으로 동남아에 온 중국인들은 여전히 동남아시아를 삶의 터전으로 인식하기보다는 임시거처지 정도로 받아들였다. 특히, 계약직 노동자苦力의 경우, 하루빨리 돈을 모아 고향에 돌아가는 것이 주된 목표였다.

🏛 타향에서 살아남기

일찍이 16세기 중국인이 동남아 지역에 거주했던 기록이 있지만, 본격적으로 집거지의 형태를 갖춘 '화교사회'가 형성된 것은 19세기 중반부터이다. '화교사회'가 형성되었다는 말에는 두 가지 의미가 내포되어 있다. 먼저, '화교華僑(華는 중국을, 僑는 임시거주를 의미함)'라는 용어에서 알 수 있듯이, 가족단위의 이주가 이루어지긴 했지만, 이는 아편전쟁에 이어 청일전쟁이 발발하는 등 국내 상황이 갈수록 악화되자 귀향의 꿈을 접고 현지에서 생존하려는 사람들이 많아졌다는 의미일 것이다. 당시만 해도 해외로 나간 중국인들은 '기민棄民(버려진 백성)'이라 하여 곱지 않은 시선으로 바라보았다. 때문에, 당시의 중국 이주민들은 상황이 호전되면 언제든지 고향 땅으로 돌아갈 의사가 있는 소위, '귀소歸巢본능'이 강한 상태였다. 한편, 초기 이주자들은 지금처럼 '중국'이라는 국가에 대한 정체성이 형성된 것은 아니지만, 이들이 가진 '애향심愛鄉心', 즉 고향에 대한 애착은 지금의 '애국심愛國心'을 초월하는 것이었다.

페라나칸Peranakan 박물관(출처: 필자 촬영)

화교 연구가들은 19세기 후반, 중국 남성들이 자의 반, 타의 반으로 동남아에 정착한 사람들을 보통 1세대로 보고 있다. 그 이전에 진출했던 무역상의 경우, 현지인과의 혼혈이 많아 혈통의 순수성과 문화의 계승 측면에서 중국인으로서의 정체성이 약한 부분이 있으며, 수적인 면에서도 후에 소위 '신객新客'으로 불리며 동남아에 진출했던 사람들에 비해 적기 때문이다.

　1세대 이주자들도 중국의 봉건제도의 영향을 받아 가문의 대를 이을 목적으로 중국에서 먼저 혼인하여 자녀를 출산하고, 해외로 떠나는 경우가 많았다. 당시의 이러한 사회 분위기는 화교의 고향인 동남연안 일대에 '과부촌'이 형성되는 계기가 되었다. 즉, 동남아에 갈 때 수많은 사람이 배에서 목숨을 잃거나, 다시 돌아오지 못하는 일도 많았기 때문에 가문의 대를 잇기 위해 결혼하고 아내와 자녀를 고향에 남겨둔 채 배를 타는 일이 많았다. 이러한 남자들이 많아지면서, 당시 중국 동남연안지역에는 남편은 없고, 부녀자와 아이만 있는 과부촌이 형성되었다.

20세기 이후 중국 여성의 동남아진출이 증가함(출처: 필자 촬영Chinatown Heritage Centre)

이는 화인 1세대도 동남아를 종착지가 아닌, '과객過客' 정도로 생각했음을 뜻한다. 20세기에 들어 중국의 중화주의 의식이 약화되면서 여성의 해외 진출이 가능해졌고, 이때 본토에 있는 조강지처들을 동남아로 데려오는 일이 가능해졌다.

이러한 역사적 흐름은 당시의 인구통계치를 통해서 확인할 수 있다. 이주자들의 중개지 역할을 했던 싱가포르 '우차수牛車水(싱가포르의 차이나타운)' 지역의 경우 1836년 남성과 여성의 성비가 14:1이라고 한다. 이러한 현상은 1900년대 들어 중국이 여성에 대한 출입국 규제를 완화하고 중국 여성의 동남아 진입이 늘어나면서 변화를 맞이하였다. 식민정부의 동남아 개발사업이 호황을 이루자 국내의 혼란을 피해 동남아로 이주하는 중국인이 늘어나면서, 고향의 친인척이 대거 이주에 합세하여 여성을 동반하는 가정 단위로 정착하는 사람들이 증가하였다.

또한, 사전적 의미로 '사회社會'는 일정한 경계가 설정된 영토에서 종교와 가치관, 규범, 언어, 문화 등을 상호 공유하고 특정한 제도와 조직을 형성하여 질서를 유지하고 가족 관계를 통해 종족을 존속하는 인간집단이다. '화교'의 뜻에서 '회귀回歸'의 의지가 있는 것을 확인했지만, 이들의 현실은 '과객過客'에서 '정착定着'으로 가는 단계를 밟고 있었다. 즉, 마음은 고향 땅에 있지만, 몸은 동남아에서 머물려 삶의 터전을 확장하고 있었다. 먼저 동남아에 와서 자리를 잡은 화교 1세대와 어머니의 손을 잡고 아버지를 찾아 동남아에 온 화교 1.5세대는 여전히 마음의 고향에 대한 애착이 더 강하게 남아있었다. 이러한 점은 1.5세대의 혼인 관계에서도 알 수 있다. 처음 동남아에 진출했던 무역상이나 화교 1세대는 불가피하게 현지인과 혼인한 사례가 종종 있었지만, 화교 1.5세대와 현지에서 출생한 화교 2세대의 경우는 대부분 중국에서 '사진'을 통해 신부감을 골라 결혼하거나, 주변의 화교 1.5세대나 2세대와 혼인하는 등 대부분 중국인과의 혼인을 선호했다. 다시 말해, 중국 여성이 동남아에 진입하면서 본격적인 '화교사회'가 형성되는 중요한 계기가 되었다.

이러한 변화는 민족단체社團의 활동을 통해서도 확인할 수 있다. 초기 사단의 역할은 직업을 알선하고 종교적인 의식이나 장례의식을 돕는 역할에서 혼인을 알선하고 민생의 업무를 담당하는 민간정부의 역할로 점차 그 활동 범위가 확대되었다. 가족단위로 이주하여 사회가 형성되었다는 것이 갖는 또 다른 중요한 의미는 '교육'의 필요성이 제기되었다는 것이다. 1.5세대의 이주에서도 알 수 있듯이 기존의 성인 남성 위주의 이주에서 성인 여성의 이주로 형성된 화교사회는 어린 자녀를 동반한 가족 이주와 여성의 이주로 인한 출생이

초기 화교학교의 모습. 칠판: 천자문(출처: 말레이시아 화인 박물관Malaysian Chinese Museum)

증가하면서 교육에 대한 수요가 발생하였다. 이처럼 민생에 관한 수요가 증대하면서 민족단체의 역할이 확대되었고, 화교단체가 기존의 부정적인 이미지(노동인력거래, 성매매알선, 인신매매 등)에서 화교사회에 유익한 긍정적인 이미지로 전환하게 된 계기도 바로 교육사업때문이다.

중국 내 출신 지역별로 종향사단宗鄉社團을 운영하던 기존의 화교단체들은 고향의 방언을 매개어로 하는 서당형태의 교육기관을 운영하기 시작했다. 초기 화교학교의 교재는 『삼

자경三字經』과 같은 중국의 고전이었으며, 문자학습을 통해 윤리, 도덕과 같은 유교적 의식을 함양시켜 중국 전통의 가치관을 전수하고자 했다. 당시, 선생님은 중국에서 직접 모셔왔으며 중국의 교과과정도 그대로 따랐다. 교육의 매개어도 대부분 고향의 방언(廣東語 또는 閩南語)으로 이루어졌다. 이후, 교육체계가 작은 서당에서 '학교'로 발전함에 따라 이에 필요한 자금은 후속세대의 교육을 위해 현지에서 경제적으로 자립한 '화상華商'은 물론 소상공민과 노동자계층까지 힘을 합해 십시일반 마련하였다. 당시 '학교'설립을 위해서는 교사校舍건축과 교사채용, 교재 조달 등을 위한 자금이 필요했으며, 이는 사회보장에 해당하는 '복지'의 영역이지만, 타지에서 식민정부의 지배를 받는 임시거주민에 불과한 화교의 처지에서 정부의 지원을 기대할 수 없었기 때문에 자체 민족 공동체社團를 통해서 결집할 수밖에 없었다.

이는 서구열강에 의해 고향땅이 황폐해지고, 사분오열되어 타지에서 고생하는 자신들의 처지를 한탄한 화교들이 능력 있는 후속세대를 양성하기 위해서 학교라는 제도를 도입하는 과정을 통해 출신지역과 상관없이 단합하는 강한 의지가 발현된 것을 알 수 있다. 학교의 탄생은 표리부동하던 화교사회가 역량을 한데 모아 '정착'으로 전환됨을 알리는 신호탄으로서의 의미가 있다.

🏮 유랑민에서 정착민으로 화려한 재기를 꿈꾸다

해외에 거주하는 중국인이 '중국'이라는 세계의 중심을 떠났다는 것 자체로 '기민棄民' 취급을 받던 처지에서 '화교華僑'라는 그럴듯

한 호칭과 함께 그 존재의 의미가 부각된 것은 20세기 초반이다. 당시 추앙받던 중국의 혁명가 쑨원孫文이 해외에 흩어져 있는 중국인을 '혁명의 어머니'라고 치켜세우면서 화교의 존재와 의미가 재조명되기 시작했다.

이러한 인식의 변화는 특히 청일전쟁을 계기로 전환되었다. 청일전쟁의 패배로 아시아 유일의 강대국으로 천하를 호령하던 중국이 종이호랑이로 전락할 때, 그동안 백성 취급도 받지 못하던 화교들이 의병義兵을 조직하여 일본군을 대적하였다. 이처럼 국가의 위기로 '국가의식'과 '민족의식'이 고취되면서 중국인에게는 외국에 있든 국내에 있든 '민족과 국가'를 위해 싸우는 편이 아군이라는 인식이 강화되었고, 해외에 있던 화교에게는 "집 떠나면 철들고, 해외에 가면 애국자 된

쑨원의 글. '화교는 혁명의 어머니다'
(출처: 바이두)

다."라는 말처럼 회귀의 대상이었던 '고향'과 '자의식'이 동일시되면서 중국의 소멸은 자신의 존재가 무너지는 것과 같다는 위기의식을 가져다주었다. 기존에 '애국심'보다는 '애향심'이 강했던 화교들도 일본의 도발로 인해 '애국심'으로 똘똘 뭉치게 되었다. 이 때부터 소위 '국가'와 '민족'에 대한 의식이 강해진 화교권에 대한 '부름공세 love call'가 이어졌다.

청 황실의 몰락 이후, 구국救國운동을 펼치는 중국의 애국지사들이 곳곳에서 생겨나면서 중국 내부에서도 이념 갈등으로 인한 분열이 일어났다. 쑨원의 신해혁명이 일찌감치 막을 내리고 반일전쟁으로 잠시 주춤했던 국공내전이 재개되면서 해외에 거주하는 화교의 입장이 곤란해졌다. 국공내전에서 패전한 장제스蔣介石가 타이완으로 후퇴하면서, 타이완은 국민당의 차지가 되고, 대륙은 공산당의 지배 아래 놓이는 혼란 속에서 화교권에서도 의견이 갈리는 대립양상이 펼쳐졌다. 냉전 상황이 지속되며 이제 막 애향심에서 애국심으로 전환하려던 화교에게 '국가'의 개념이 정확히 형성되기도 전에 '이념' 문제가 더 크게 자리 잡게 된 것이다.

　한편, 2차대전 이후 제국주의가 무너지면서 동남아 각국은 본토 민족을 중심으로 한 '민족주의' 운동이 전개되었고, 식민정부의 노동인력으로 유입되어 임시거주를 하던 소수종족(중국계, 인도계)은 이들의 탄압의 대상이 되었다. 설상가상으로 모국인 중국이 사회주의 체제에 합류하면서, 동남아 지역 화교의 입장이 더욱 난처하게 되었다.

중국의 헌법, 이중국적제 불허(출처: 바이두)

이러한 형국은 1955년 중국이 이중국적제를 포기하면서 '모국'과 '거주국' 사이에서 선택의 갈림길에 선 화교들이 중국 정부의 정책 지침과 화교들의 현실적인 여건으로 인해 대부분 '거주국'을 선택함으로써 어느 정도 정리되는 듯싶었다. 현대적 정의에 따라 이제는 '중국의 국적'이 아닌 '거주국의 국적'을 취득하게 된 중국인은 명목 상 '화인華人'으로 거듭나게 된 것이다. 국적의 선택으로 화교의 입장 문제가 해결되는 양상을 보였지만, 이들의 교육과 정체성 문제에서는 여전히 혼란의 여지를 남겨두었다.

_김주아

참고문헌

김주아, 「동남아 화교·화인 사회의 형성과 화문교육에 대한 小考」, 『문화와 융합』 제42권 8호(통권72집), 2020.

| 지은이 소개 |

박영순 중국 푸단대학에서 박사학위를 받았다. 현재 국민대학교 중국인문사회연구소 HK교수이다. 최근 주로 고대 문인집단, 지식 교류와 수용, 문학의 지리학, 유민문학과 유배문학 등을 연구하고 있다.

서상민 고려대학교에서 박사학위(정치학)를 취득했다. 현재 국민대학교 중국인문사회연구소 HK연구교수로 재직중이며, 현대 중국의 정치 제도와 이데올로기, 권력과 권력시스템 등을 연구하고 있다.

이광수 중국 런민대학에서 박사학위를 취득했으며, 현재 국민대학교 중국인문사회연구소 HK연구교수이다. 중국의 정치사회, 타이완정치, 양안관계를 연구하고 있다.

김주아 중국 베이징어언대학에서 응용언어학 박사학위를 취득했고, 현재 국민대학교 중국인문사회연구소에서 HK연구교수로 재직하고 있다. 중국어와 문화 및 화교·화인에 관해 연구하고 있다.

최은진 이화여대에서 역사학으로 박사학위를 받았으며, 현재 국민대학교 중국인문사회연구소 HK교수이다. 중국의 근현대 교육사 및 지식인과 사상지형에 관해 연구하고 있다.

박철현 중국 런민대학 사회학과에서 박사학위를 받았고 현재 국민대학교 중국인문사회연구소 HK연구교수이다. 관심분야는 중국 동북지역, 국유기업, 노동자, 동아시아 근대국가, 기층 거버넌스, 도시 등이다.

김민지 중국 난징대학 공공관리학 박사과정 중에 있으며, 중국 도시공간 혁신에서의 정부-시장 관계와 사회적 혁신에서의 지식 생산 구조를 연구하고 있다.

이윤경 국민대학교에서 중문학 박사과정을 수료했다. 당송시기 문인의 사대부 의식과 이은吏隱의 양상, 그리고 이은시를 연구하고 있다.

국민대학교 중국인문사회연구소 지역인문학 총서

시민과 함께 하는
중국 인문학

초판 인쇄 2021년 9월 15일
초판 발행 2021년 9월 30일

지 은 이 | 박영순·서상민·이광수·김주아
　　　　최은진·박철현·김민지·이윤경
펴 낸 이 | 하운근
펴 낸 곳 | 學古房

주　　소 | 경기도 고양시 덕양구 통일로 140 삼송테크노밸리 A동 B224
전　　화 | (02)353-9908 편집부 (02)356-9903
팩　　스 | (02)6959-8234
홈페이지 | www.hakgobang.co.kr
전자우편 | hakgobang@naver.com, hakgobang@chol.com
등록번호 | 제311-1994-000001호

ISBN 979-11-6586-411-8 94300
　　　978-89-6071-406-9 (세트)

값 : 25,000원

■ 파본은 교환해 드립니다.